Zeichen und Symbole

URSPRUNG, GESCHICHTE, BEDEUTUNG

Zeichen und Symbole

URSPRUNG, GESCHICHTE, BEDEUTUNG

KÖNEMANN

***Oben:** Diese Wandmalerei aus der Höhle von Lascaux, in der Dordogne, Frankreich, zeigt einen Stier. Tiere und Naturphänomene sind die häufigsten Motive in prähistorischen Darstellungen.*

***Seite 1:** Dieses Wappen, fotografiert in Edinburgh, Schottland, zeigt einen drohend aufgerichteten Löwen. Dieses Symbol aus dem Christentum war im Mittelalter häufig auf Waffenröcken zu finden.*

Originaltitel: Signs & Symbols

ÜBERSETZUNG AUS DEM ENGLISCHEN:
(schroeder & partner, München)
Hans Freundl, Gabriele Horvath

REDAKTION UND SATZ:
schroeder & partner, München
Redaktionelle Mitarbeit: Markus Diedrich

PROJEKTKOORDINATION:
Ulrich Ritter
HERSTELLUNG:
Ursula Schümer

Druck und Bindung:
Star Standard Industries Ltd.
Printed in Singapore
ISBN 3-8290-4008-3
10 9 8 7 6 5 4 3 2 1

FÜR MARIANNE
UND JOHN GIBSON UND
MIKE HAWORTH-MADEN

BEMERKUNG ZU DEN QUERVERWEISEN:
In verschiedenen Kulturen haben Zeichen und Symbole teilweise unterschiedliche Bedeutungszusammenhänge entwickelt, unter denen man sie vielleicht nicht vermuten würde. Die **fett**gedruckten Querverweise führen den Leser zu den Definitionen weiterführender Symbole: Worte, die **fett**gedruckt sind, werden an anderer Stelle ausführlich und in bezug auf ihre symbolische Bedeutung beschrieben. Im Index ist die Seitenzahl **fett** hervorgehoben, unter der die wesentlichen Informationen zu einem Begriff zu finden sind. Alle anderen Seitenzahlen weisen auf Textstellen hin, in denen der Begriff ebenfalls relevant ist.

Inhalt

Einführung

Bei der Symbolik handelt es sich um eine antike, universelle Sprache, die beim Betrachter eine komplizierte Reihe von Assoziationen und Vorstellungen auslöst, Informationen vermittelt und Emotionen hervorruft. Diese internationale Kommunikationsform überwindet die Schranken der Sprache, Nationalität, Geschichte, Kultur und Religion. Doch warum ist eine so kurze Ausdrucksform so kraftvoll? Wieso ruft sie instinktive Reaktionen hervor? Was ist eigentlich ein Symbol oder ein Zeichen?

Was sind Zeichen und Symbole?

Allgemein formuliert ist ein Zeichen denotativ, da es einen Gegenstand oder eine Richtung darstellt, während ein Symbol konnotativ ist und emotionale Reaktionen hervorruft. Definitionen in Wörterbüchern sind in der Regel kurz und oberflächlich: „Zeichen" (lateinisch *signum*) wird im allgemeinen als etwas definiert, das eine bestimmte Information direkt vermittelt, während „Symbol" (lateinisch *symbolum*) als etwas beschrieben wird, das für etwas anderes steht; beide Wörter sind häufig austauschbar. Der Ursprung des Wortes „Symbol" geht auf einen alten griechischen Brauch zurück. Bevor sich die Mitglieder einer Versammlung trennten, wurde eine Schiefertafel zerschlagen, und jedes Versammlungsmitglied bekam eine Scherbe mit nach Hause; beim nächsten Treffen wurden die Stücke wieder zusammengesetzt – *sumballein* = „zusammenwerfen" – wie bei einem Puzzle, wodurch die Gruppenidentität gestärkt wurde. Die Eleusinischen Mysterien erfüllten eine ähnliche Funktion. So entstand das griechische Wort *sumbolon*, „Erkennungszeichen", aus dem sich das lateinische *symbolum* entwickelte. Doch die knappen Definitionen der Lexikographen können nicht die volle Bedeutung von Zeichen und Symbolen erfassen, nicht die Vermittlungsweise ihrer Botschaften beschreiben oder erklären, warum sie uns so tief berühren. Konfuzius sagte einst über ihre Kraft: „Zeichen und Symbole regieren die Welt, nicht Worte oder Gesetze."

Linke Seite: *Detail aus Hieronymus Boschs Triptychon* Garten der Lüste *(um 1492). Neben den riesigen Vögeln und Blumen wirken die dargestellten Menschen wie Zwerge. Seine symbolischen Bilder zeugen von einer derart außergewöhnlichen Phantasie, daß Bosch oft als Vorreiter des Surrealismus bezeichnet wurde.*

Links oben: *Das rote Kreuz ist ein konnotatives Zeichen, das von der Organisation des Roten Kreuzes übernommen wurde. Die rote Farbe steht für Blut, das Kreuz für Leiden und Wohltätigkeit. Es wurde zu einem international anerkannten Zeichen für medizinische Hilfe.*

Links unten: *Dieses generische Zeichen weist auf ein Restaurant hin. Es ist denotativ, da seine Elemente – Messer, Gabel und Teller – Gegenstände darstellen, die zum Essen benutzt werden.*

Rechts: *Der Kranich hat im Orient eine tiefe symbolische Bedeutung, da er dort als Götterbote gilt und Wachsamkeit, Langlebigkeit und Glück verkörpert. Dieses Gemälde aus dem 18. Jahrhundert stammt von Lang Shih-Ning. Auch in der Antike galten Kraniche als etwas Besonderes. Natursymbole finden sich in der Kunst aller Kulturen.*

Symbolik der Urvölker

Die ersten Spuren der Nutzung von Symbolen durch den Menschen sind vermutlich die alt- und jungsteinzeitlichen Höhlenmalereien von vor fast 30 000 Jahren, wie sie in Lascaux (Frankreich) oder in Afrika und Australien gefunden wurden. Diese piktographischen Zeichnungen der Steinzeitmenschen zeigten nicht nur Jäger und Wildtiere, sondern auch geometrische Symbole, wie Kreise, Spiralen und Geraden – Formen, die bis heute symbolische Bedeutung tragen. So primitiv sie auch scheinen mögen, Höhlenmalereien reflektieren das ständige Bedürfnis des Menschen, sowohl seine natürliche Umgebung abzubilden als auch den Sinn in einer scheinbar chaotischen Welt und den eigenen Platz darin zu finden. In den Jahrtausenden vor der Entwicklung der modernen Wissenschaft rätselte der Mensch über natürliche Phänomene, die er sich nicht erklären konnte: den Auf- und Untergang der Sonne, die Mondphasen, das plötzliche Auftreten von Donner und Blitz. Er schrieb sie mythologischen, übernatürlichen Wesen zu. So galt die Sonne als Erscheinungsform der höchsten männlichen Macht – im Gegensatz zur weiblichen Entität des Mondes, während Donner und Blitz als Zeichen himmlischen Zorns betrachtet wurden. Auch den Tieren, die im Umfeld des Menschen lebten, schrieb man übersinnliche Kräfte zu, wie auch Bäumen, Pflanzen, Bergen und Meeren. Derart symbolische Zuordnungen warfen unweigerlich Fragen nach der Weltordnung auf, nach der Schöpfung, der Beziehung zwischen Himmel und Erde sowie der Stellung des Menschen in der Welt. Ausgehend von bekannten Bezugspunkten, wurde das Universum nach und nach mit Symbolen belegt, wie dem Ei, das aus dem Urmeer auftauchte und Himmel und Erde hervorbrachte. Oder dem Lebensbaum, der – mit den Wurzeln in der Unterwelt, den blühenden Ästen im Diesseits und einem bis in den Himmel ragenden Wipfel – die drei Welten als eine Art Erdachse (axis mundi) miteinander verband.

Religion und Mythologie

Solche symbolischen Weltordnungskonzepte entwickelten sich im Lauf der Zeit zu Religionen mit unterschiedlichen Weltanschauungen und Symbolsprachen. Die Ägypter glaubten z. B. an eine komplexe Göttergemeinschaft, die alle Aspekte von Leben und Tod steuerte und die mit Hilfe von Bildern und Hieroglyphen dargestellt wurde. Die Hieroglyphen, die aus der Zeit um 3100 v. Chr. stammen und auf einer komplizierten gegenständlichen Sprache aus Phonogrammen (Symbolen für Töne) und Ideogrammen (Symbolen für Konzepte) basieren, verkörpern das differenzierteste aller frühen Symbolsysteme; auch wurden in jener Epoche Symbole entwickelt, die heute noch von Bedeutung sind, wie das jüdische Pentagramm und die Swastika (das spätere Hakenkreuz) der altindischen Zivilisation. Auch die Griechen beteten eine Vielzahl von Göttern an, deren Symbolik von den Römern übernommen wurde, wenn auch mit lateinischen Namen, was die nachhaltige Resonanz besonders wirkungsvoller Symbole verdeutlicht. Ähnliches läßt sich bei der Übernahme heidnischer Symbole durch das Christentum beobachten oder beim Austausch zwischen Hinduismus und Buddhismus. Jede dieser Religionen entwickelte zudem eine Vielfalt an Symbolen, um bestimmte Aspekte ihres Glaubens darzustellen. Dazu gehören das Kruzifix, die hinduistische elefantenköpfige Gottheit Ganesha und das Abbild Buddhas. Bei dem Versuch, das Unerklärliche zu erklären, nahmen auch phantastische Wesen – wie die Sphinx, der griechische Minotaurus, die chinesischen und westlichen Phönixe, Einhörner und Drachen – ihren Platz in der Mythologie

Links: *Osiris, Gott der Unterwelt, umgeben von antiken ägyptischen Symbolen, wie dem heiligen Auge, einem Falken und Hieroglyphen. Osiris richtete die Toten; hier kniet ein Verstorbener flehend vor ihm.*

Unten: *Eichen und Mistelzweige waren bei den Druiden heilig. Nach der Wintersonnenwende wurden Mistelzweige von den Eichen abgeschnitten (um die Kraft der Eiche freizusetzen) und mit einem weißen Tuch aufgefangen, damit sie nicht die Erde berührten.*

ein, wobei ihre außergewöhnlichen hybriden Formen die jeweiligen Charaktere und Fähigkeiten symbolisierten.

Makrokosmos, Mikrokosmos und Symbolsysteme

Religion und Mythologie waren nicht die einzigen Systeme, mit Hilfe derer man versuchte, Antworten auf die Fragen nach der menschlichen Existenz oder der Beziehung zwischen Makro- und Mikrokosmos zu finden; so wurde der Mensch in der mittelalterlichen Tradition als Mikrokosmos betrachtet, dessen Körper alle Elemente des Makrokosmos reflektiert und enthält. Astrologen untersuchten Planeten und ihre Konstellationen, um die Weltordnung zu begreifen, und entwickelten dabei komplizierte Symbolsysteme. Horoskope aus alten Zeiten werden heute noch herangezogen, um die Zukunft vorherzusagen, genauso wie viele andere alte Symbolsysteme zur Weissagung, so das chinesische Pa Kua, das Tarot oder die Zahlensymbolik. Esoterische Strömungen, wie die Alchemie, die jüdische Kabbala, der Bund der Rosenkreuzer und die Freimaurerei, entwickelten komplexe Glaubenssysteme, welche die Geheimnisse des Lebens erklären und beeinflussen sollten. Dabei dienten Symbole zur Vereinfachung komplizierter Abstrakta und den Eingeweihten als geheime Schlüssel, um die mystischen Geheimnisse und magischen Kräfte zu bewahren.

***Oben:** Dieser mittelalterliche Wandteppich aus Cluny, Frankreich, zeigt eine tugendhafte Dame, der gehuldigt wird. Ihre Reinheit wird durch das Einhorn symbolisiert, ein Fabelwesen, das für Keuschheit und Güte steht, weil es angeblich nur von einer Jungfrau gefangen werden kann.*

Die Symbolik des Gegensatzes

In nichtchristlichen Kulturen wird der moralische Gegensatz zwischen Gut und Böse durch positive Symbole gekennzeichnet, wie die Farbe Weiß, die Männlichkeit, die Sonne, den Himmel, oder durch negative Symbole, wie die Farbe Schwarz, die Weiblichkeit, den Mond, das Wasser und die Unterwelt. In der religiösen Analogie z. B. des Christentums wird die Macht des Guten durch Gott und Christus symbolisiert, das Böse durch den Satan. In der Mythologie ist der ewige Kampf zwischen erhabenen und niederen Mächten im Hinduismus durch den Konflikt zwischen dem Sonnenvogel Garuda und den chthonischen Naga-Schlangen geprägt, in der westlichen Überlieferung zwischen dem Adler und dem Drachen. Viele Kulturen haben jedoch erkannt, daß wahre Perfektion erst erreicht wird, wenn die gegensätzlichen Kräfte im Universum ausgesöhnt und geeint sind; sowohl das taoistische Yin-Yang-Symbol als auch die alchemistische Figur des Hermaphroditen verkörpern dieses Ideal, das sich auch in der Psychologie widerspiegelt.

Jung und die Archetypen

So lassen sich Übereinstimmungen in den Grundsätzen scheinbar ungleicher Religionen und mystischer Glaubensrichtungen erkennen, auch wenn keine historischen, religiösen oder kulturellen Kontakte nachweisbar sind. Die bahnbrechende Arbeit des Psychologen Carl Gustav Jung (1875–1961) brachte Sinn in diese Zufälle, indem sie das kollektive Unbewußte der Menschheit identifizierte und die darin enthaltenen universellen Archetypen. Nach Jung besteht die menschliche Psyche oder Persönlichkeit aus drei Hauptelementen: dem Bewußtsein (dem Ich); dem individuellen Unbewußten, angefüllt mit unseren persönlichen Erfahrungen, Träumen, Ängsten und Phantasien; und dem kollektiven Unbewußten mit den Archetypen – universellen Mustern menschlicher Erfahrungen, die uns allen gemein sind. Darüber hinaus gibt es eine unterbewußte Stufe der Erinnerungen.

Das kollektive Unbewußte kommuniziert mit dem Bewußtsein über die Archetypen, die nach Jung „die angeborene Veranlagung der

Menschheit, Parallelbilder zu produzieren" ausdrücken und die außerdem „Leben und Wesen einer nichtindividuellen Psyche darstellen". Man kann sagen, daß Archetypen universelle Urerfahrungen symbolisieren, wie Leben und Tod, psychische Kräfte, wie Emotionen und moralische Werte, die uns allen gemein sind. Sie finden Ausdruck in Mythen und Märchen als Beispiele für vorbildhaftes menschliches Verhalten, doch sind sie auch Teil des kollektiven Unbewußten als Verkörperung des primitiven und instinktiven Selbst. Zu den wichtigsten Archetypen Jungs gehören der Animus, der den männlichen Teil der Psyche verkörpert; die Anima als Symbol des Weiblichen; die fürsorgliche Mutterfigur; die autoritäre Vaterfigur; der Schwindler, der als Teil von uns unsere eigenen Bemühungen sabotiert; und der Schatten, unser tierisches Urwesen. Der Schlaf ist das Reich des Unbewußten, und es kommuniziert mit dem Bewußtsein über archetypische Symbole, die in Träumen auftauchen. Beim Erwachen kann die Traumbotschaft dann interpretiert und umgesetzt werden, so daß das Bewußtsein der Harmonisierung sich widersprechender Komplexe unserer Psyche näherkommt, bis es das Ziel der Individuation des wahren „Selbst" erreicht. Im Individuationsprozeß sind die Archetypen nach Jungs Ansicht entscheidende Instrumente, da sie „als Transformatoren dienen".

Jung wurde durch das Studium der Alchemie, aber auch durch die spontanen Zeichnungen seiner Patienten auf die Existenz universeller Archetypen aufmerksam, wobei letztere auffällige Ähnlichkeiten mit alten mythischen oder religiösen Symbolen aufwiesen, von denen die Patienten keine Kenntnis hatten. Sogar Jung selbst erfuhr diese unbewußte Kraft, als er begann, abstrakte geometrische Formen zu zeichnen, ausgehend von einem Kreis, der häufig vierfach unterteilt war. Jung interpretierte diese kreisförmigen Darstellungen als archetypische Symbole für die Struktur des idealisierten, ausgewogenen Selbst. Erst später entdeckte er, daß solche Bilder bereits seit Jahrhunderten in Form von Mandalas existierten – tantrischen kosmischen Symbolen. Jung entdeckte weitere archetypische Bilder, wie den Baum, für ihn das „Symbol für das Selbst im Querschnitt ..., dargestellt im Wachstumsprozeß". Seine Wurzeln verkörpern das Unbewußte, der Stamm das Bewußtsein und die Krone das Streben nach Individualität. Dadurch nimmt das Baumsymbol in den Arbeiten von Malern wie Wassily Kandinsky, Paul Klee und Piet Mondrian eine besondere Stellung ein. Jung folgerte daraus, daß der Mensch unbewußt nach Selbsterkenntnis strebt, um sein persönliches psychisches Gleichgewicht zu erreichen, und daß dieses universelle Ziel, belegt durch die Archetypen, sich im Lauf der Geschichte in allen Religionen und Glaubensrichtungen ausdrückt.

Links: *Carl Gustav Jung beschrieb das kollektive Unbewußte und archetypische Bilder, die er für universell hielt. Nach seiner einflußreichen Theorie kommuniziert das Unbewußte über Archetypen mit dem Bewußtsein.*

Links: *Sigmund Freud vertrat als erster die heute verbreitete Theorie, daß das Träumen kein willkürliches Phänomen ist, sondern der Übermittlung symbolischer Botschaften des Unbewußten an das Ego dient. Diese Theorie wird in seinem Werk* Die Traumdeutung *(1900) dargelegt.*

***Rechts und unten:** Diese Symbole illustrieren Charles Sanders Peirces semiotische Theorie, nach der es drei Arten von Zeichen gibt. Die Figur im Rollstuhl ist ein „Ikon", da das Bild graphisch seinen Sinn darstellt. Leonardos* Mona Lisa *ist ein „Index"-Zeichen, da die Bedeutung hinter dem berühmten, rätselhaften Ausdruck völlig subjektiv bleibt. Das Zeichen für die radioaktive Gefahrenstelle ist ein „Symbol", da es, obwohl die Bedeutung allgemein anerkannt ist, nicht seinen Sinn wiedergibt.*

Freuds Traumdeutung

Jung arbeitete mit Sigmund Freud (1856–1939) zusammen, dem „Vater der Psychoanalyse", der in seinem Werk *Die Traumdeutung* (1900) zum ersten Mal das Konzept des Träumens als Kommunikationsform zwischen dem Unbewußten und dem Bewußtsein (Ego und Über-Ich) aufbrachte. Doch anders als Jung war Freud davon überzeugt, daß die Traumsymbolik auf unterdrückten sexuellen Wünschen des Individuums basierte und nicht auf dem archetypischen Vokabular von Jungs kollektivem Unbewußten; dieser Konflikt führte schließlich zur Trennung der beiden. Während Freuds Theorien heute oft Einseitigkeit vorgeworfen wird, sind Jungs Grundsätze weitgehend anerkannt und bilden die Grundlage der modernen psychologischen Interpretation der Symbolik.

Pioniere der Semiotik: Peirce und de Saussure

Die Semiotik (griechisch *semeiotikos* = zum (Be)zeichnen gehörend) oder Semiologie ist nicht ausschließlich der Psychoanalyse vorbehalten, sondern hatte auch einen starken Einfluß auf zahlreiche akademische Disziplinen, wie Sprachwissenschaften, Anthropologie, Logik und Mathematik. So basierten z. B. die Forschungen des amerikanischen Philosophen Charles Sanders Peirce (1839–1914), dem Vater der Semiotik, auf der Linguistik. Nach Peirce gibt es drei Arten von Zeichen: das „Ikon" symbolisiert deutlich das darzustellende Objekt; der „Index" verkörpert ein Konzept, welches vom Betrachter subjektiv interpretiert werden kann; und das „Symbol", dessen Bedeutung durch Konvention festgelegt wird und das dem zugehörigen Objekt in keiner Weise ähnelt. Peirce erkannte als erster, daß aufgrund unterschiedlicher Sichtweisen und Bezugspunkte, die auf persönlicher Erfahrung beruhen, Individuen dasselbe Zeichen unterschiedlich wahrnehmen und interpretieren. Der Schweizer Sprachwissenschaftler Ferdinand de Saussure (1857–1913) unterteilte das Zeichen in *le signifiant*, das Wort, das ohne Bedeutung ist, bis es einem abstrakten Konzept Gestalt verleiht; das Konzept bezeichnete er als *le signifié*, durch das das Wort ein Symbol „von Wert" wird. Aufgrund der Vielfalt systematischer Beziehungen zwischen den Wörtern ist dieses Verhältnis jedoch nicht festgelegt, sondern willkürlich.

In der Semiotik haben sich seit den Arbeiten von Peirce und de Saussure unterschiedliche, mitunter widersprüchliche Schulen entwickelt, die immerhin zwei Grundkomponenten eines Zeichens oder Symbols anerkennen: den „Zeichenträger" und das „Objekt", für das er steht.

Wittgensteins Philosophie der Sprache

Auch Ludwig Wittgenstein (1889–1951) befaßte sich mit der Symbolik im Rahmen der Sprachphilosophie, die er in seinen beiden Hauptwerken entwickelte, *Tractatus logico-philosophicus* (1922) und *Philosophische Untersuchungen* (1953). In seiner ersten Arbeit untersucht Wittgenstein die Behauptung einer Tatsache, die – einfach ausgedrückt – einen bildlichen Charakter annehmen kann, wenn sie eine Information vermittelt. Doch ist diese Beziehung äußerst abstrakt, denn da Behauptung und Bild eine gemeinsame Form haben sollten, räumlicher oder logischer Art, kann letztere – wenn überhaupt – nicht präzise beschrieben werden. Wittgenstein war an der Cambridge University Schüler des englischen Philosophen und Mathematikers Bertrand Russell (1872–1970), Autor von *An Enquiry into Meaning and Truth* (1940) und Verfechter der symbolisch-logischen Theorie von Gottlob Frege (1848–1925). Frege führte die Ansätze von George Boole (1815–1864) zur Entwicklung einer systematischen Notation der Logik weiter, und zwar gelang es ihm durch die Verwendung zusätzlicher Symbole – Quantifizierer – zur Darstellung mathematischer Konzepte, die Mehrdeutigkeiten und Unklarheiten aufgrund eines unpräzisen Sprachgebrauchs in der Mathematik auszuräumen.

Philosophische Untersuchungen war Wittgensteins erstes bedeutendes Werk, nachdem er die Prämissen, die seinen früheren Arbeiten zugrunde lagen, weitgehend überdacht und verworfen hatte. Wie all seine späteren Werke wurde es postum veröffentlicht, wodurch diese sehr abstrakte Arbeit (er verwendete zahlreiche Aphorismen ohne weitere Erläuterungen) viel Raum für Interpretationen ließ, doch war sein Einfluß in den Bereichen der Linguistik, der Semiotik und der Geistesphilosophie beträchtlich. In den *Philosophischen Untersuchungen* befaßte er sich mit den Beziehungen zwischen Sprachentwicklung, Bedeutung und der Komplexität des menschlichen Denkens.

Im Gegensatz zur allgemeinen Meinung, daß Sprache quasi einem mathematischen System aus einfachen, fixen Elementen entspreche (Worte, verbunden mit persönlichen „Bildern" im Kopf von Redner, Zuhörer oder Leser), entwarf er nun eine differenziertere Beziehung zwischen Sprache, Bedeutung und Kommunikanten. Obwohl die Bedeutungen einzelner Worte wechseln können, werden sie durch den Zusammenhang verständlich, in dem Sprache vermittelt wird. Wenn eine Person erklärt, sie habe Schmerzen, versteht man sie (oder glaubt ihr) nur, wenn sie über die bloßen Worte hinaus auch Zeichen des Schmerzes zeigt. Fehlen solche weitergehenden Zeichen, wird man unterstellen, die Person habe gelogen oder aber sie beherrsche die Regeln der Sprache nicht ausreichend.

Wittgenstein verglich Sprache mit einem Spiel mit anerkannten Regeln wie Schach. Er nahm zudem an, daß viele Kommunikationsprobleme auf Mißverständnissen beruhten, die in der Sprache selbst begründet liegen. Beispiel: Sprache, die entwickelt wurde, um den Geist aus kartesianischer Sicht zu beschreiben, als eigenes Reich, das im Körper sitzt, aber von ihm getrennt ist, führt zur Überzeugung, daß das Schmerzempfinden einer Person nicht von einer anderen verstanden werden kann, da der Schmerz von

Links: *Zwei Namen in einem Herzen von einem Pfeil durchbohrt – ein verbreitetes Symbol der Liebe; das in die Rinde eines Baumes eingeritzte Herz symbolisiert die Dauer der Liebe. Dieser Brauch ist etwas zurückgegangen, da man heute weiß, daß die Bäume dabei Schaden nehmen.*

Die meisten westlichen Philosophen glaubten, daß Liebe von Natur aus eine „private" Erfahrung sei (wie alle Gefühle) und daß das Wort „Liebe" für zwei Individuen nicht das gleiche bedeuten muß. Wittgensteins spätere Philosophie berücksichtigte geteilte, gemeinhin anerkannte Bedeutungen von Wörtern, die innere Erfahrungen beschreiben.

Natur aus „privat", also einzigartig ist und daher nicht der Öffentlichkeit mitgeteilt werden kann. Trotzdem wird die Bedeutung einer Aussage wie „Ich habe Schmerzen" im Zusammenhang leicht verständlich. Die Verneinung der Möglichkeit einer sinnvollen Kommunikation über Gemütszustände oder Emotionen aufgrund ihrer naturgegebenen Personenbezogenheit ist daher ein Fehler, der auf einem Konzept rein linguistischen Ursprungs beruht. Durch die Trennung der Worte von bildhaften, fixen oder simplen Bedeutungen und die Konzentration auf einen kontextuellen Sprachgebrauch veränderte Wittgenstein die Grundbedingungen unseres Verständnisses von Sprache, Zeichen und Symbolen.

Semiotische Debatte & Strukturalismus

Debatten über symbolische und semiotische Theorien betrafen nicht nur die Linguistik, sie beeinflußten auch die moderne Soziologie und die strukturalistische Bewegung, an deren Spitze der Anthropologe Claude Lévi-Strauss (geb. 1908) und der literarische Strukturalist Roland Barthes (1915–1980) standen. Das Hauptwerk von Lévi-Strauss, *Mythologica* (1964–1972), kam mit Parallelen zu Jungs Theorien zu dem Schluß, daß die Ähnlichkeit der Strukturen in allen Mythologien auf eine gemeinsame Methode, Bedeutung und Botschaft hinweist, die gemeinsame Strukturen des menschlichen Denkens und analoge Methoden widerspiegeln, um dem Universum eine Ordnung abzuringen. Auch Barthes benutzte dekonstruktivistische Techniken, mit denen er Sprache als verschlüsseltes Symbolsystem identifizierte, dessen einzelne Zeichen (Worte) unabhängig sind. Ihre Bedeutung hängt somit von der Struktur der „Werte" ab, die von der Sprache als Ganzem gebildet werden.

Die Debatte über Symbolik und Sprache erhielt durch Victor Turner neue Impulse. Er vertrat die Meinung, daß Symbolen nicht nur eine Interpretation zugeordnet werden könne; sie seien von Natur aus mehrdeutig, da sie je nach Zusammenhang und danach, wie sie von Individuen wahrgenommen und gedeutet werden, verschiedene Bedeutungen annehmen können. Dan Sperber ergänzte, daß Symbole gerade deshalb symbolisch seien, weil sich ihre Wirkung nicht genau festlegen läßt.

Die symbolistische Bewegung

Die Wirkung der Symbolik beschäftigte nicht nur Philosophen und Theoretiker – auch die Kunst hat reichlich aus ihr geschöpft. Während sich die religiöse Kunst und die Renaissance besonders für symbolische Allegorien begeisterten, waren im 19. Jahrhundert Naturalismus und Realismus vorherrschend; als Reaktion entstand die europäische symbolistische Bewegung, die von der Mitte der 1890er Jahre bis zum Ersten Weltkrieg andauerte und sich in Kunst, Literatur und Schauspiel niederschlug. Zu den bekannten symbolistischen Schriftstellern gehören der Romanautor J. K. Huysmans und die Dichter Rimbaud und Mallarmé sowie der Dramatiker Maeterlinck. Zu den führenden „literarischen" symbolistischen Künstlern zählen Gustave Moreau, Puvis de Chavannes und Odilon Redillon, wie auch der Symbolist Paul Gauguin. Geleitet von der Idee, daß die bildende Kunst innovativ, symbolistisch, synthetisch, subjektiv und dekorativ sein sollte, befreite der Symbolismus die Kunst von den Zwängen des Realismus und ebnete späteren Strömungen, wie dem Expressionismus, der Abstraktion und dem Surrealismus, die sich alle auf symbolische Bilder stützten, den Weg.

Rechts: *Paul Gauguin wanderte 1891 von Frankreich nach Tahiti aus. Seine neue Umgebung wurde Quelle unerschöpflicher Inspiration. Seine vereinfachten, dekorativen und sehr bunten Figuren standen in direktem und revolutionärem Gegensatz zu den Konventionen des Naturalismus. Er gehört zu den Künstlern, die einen stark bildhaften und symbolischen Stil in der Malerei eingeführt haben.*

Surrealismus
Die Surrealisten übernahmen die symbolistischen Ansichten und ließen sich darüber hinaus von Freuds Theorien der freien Assoziation, des Unbewußten und der Traumdeutung inspirieren. Sie bedienten sich begeistert künstlerischer Ausdrucksformen zur Darstellung und Befreiung des irrationalen, unterbewußten Geistes. Surrealistische Künstler, wie Max Ernst, René Magritte und Salvador Dalí, stellten die künstlerischen Konventionen des Realismus in Frage, indem sie bewußt Phantasiebilder des Unbewußten malten. Ernst schuf z. B. außergewöhnliche Landschaften, bevölkert mit bizarren tierischen und organischen Formen; Magritte schrieb seine Bilder absichtlich falsch an; während Dalí eine einzigartige neue Sprache aus symbolischen Bildern entwickelte. Obwohl er nicht zu den Surrealisten gehörte, verwendete auch Marc Chagall symbolische Hinweise auf seine russische, chassidische Vergangenheit, indem er traumhafte Bilder malte, wie fliegende Bräute und schwebende Tiere, die sowohl seine persönlichen Erfahrungen als auch sein Unterbewußtsein ausdrückten. Im 20. Jahrhundert haben Künstler die konventionelle Wahrnehmung ständig durch einen phantasievollen Einsatz der Symbolik in Frage gestellt.

Links: Indem sie ihr Haupthaar rasieren (Symbol der Reinigung) und die einheitlichen Gewänder ihrer religiösen Gemeinschaft tragen, haben diese Thai-Mönche symbolisch ihre Individualität zugunsten einer kollektiven Identität aufgegeben.

Identitätssymbole
Die Symbolik hatte einen starken Einfluß auf die Kunst, doch findet man sie nicht nur in Galerien oder Bibliotheken, sondern auch in den Bereichen des alltäglichen Lebens. Seit dem Altertum diente die Symbolik der Bezeichnung einer Identität und der Zugehörigkeit zu sozialen Gruppen. Leute können durch eine herausragende Eigenschaft symbolisiert werden, wie Weisheit, Unschuld oder Patriotismus; während unter psychologischen Aspekten wie auch in der Realität durch das Tragen von Masken verschiedene Rollen angenommen werden können, um das wahre Ich zu verbergen oder um einige der Eigenschaften, die die Maske symbolisiert, anzunehmen. Die Zugehörigkeit zu einem Gewerbe oder Beruf kann eine Identität zusätzlich definieren und durch Symbole des Berufsstandes deutlich machen: die Kochmütze, die Kluft des Schornsteinfegers oder die Königskrone. Die Mitglieder bestimmter Stammeskulturen verleihen ihrer kollektiven Identität durch besondere symbolische Zeichen, wie Körperbemalung, Piercing und Schmuck, oder durch Stammesbräuche Ausdruck. Dies trifft genauso auf moderne Kultgruppen der westlichen Jugend zu (z. B. Punks) wie auf Sportmannschaften und Stammesgemeinschaften in Afrika oder Nordamerika, deren Traditionen Jahrhunderte

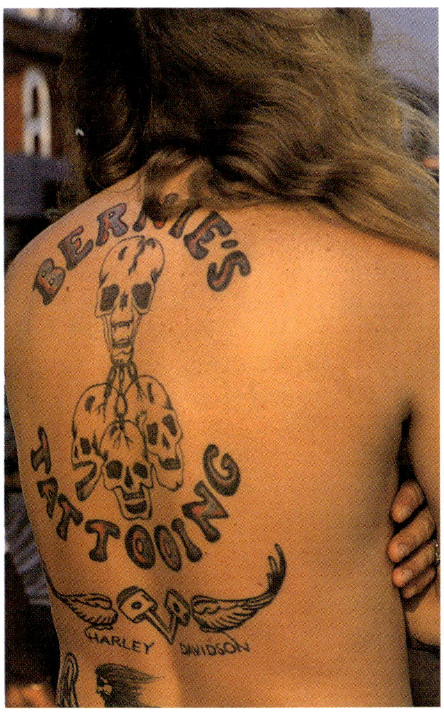

Links: Das Tätowieren ist ein antiker Brauch – eigentlich eine Kunstform – als Ausdruck einer Stammesidentität. Im letzten Jahrhundert ist es besonders bei Jugendlichen immer beliebter geworden. Die kulturelle Bedeutung dieser antiken Technik weist auch auf Gruppenidentitäten hin (v. a. Militär- oder Bandenzugehörigkeit). Generell gilt es als Symbol der Rebellion gegen Autoritäten.

***Rechts:** Nicht nur der Dudelsack läßt auf die Nationalität dieses Mannes schließen, der karierte Rock ist vielleicht Schottlands bekanntestes Symbol. Im 17. Jahrhundert war der Kilt, dessen Muster auf den Clan des Trägers hinweist, zu einem derart bedeutenden Symbol für Familienbande und Nationalität geworden, daß die Engländer ihn nach ihrem Sieg 1746 verbieten ließen. Das Verbot wurde 1782 wieder aufgehoben.*

***Rechts unten:** Die Freiheitsstatue war ein Geschenk Frankreichs an die USA und wurde zum emotionalsten Symbol amerikanischen Nationalgefühls. Wie der Name schon sagt, symbolisiert die Statue das Prinzip der Freiheit, wie es in der Verfassung festgehalten wurde. Die imposante Figur war ein Symbol der Hoffnung für die Einwanderer, die im 19. und 20. Jahrhundert aus Europa kamen.*

***Rechte Seite, oben:** Politische Symbole sind mächtige Instrumente der Volksmanipulation. Das Bild des früheren chinesischen Präsidenten Mao Tse-tung wurde zu einer politischen Ikone, die an seine Macht und Allgegenwärtigkeit erinnern sollte und dem „Personenkult“ diente.*

***Rechte Seite, unten:** Elizabeth Taylor und Clint Black tragen die rote Schleife zum Zeichen der Solidarität mit den AIDS-Infizierten. Sie ist inzwischen ein Symbol, das sofort für Emotionen sorgt.*

überdauert haben. Die mittelalterliche Wappenkunst entwickelte gleichfalls ein einzigartiges ausgefeiltes Symbolsystem, mit dem Individuen oder gesellschaftliche Gruppen identifiziert und in den Kontext ihrer Dynastie und ihres Landes eingeordnet werden konnten.

Totemismus und nationale Symbole

Auch der Totemismus wird von Gemeinschaften genutzt, um kollektive Identität, verwandtschaftliche Beziehungen und ihren Glauben auszudrücken; in der Stammesanalogie schlägt sich dies in dem Respekt nieder, der bestimmten Tieren oder Wesen – wie dem indianischen Donnervogel – als Totemfiguren oder Schutzmächten entgegengebracht wird. Die auf einem Totem dargestellten Totemfiguren konzentrieren die Geschichte eines Stammes und seine Überzeugungen auf ein Symbol. Auch Nationen können durch totemistische Symbole in Form nationaler Embleme repräsentiert werden – dazu gehören z. B. das kanadische Ahornblatt, die englische Rose oder der französische Hahn. Bekannte nationale Symbole sind die Nationalflaggen, deren Kombination sorgfältig ausgewählter Komponenten die Einheit eines Volkes symbolisiert.

Symbole als Instrumente politischer Propaganda

Politische Parteien haben schon früh die einende und motivierende Kraft von Symbolen erkannt und genutzt. In seinem Buch *Mein Kampf* beschreibt Adolf Hitler die Suche nach einem geeigneten Symbol für die Partei der Nationalsozialisten: „Es sollte nicht nur ein Symbol für unseren Kampf sein, sondern auch auf Plakaten eine besondere Wirkung erzielen ... wer Erfahrung mit den Massen hat, weiß, wie wichtig ein scheinbar so trivialer Punkt ist. Ein funktionierendes Zeichen kann in Hunderten von Einzelfällen darüber entscheiden, ob Interesse geweckt wird.“ Die Nazis setzten auf die Swastika, das Hakenkreuz, sie nutzten die unterschwellige Macht eines Zeichens zur Manipulation des Volkes und verknüpften mit diesem antiken Symbol durch geschickte Propaganda Begriffe wie Rassismus, Terror und Zerstörung. Dieser Prozeß gab dem uralten Symbol völlig neue Inhalte und Assoziationen und läßt heute keine andere Interpretation als die Verknüpfung mit dem Nationalsozialismus zu. Das Dritte Reich erkannte die latente Macht der Symbole (die ursprünglich nichts bedeuten, bis sie mit einer Bedeutung belegt werden) und stärkte seine Ideologie durch eine überlegte und systematische Verwendung derselben, wie der blitzförmigen Runen der SS, die an die mystischen Traditionen des germanischen Paganismus erinnerten; des gelben Davidsterns, den die Juden zur Identifizierung tragen mußten; der roten und rosafarbenen Dreiecke, die Insassen von Konzentrationslagern als Kommunisten bzw. Homosexuelle auswiesen. Andere Diktaturen, wie die unter Stalin in Rußland, mißbrauchten ebenfalls die Symbolik im Kampf um die Herzen und Köpfe der Menschen und übersättigten sie mit symbolhaften Bildern, wie dem Ideogramm aus Hammer und Sichel oder den Porträts der politischen Führer.

Symbole der Geschäftswelt und der Empathie

Auf eine andere Art setzen auch Firmenlogos auf die Fähigkeit eines Symbols, unbewußte Reaktionen und Emotionen auszulösen; daher werden sie sorgfältig danach ausgesucht, ob sie auch das Unterbewußtsein ansprechen. Nicht selten werden in der Planungsphase Psychologen herangezogen, um Symbole vorzuschlagen, die ein positives Firmenimage vermitteln und den Verbraucher für ein bestimmtes Produkt einnehmen. Wie Barthes feststellte, manipulieren auch Werbeleute das Unterbewußtsein, indem sie ihr Produkt so darstellen, daß der Verbraucher glaubt, es könne auf mystische Weise sein Äußeres und seinen Lebensstil verändern. Werbe- und Geschäftslogos stellen heute vermutlich die gängigsten symbolischen Formen dar. Doch hat das Symbol in neuester Zeit noch andere Arten der Verwendung gefunden. So haben sich Bänder oder Schleifen durchgesetzt, die am Revers getragen werden und als Zeichen der Solidarität mit bestimmten sozialen Gruppen fungieren: eine rote Schleife als Zeichen der Solidarität mit AIDS-Kranken, eine weiße aus Solidarität mit Brustkrebspatientinnen und Rosa zum Protest gegen Homophobie.

Farben und Formen

Solche Farbschlüssel verdeutlichen die antike symbolische Kraft, die Farben immer noch auf uns ausüben: Weiß gilt allgemein als Farbe der Reinheit und Güte; Schwarz verkörpert als Antithese das Böse; dazwischen liegt Grau, die Farbe der Ambiguität und des Mittelweges; Rot steht für Feuer und Gefahr; Lila ist die Farbe der Könige; Gelb verkörpert Sonne und Glück; Blau steht für Meer und Himmel,

Oben und rechts: Die generischen Bilder von Mann und Frau (sie basieren auf den geschlechtsspezifischen Kleidungskonventionen) sowie das Nichtraucher- und Flughafenzeichen sind international anerkannte, täglich benutzte ikonische Bilder. Ampeln beruhen auf einem allgemein anerkannten Farbschlüssel.

Symbole der Gelassenheit; Grün ist die Farbe der Natur und des Wachstums. Ebenso wie die Farben dienten auch Formen seit Anbeginn der Menschheit zur Darstellung abstrakter Konzepte: Das Quadrat symbolisiert die Erde und Stabilität; der Kreis steht für Perfektion und das Selbst; das Dreieck eint und konzentriert drei eigenständige Kräfte zu einem mächtigen Ganzen.

Symbolik im Alltag

Wir alle haben täglich mit Symbolen zu tun. Wenn wir einkaufen, bezahlen wir mit Geldscheinen oder Münzen, die den Wert der Waren symbolisieren. Verkehrszeichen sind weitere Symbole, denen wir laufend begegnen und die so konzipiert sind, daß sie einem ganz schnell – quasi im Vorbeifahren – wichtige Informationen vermitteln, die nicht nur den Verkehrsfluß regeln, sondern auch Leben retten helfen. Auch die Meteorologie bedient sich eines einzigartigen Systems von Symbolen zur Darstellung des Wettergeschehens, von denen wir zahlreiche durch die Wettervorhersagen im Fernsehen sehr gut kennen. In den Medien werden selbst Menschen häufig zu Symbolen gemacht: Die Überlebenden einer Tragödie empfindet der Zuschauer symbolisch als Träger von Hoffnung und Widerstandskraft; Kriminelle stehen symbolisch für das Böse; Menschen, die sich durch beispielhafte Selbstlosigkeit auszeichnen, wie Mutter Teresa beispielsweise, werden als Symbole der Erleuchtung angesehen.

Symbole in Sprache und Wissenschaft

Sprache ist, wie schon gesehen, selbst ein Symbolsystem, mit dem wir anderen verbal oder schriftlich Konzepte und Informationen vermitteln; durch die Übertragung von Worten oder ganzen Sätzen auf einzelne Symbole, wie in der Stenographie, wurde der linguistische

Rechts unten: Die Notenschrift ist ein komplexes symbolisches System, das Tonlage, Tempo und Dauer einer Kombination musikalischer Töne graphisch darstellt. Die moderne westliche Notenschrift, die aus dem früheren System der Neumen entstanden ist, basiert auf einer Tonleiter aus acht Noten (Oktave) und verwendet Symbole wie fünf Linien, Notenschlüssel, Taktstriche, Vorzeichen, Achtel- und Sechzehntelnoten.

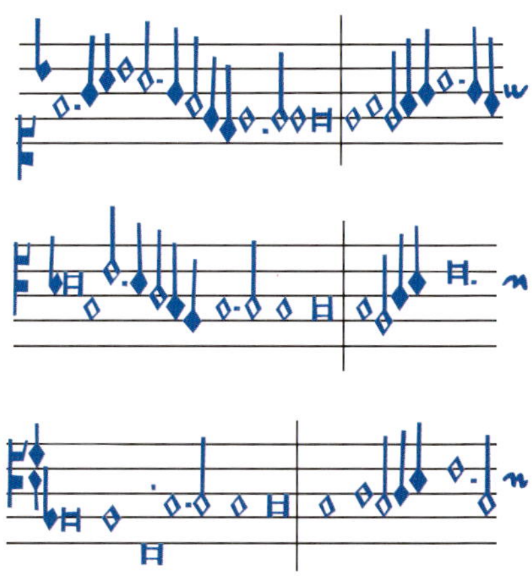

Ganz rechts: Diese Doppelspirale ist das biologische Symbol für die DNS (Desoxyribonukleinsäure), Hauptbestandteil der Chromosomen.

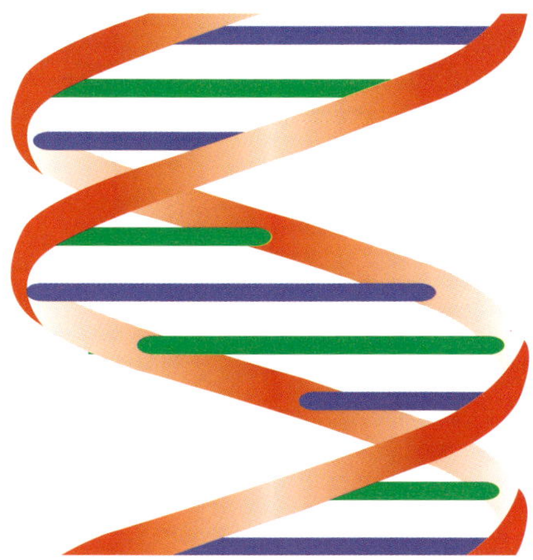

Symbolismus noch weitergeführt und damit der Schreibprozeß in bestimmten Situationen beschleunigt. Wie könnte man die schwer faßbaren und kurzlebigen Töne der Sprache der Musik einfangen und festhalten, wenn es das System der Notenschrift nicht gäbe? Die Wissenschaft verläßt sich in großem Maß auf

die Symbolik als Kommunikationsmittel, und in der Forschung und im Ausdruck wissenschaftlicher Disziplinen, wie der Mathematik, Elektronik, Biologie, Chemie, Physik und Pharmazie, sind hochentwickelte symbolische Systeme in Gebrauch, deren einzelne Komponenten für extrem komplexe Konzepte stehen können. In unserem technologischen Zeitalter sehen wir uns zunehmend mit dem Einsatz von Computern konfrontiert, deren Basisoperationen auf symbolischen Systemen beruhen: der binären Notation, einem Zahlensystem, das aus Folgen der Ziffern 0 und 1 besteht; und dem Binärcode, in dem jeder Zahlen- oder Buchstabensatz durch eine bestimmte Gruppe von „Bits" dargestellt wird. Die Computersoftware hat völlig neue Symbole in das Vokabular des Computeranwenders eingebracht, wie Menüs, Icons, Pfeile und Cursor.

Schlußfolgerung

Obwohl jedes Symbol ein Mikrokosmos für sich ist, kann es auch als Ausdruck des Makrokosmos betrachtet werden, da ein jedes die dynamische Struktur sowohl des Universums als auch des menschlichen Denkens beinhaltet, reflektiert und verbindet. Im Extremfall kann alles als Symbol betrachtet werden: ein Bild, eine Person, ein Gegenstand oder ein Wort – sogar etwas Immaterielles wie ein Geruch – kann für etwas anderes stehen. Und obwohl Symbole ein reiches Vermächtnis aus Jahrtausenden menschlicher Erfahrung und Wahrnehmung in sich tragen, so bleiben ihre Verwendung, Darstellung und Interpretation doch nicht statisch, da unserem kollektiven symbolischen Vokabular ständig neue Assoziationen und Bilder hinzugefügt werden.

Die folgenden Kapitel untersuchen eine große Auswahl an Symbolen genauer, die unter folgenden Stichwörtern eingeordnet wurden: heilige Symbole, Identitätssymbole, Symbole aus Magie und Okkultismus und Symbolsysteme, Natursymbole, die Symbolik phantastischer Kreaturen, unserer Emotionen und der Psyche. Diese Auswahl erhebt nicht den Anspruch, einen umfassenden Katalog oder definitive Interpretationen der Vielzahl von Symbolen zu liefern, die unsere Legenden, Geschichte und Kunst bevölkern und unsere Reaktionen wecken. Doch stellt sie die wichtigsten Bilder zahlreicher Kulturen vor und lädt ein zu einer faszinierenden Entdeckungsreise, nach der wir die Wirkungen der Symbolik auf unser Bewußtsein und unser Unbewußtes besser verstehen werden. Der Leser wird Jungs Worten zustimmen, daß Symbole eine „ständige Herausforderung für unsere Gedanken und Gefühle" sind.

Links oben: *Das Winkeralphabet wurde 1890 aus einem englischen Seefahrercode aus dem 18. Jahrhundert entwickelt. Entsprechend den Uhrzeigern haben jeder Buchstabe und jede Zahl eine eigene Position, die der Winker durch rot-gelbe Fahnen in seinen Händen anzeigt. Hier sieht man die Positionen des Notsignals „SOS".*

Oben: *Das internationale Flaggenalphabet hat im Bereich der Schiffahrt die Funktion von Verkehrszeichen. Diese Zeichen bedeuten: A – Taucher unten; B – Gefährliche Ladung; C – Ja; D – Frei halten. Das Morsealphabet übermittelt anhand bestimmter Punkte (kurzer Töne) und Striche (längerer Töne) die Buchstaben des Alphabets mit Abständen (Pausen) zwischen jedem Buchstaben. Diese Zeichenfolge steht für „SOS".*

Mitte links: *Auditive oder visuelle Informationen werden auf einer CD als Serie metallischer Vertiefungen verschlüsselt und von einem optischen Laser gelesen. Die komplexen Daten können auf einen einfachen Binärcode reduziert werden.*

Heilige Symbole

Die Vielfalt an Religionen auf der Welt zeugt von dem fundamentalen Bedürfnis des Menschen, Erklärungen für seine Existenz und seinen Platz innerhalb der Weltordnung zu finden. Religiöse und philosophische Theorien verlangen einen Glauben an nicht beweisbare Zusammenhänge. Es entstanden komplexe Konzepte, die im Lauf der Zeit immer komplizierter wurden. Daher sind heilige Symbole, obwohl nicht direkt Gegenstand der Anbetung, weit mehr als graphische Darstellungen von Subjekten religiöser Ehrfurcht. Sie sind durchdrungen von tiefgründigen Bedeutungen, die Grundsätze und Überlieferung des Glaubens aufrechterhalten sollen. Sie können als machtvolle Instrumente der Anbetung betrachtet werden, die dazu beitragen, den Glauben zu konzentrieren und weiterzuentwickeln. Sie stellen außerdem allesamt meditative Symbole dar, wobei jedoch einige in dieser Hinsicht besonders wirkungsvoll sind.

Die verworrensten Konzepte lassen sich manchmal durch einfachste Symbole ausdrücken: so das buddhistische Rad, das für die Ganzheit der Existenz steht; das Kruzifix – wichtigstes christliches Symbol – als Erinnerung an das Opfer Christi; oder das kosmische Yin-Yang-Zeichen des Taoismus. Einige Symbole verkörpern die Kraft heiliger Texte: die jüdischen Tafeln der Zehn Gebote und die Thora, die buddhistische Gebetsmühle und die islamische Kalligraphie. Je nach Religion werden Gottheiten mit unterschiedlichen Symbolen belegt: Nordamerikanische Indianerstämme stellen ihre oberste Gottheit als Donnervogel dar, während das Judentum eine Personifizierung ablehnt. Judentum und Christentum haben die Heilige Dreifaltigkeit durch das Tetragrammaton oder das Dreieck symbolisiert. Die Götter der alten Ägypter und des Hinduismus, das griechisch-römische Pantheon und Buddha wurden alle in menschlicher Form – manchmal als Hybriden – dargestellt. Mitunter stehen natürliche Wesen für ein heiliges Konzept: Im Glauben der australischen und nordamerikanischen Ureinwohner sind Tiere Totems mit übernatürlichen Kräften. Der Bulle hat im Hinduismus eine Bedeutung, während im Christentum Taube und Lamm Christus verkörpern. Der Fisch symbolisiert sowohl Buddha als auch Christus.

Oft gibt es verblüffende Ähnlichkeiten zwischen religiösen Symbolen, was sowohl auf die gegenseitige Beeinflussung des frühen religiösen Gedankenguts hinweist, als auch auf übereinstimmende Interpretationen des Universums. Das zeigt die Übernahme und Neubenennung des griechischen Pantheons durch die Römer sowie die Evolution der Gloriolen früher Sonnengötter zu den Heiligenscheinen des Christentums. Sie finden sich auch in Abbildungen des Hinduismus, der wie das Christentum eine Dreiheit verehrt. Der Hinduismus hat auch viele Symbole, wie Fußspuren und das Himmelszelt, mit dem Buddhismus gemein. Religiöse Symbole beschränken sich nicht auf zweidimensionale Abbildungen, auch die Architektur vermittelt religiösen Glauben, wie der buddhistische Stupa, das schinto-buddhistische Torii oder druidische Bauten wie Stonehenge, die alle weit mehr als bloße Betstätten sind.

Obwohl dieses Kapitel nicht die ganze Vielfalt heiliger Symbole weltweit umfassen kann, so bietet es doch eine breite Einführung.

***Linke Seite:** Ein ungewöhnliches Abbild Buddhas mit drei Köpfen. In vielen Religionen werden Dreiheiten verehrt, so im Christentum (die Heilige Dreifaltigkeit) und im Hinduismus (Trimurti). Der dreigesichtige Buddha kann das Dreifache Juwel verkörpern, das aus Buddha selbst, dem Dharma (dem buddhistischen Gesetz) und dem Sangha (der Erleuchteten Gemeinschaft) besteht. Er kann auch Vergangenheit, Gegenwart und Zukunft darstellen oder die drei Körper Buddhas: Wesen, Glückseligkeit und den Erschaffenen Körper. Wie im Judentum und im Christentum, doch anders als im Hinduismus, wurde frühen Abbildern Buddhas kein menschliches Antlitz gegeben.*

Buddhismus

Buddha *Unten*
Anfänglich entsprachen die Abbilder Buddhas keiner menschlichen Form. Die heute bekannte Figur des Shakyamuni wurde im 2. Jahrhundert n. Chr. zur Ikone des Buddhismus. Diese Darstellungen entstammen der Kuschan-Periode und der Gandhara- oder Mathura-Lehre. Buddha wird meist in einem Zustand tiefer Meditation abgebildet, und seine physischen Attribute zeigen häufig einige der 32 Wege zur Erlösung: einfache Mönchsgewänder, eine Gloriole, verlängerte oder vergrößerte Ohren, eine Urna (das dritte Auge spirituellen Sehens auf der Stirn) und die Ushnisha, eine Vorwölbung des Schädels als Ausdruck des Wissens.

Rad *Rechts oben*
Das Rad ist ein kraftvolles antikes Symbol für den Lebenszyklus und taucht in den meisten Religionen auf. Ist es – wie hier – in zwölf Segmente unterteilt, symbolisieren diese die Monate oder die zwölf Adityas. Die zwölf Speichen stehen für die zwölf Verbindungen (Nidana auf Sanskrit, Tendrel auf Tibetisch) im Kreis interdependenter Existenz, wobei das Ganze ein natürliches Gesetz verkörpert, dessen Transzendenz Erleuchtung genannt wird. Das Rad symbolisiert auch die **Sonne** mit ihren Strahlen und steht in vielen Kulturen für die Sonnengötter. Mit der Implikation von Bewegung kann es auch den Kosmos, Zeit und Schicksal verkörpern. Im Buddhismus ist es von besonderer Bedeutung als Rad des Lebens und als **Rad des Gesetzes** (meist mit acht Speichen als Zeichen spiritueller Kraft und Erleuchtung). Es dient auch als nicht ikonische Abbildung **Buddhas**. Zusammen mit dem **Lotus** bildet es eines der Chakren – spirituelle und geistige Energiezentren.

Buddhas Hand *Unten*
Bei den Abbildern **Buddhas** kommt seinen Händen eine besondere Bedeutung zu. Die unterschiedlichen Fingerstellungen nennt man Mudras (sie tauchen auch im indischen Tanz und in religiösen Ritualen auf). Während die Hand Buddhas Schutz bedeutet, symbolisieren die Mudras die Kraft erleuchteter Spiritualität. Von über 500 Mudra-Stellungen wird Buddha meist mit einer von fünfen abgebildet: mit der erhobenen rechten Hand als Zeichen der Furchtlosigkeit; das **Rad** als Symbol für

sein Gesetz formend; mit meditativ nach oben gefalteten Händen; mit einer Hand nach unten weisend, um die Erde als Zeugin anzurufen (die Bhumisparsha Mudra, hier abgebildet); oder mit geöffneten Handflächen zur Darbietung seiner Gaben.

Dharma Chakra *Rechte Seite oben*
Das **acht**speichige Dharma Chakra ist das Gesetzesrad des Buddha (auf Sanskrit: Chakra = **Rad**, Dharma = Gesetz). **Buddha** wird beschrieben als „Der, der das Rad des Wortes und des Gesetzes dreht", und bei seiner ersten Predigt in Sarnath setzte er das Dharma Chakra in Bewegung. Während der **Kreis** die Vollständigkeit des Dharma symbolisiert, ste-

hen die Speichen für den *Achtfachen Pfad* (bestehend aus dem rechten Glauben, Bewerten, Reden, Handeln, Lebenserwerb, Bemühen, Bewußtsein und der rechten Meditation), der den Gläubigen zur Erleuchtung und ins Nirwana führt. Endloses Drehen offenbart Unwissenheit und Illusion; die Speichen laufen in der Mitte (Buddha) zusammen. Einige Buddha-Figuren formen mit den Händen das Dharma-Chakra-Mudra, oder das Symbol findet sich auf einem **Fußabdruck** Buddhas als Zeichen für den Herrscher des Universums. Die erste Umdrehung des Dharma-Chakra soll im Wildpark von Sarnath, heute Varanasi (Benares), stattgefunden haben. Das Rad des Gesetzes, der Wahrheit und des Lebens ist für chinesische Buddhisten eins der *Acht Glücklichen Vorzeichen.*

Gehäuse der Meeresschnecke *Rechts unten*

Im Buddhismus symbolisiert der Ton aus dem Gehäuse der Meeresschnecke die Stimme **Buddhas**, die das Gesetz predigt, und damit **Weisheit** und die Kraft von Rede und Klang. Das Schneckenhaus steht für den Sieg über Samsara (einen Zustand gelittener Existenz); ist es weiß, für die Macht auf **Erden**. Im chinesischen Buddhismus ist es eines der *Acht Glücklichen Vorzeichen* und kann eine erfolgreiche Reise ankündigen, da es mit der positiven Wirkung des **Wassers** verbunden wird. Im Hinduismus ist es Vishnu geweiht und artikuliert dessen Ruf an seine Anhänger, der sie aus der Unwissenheit wecken soll. Im Islam symbolisiert es das Ohr, welches das Wort Gottes hört.

Parasol *Unten*

Der Parasol oder Sonnenschirm ist im Buddhismus, in Indien, China und Japan ein Symbol der Elevation, der Würde und Ehre. Bedeutende Persönlichkeiten wurden traditionell mit Sonnenschirmen vor der heißen asiatischen **Sonne** geschützt, so daß diese zu Zeichen irdischer Ehrung und Souveränität wurden, die man mit religiösen Figuren assoziierte. So hält Indra einen Sonnenschirm über **Buddha**, und in den Händen von Mo-li Hung – dem himmlischen König des Südens im Buddhismus – symbolisiert er Erdbeben und Dunkelheit. Die mystische Bedeu-

tung des Sonnenschirms als Bindeglied zwischen Himmel und Erde ergibt sich aus seiner Form: Der Baldachin erinnert an die Sonne, an ihre Strahlen und das Himmelsgewölbe, während der Stock als Erdachse fungiert. Die meisten Sonnenschirme, die in religiösen Zeremonien verwendet werden, bestehen aus mehreren Schichten (wie der Turm des **Stupa**) zur Darstellung der Himmelshierarchie und des Pfades zum Nirwana. Der Sonnenschirm ist also ein Symbol der Souveränität und des Schutzes. Der goldene Chattah ist eines der *Acht Glücklichen Vorzeichen* im chinesischen Buddhismus, und im Hinduismus hält Vishnu in seiner Erscheinung als Zwerg einen Parasol wie auch Yashoda, die Mutter Krishnas.

Fisch *Unten*

In einer auffallenden Parallelität zu Jesus wird **Buddha** als Menschenfischer bezeichnet, daher ist das Bild des Fisches eng mit ihm und seinen Anhängern verbunden. Als eine der *Sieben Erscheinungen* findet er sich auf Fußabdrücken Buddhas als Symbol der Befreiung von den Zwängen des Verlangens und der Anhänglichkeit.

Schutzgeister *Oben*
Dieser Wächter beschützt den Königspalast in Bangkok, Thailand. Er trägt ein kunstvolles Gewand und eine furchterregende **Maske**, um böse Eindringlinge zu vergraulen. Mit Hilfe der unmenschlichen Maske ruft er die übernatürlichen Kräfte des Schutzgeistes an, den die Maske symbolisiert. Schutzgeister spielen im Buddhismus eine wichtige Rolle (wo sie meist als Götter, Dämonen oder Bodhisattvas auftreten), ebenso im japanischen Schintoismus und in vielen anderen Kulturen; sie tragen die positiven Eigenschaften des Schutzes, spiritueller Kraft und sie bringen Glück. Vor allem glaubt man, daß sie heilige Stätten beschützen.

Lotus *Oben, Mitte rechts*
In Altägypten und im Hinduismus entspricht dem Lotus eine tiefgründige Symbolik; außerdem ist er den Buddhas geweiht, die oft auf Lotusblumen sitzen oder als Flamme daraus aufsteigen, sowie Tara, der Mutter der Buddhas. Der Lotus gehört zu den Wasserlilien und erblüht morgens in sumpfigen Gewässern, weshalb diese Pflanze in Asien für Reinheit, Auferstehung und die perfekte Schönheit steht. Der Lotus symbolisiert die Erschaffung des Lebens aus dem Schlick der Urgewässer. Mit dem Rad bildet die offene Lotusblüte ein **Chakra**, das spirituelle Rad der Existenz, und sie dient in Form der **Mandalas** als Meditationssymbol. **Acht** Blütenblätter stehen für die Himmelsrichtungen und die universelle Harmonie. Tausend Blütenblätter bezeichnen die spirituelle Offenbarung, während die geschlossene Lotusknospe ein Potential symbolisiert. Die Einheit aus Glückseligkeit und Leere, das Ziel tantrischer Praxis, wird *Mani Padme (Juwel im Lotus)* genannt – **Buddha** im Herzen des Lotus. Im Blickwinkel sexueller Symbolik stehen Juwel und Lotus für die Geschlechtsorgane. Im chinesischen Buddhismus ist der Lotus eines der *Acht Glücklichen Vorzeichen.* Heute ist er das Wahrzeichen von Indien und Ägypten.

Stupa *Unten*
Stupas sind weithin sichtbare Bauwerke in buddhistischen Kulturen, welche die Ruhestätten der Asche von Kaisern und religiösen Figuren markieren, später auch buddhistischer Mönche und heiliger Reliquien. Hervorgegangen aus einem einfachen Grabhügel, ist der Stupa pyramidenförmig mit einem typischen, manchmal mehrschichtigen Kuppeldach angelegt. Das tibetische Chörten (hier abgebildet) ist vom Stil her identisch. Mit seiner **quadratischen** Basis (Symbol für die **Erde**) ist der Stupa ein kosmisches Symbol: Die vier **Türen** an jeder Seite stellen die Himmelsrichtungen dar, seine runden Etagen (Zeichen für **Wasser**) stehen für den Pfad des Wissens, der durch die Ebenen der Existenz führt, und seine Kuppel (Anda) symbolisiert das **Feuer**. Auf der Kuppel befindet sich eine Spitze im Gleichgewicht auf einer Schale (Symbol für die **Luft**), die je nachdem **Buddha** darstellt, den Bodhibaum, unter dem Buddha die Erleuchtung fand, oder die Erdachse, die nach dem Himmel greift. Die **Ringe** (Chattra) um die Spitze symbolisieren Elemente der höheren Welt. Daher fließt spirituelle Energie durch den Stupa von der irdischen Basis aufwärts zum Himmel. Der Stupa kennzeichnet die Lebensabschnitte Wissen, Initiierung und Elevation, er verkörpert das buddhistische Gesetz, Dharma, und er dient – wie auch das **Mandala** – als Meditationshilfe.

Taoismus/Konfuzianismus

Yin-Yang-Kreis *Unten*
Der **Kreis** des Yin-Yang (oder Tai-chi) ist das bedeutendste Symbol taoistischer Religion und Philosophie; auch im Konfuzianismus hat er seine Bedeutung. *Tao* (der Weg) lehrt, daß im **Universum** alles von zwei gegensätzlichen Kräften geschaffen und kontrolliert wird: dem Yin, der negativen, passiven Kraft (weiblich – schwarz), und dem Yang, der positiven, aktiven Kraft (männlich – weiß). Das Yin verkörpert die Seele, Nässe, Kälte, die Nacht, den **Mond**, die Dunkelheit, **Erde** und Nahrung und wird mit einer unterbrochenen Linie assoziiert. Das Yang verkörpert den Geist, Licht, Hitze, Trockenheit, den Tag, die **Sonne**, den Himmel, Schöpfung und Dominanz und wird mit einer durchgezogenen Linie assoziiert. Das Yin kommt stets vor dem Yang, da es die Urmacht vor der Schöpfung symbolisiert. Yin und Yang äußern sich im Wechsel der **Jahreszeiten** und in der Gesamtheit der natürlichen Ordnung. Ein Zustand der Harmonie wird nur erreicht, wenn sich beide Kräfte im perfekten Gleichgewicht befinden, was der Yin-Yang-Kreis symbolisiert. Die Flächen von Yin und Yang werden in einem Kreis des Umlaufs und der Einheit durch eine S-förmige Linie getrennt (als Ausdruck der Dynamik). Jedes Feld enthält einen Kreis der anderen Farbe als Symbol für den Samen des anderen und ihre gegenseitige Abhängigkeit.

Gebetsmühle *Oben*
Die buddhistische Gebetsmühle ist vorwiegend in Tibet verbreitet und hat die Form eines Zylinders mit einem Griff. Gebete oder Mantras (welche als Anrufung des *Juwels im Lotus* meist die mystische Zeile *Om Manipadme Hum* enthalten) werden wiederholt auf Papierrollen gedruckt, um den Zylinder gewickelt und mit einem Metallüberzug gesichert, auf dem ebenfalls ein Mantra eingraviert ist. Dem buddhistischen Glauben zufolge werden die Gebete verstärkt und ihre Wirkung auf die Welt gewährleistet, wenn die Mühle im Uhrzeigersinn gedreht wird. Eine Variante ist das Gebetsfaß, das am Eingang lamaistischer Tempel steht. Die Gebetsmühle ist ein Symbol für die Macht heiliger Texte und die Schöpfungskraft des **Rades**.

Baldachin *Unten*
Für die chinesischen Buddhisten gehört der Baldachin zu den *Acht Glücklichen Vorzeichen*. Wie der **Parasol** wurde er über Würdenträger gehalten, um sie vor den Elementen zu schützen. Er ist ein

Symbol der Wichtigkeit und des Schutzes (in Weiß verkörpert er den Schutz des Dharma); er schützt auch **Buddhas**, wie den Maitreya. Ist er rund, steht er für Himmel und **Sonne**, als **Quadrat** verkörpert er die **Erde** – im Hinduismus entspricht dies der weltlichen Macht des Königtums und der geistigen Autorität der Priester.

Shinto Torii *Links*
Der Schintoismus entwickelte sich im 6. Jahrhundert und wurde zu Japans Volksreligion. Das Torii, ein hölzerner Torbogen vor dem Schinto-Schrein (Jinja), dem Sitz der Götter, stammt vermutlich aus dem 16. Jahrhundert. Das Torii besteht traditionell aus drei Teilen und symbolisiert den rechten Eingang zum heiligen Pfad – dem Pfad der Götter.

Hinduismus

Die hinduistische Dreiheit *Rechts*
Nach dem klassischen indischen Glauben bilden **Shiva**, Vishnu und Brahma – die drei mächtigsten Götter Indiens – die hinduistische Dreiheit oder Trimurti (in Sanskrit „drei Formen haben"). Vishnu, *der Bewahrer*, erhält die Harmonie des Universums und gilt auch als Sonnengott; Shiva, *der Zerstörer*, verkörpert die Kräfte der Dunkelheit und der Vernichtung; während Brahma, *der Schöpfer* (manchmal mit vier Gesichtern dargestellt), den Ausgleich zwischen den gegensätzlichen Kräften Vishnus und Shivas schafft. Diese Dreiheit bildet das oberste, formlose Wesen *Brahm*, das über das Universum herrscht. Viele indische Kulte verehren Brahma jedoch nicht und betrachten entweder Vishnu oder Shiva als höchstes Wesen (Shivas Anhänger nennen ihn sogar Trimurti, da dieser komplexe Gott auch den Dreifachaspekt des höchsten Wesens verkörpert).

Shiva *Unten*
Shiva ist einer der **drei** mächtigsten hinduistischen Götter. In der *Rig Veda* wird er als der geringere Gott Rudra dargestellt, der sich später zum omnipotenten Shiva entwickelte. Als Teil der Trimurti gilt Shiva nur als Zerstörer, dabei ist er ein Gott mit vielen, oft gegensätzlichen Eigenschaften. Einerseits ist er der höchste Gott der Manneskraft (symbolisiert durch den Lingam, einen phallischen Kultstein, dessen Gegenteil das weibliche Yoni ist), andererseits der gütige Herr der Asketen und Yogis; außerdem vertritt er gleichzeitig das Gute und das Böse. Als Nataraja ist er Herr des Schöpfungs- und Zerstörungstanzes, der auf dem bezwungenen Dämon des Chaos oder dem Zwerg der Unwissenheit tanzt. Er wird mit **vier** Händen dargestellt, die eine verzehrende Flamme, die Rassel der Schöpfung oder eine Trommel, auf der der Rhythmus des Lebens geschlagen wird, tragen können. Ikonische Abbildungen zeigen Shiva auf dem weißen **Bullen** Nandi. Eine seiner Frauen ist die schreckliche Kali und er tötet – wie sie – Sünder mit einem Seil oder einer **Schlange**; manchmal trägt er eine Halskette aus **Totenschädeln** und in den Händen oder im Haar den Schädel des ermordeten Brahma. Eine **Mond**sichel symbolisiert seine Macht über Leben und Tod; die Asche der Körper fließt durch seine Venen. Er trägt eine **Tigerhaut** und einen **Dreizack** (Symbol für Vergangenheit, Gegenwart und Zukunft), einen **Bogen**, eine **Axt** oder eine **Fackel**. Aus seinem Kopf entspringt der Ganges (dessen Personifikation, Ganga, eine seiner Frauen ist). Ein drittes **Auge** auf der Stirn garantiert ihm transzendente Weisheit und verbrennt die, die es anschauen; es symbolisiert **Sonne**, **Mond**, **Feuer** oder Tag und Nacht.

Ganesha *Oben*
Im hinduistischen Pantheon ist der **elefanten**köpfige Ganesha, Sohn von **Shiva** und Pavarti, der Gott der Klugheit, des Glücks, der Vorsicht und der Unbesiegbarkeit, weil er alle Hindernisse aus dem Weg räumen kann. Er hat nur einen Stoßzahn, da er den anderen im Kampf verlor. Ganesha wird mit **vier** Armen abgebildet (wovon einer die Axt Shivas hält), mit denen er die Menschheit beschützt und ihr Geschenke darbietet. Er reitet auf einer Ratte, auch ein Symbol der **Weisheit**. Ganesha ist Herr über niedere Götter, die Ganas. Er ist der Patron des Wissens und der Kaufleute (oft wird er auch als Autor des epischen *Mahabharata* genannt), daher findet sich sein Bild oft an Handelsgebäuden oder auf den Titelseiten von Büchern. Er wird vor einer Reise und vor wichtigen Aufgaben geehrt.

Om *Oben, Mitte rechts*
Das Sanskritzeichen entspricht der mystischen Silbe *Om* (oder *Aum*), die im Hinduismus, im Buddhismus und im Dschainismus als heiliger Laut göttlicher Kraft gilt. Die alten Schriften der Hindu-Philosophie, die *Upanishaden*, beschreiben das *Om* als elementaren Laut des Universums, der einst die Schöpfung auslöste und den Kosmos erhält. Die Laute A, U und M verkörpern die Trimurti, die **drei** Götter Brahma, Vishnu und **Shiva**, die das Leben kontrollieren. Sie stehen auch für die drei Zustände des Menschen: träumen, schlafen und wachen; für die drei Tageszeiten und die drei menschlichen Fähigkeiten ersehnen, wissen und handeln. Der unvergängliche Laut dient bei der Yoga-Meditation als Mantra, als Anrufung oder vor und nach Gebetsgesängen zur Bezeichnung des Selbst und der Spiritualität. Außerhalb des Hinduismus steht es heute in okkulten Zusammenhängen für Güte und Spiritualität.

Yoga *Unten*
Yoga ist ein antikes System hinduistischer Religionsphilosophie, das eine strenge Vorbereitung des Körpers zur Erreichung spiritueller Ziele verlangt. Durch körperliche oder meditative Techniken kann der Yogi seine irdischen Sorgen ablegen und einen befreiten, glückseligen Zustand höherer Bewußtheit, Moksha genannt, erreichen. Es gibt vier elementare Yoga-Richtungen: das rituelle Karma-Yoga, das religiöse Bhakti-Yoga, das intellektuelle Jnana-Yoga und das meditative Dyana-Yoga, das Kundalini-Yoga, das die Lebensenergie weckt, und das auf der Wiederholung von Lauten basierende Mantra-Yoga.

Heilige Fußabdrücke *Oben*
Im Hinduismus wie im Buddhismus zeugen Fußabdrücke von der Anwesenheit einer Gottheit und weisen auf seine Allgegenwart hin. Beide Religionen sind häufig verflochten, und die Vaishnava-Hindus glauben, daß Vishnus neunte Inkarnation, oder *Atavar*, **Buddha** ist. Im Buddhismus werden Fußabdrücke häufig mit Symbolen der *Sieben Erscheinungen* verziert: einem **Fisch**, der **Swastika**, dem Diamantenstab, dem **Gehäuse der Meeresschnecke**, einer Blumenvase, dem **Rad des Gesetzes** und der Krone des **Brahma**. Wenn der Gläubige Buddhas Fußspuren folgt, findet er die Erleuchtung.

Bulle *Oben*
Im Hinduismus symbolisiert der Bulle Stärke, Macht und Fruchtbarkeit. Als Fruchtbarkeitssymbol ist er eine Form von Indra, dem vedischen Gott des Himmels. Der starke Bulle Nandin ist das Vehikel **Shivas**, des Zerstörers; Agni ist „der mächtige Bulle" und der Gott des **Feuers**; die allumfassende Aditi ist die Mutter der Götter. Der Bulle steht in Verbindung zur heiligen **Kuh** (die ebenfalls Fruchtbarkeit verkörpert), und zusammen mit einer Kuh (Symbol der **Erde**) symbolisiert er den Himmel.

Dschainismus

Dschainischer Tempel *Unten*
Der Dschainismus ist eine streng asketische indische Religion, die als Protest gegen einige Hindu-Praktiken gegründet wurde und viele Elemente mit dem Buddhismus gemein hat. Selbstdisziplin, Loslösung und Meditation sind die Grundsätze der Philosophie, die von einer strengen Moral geprägt ist – der Nichtgewalttätigkeit gegenüber allen Lebewesen (basierend auf dem Glauben an den Reinkarnationszyklus, der erst mit der Perfektion und Befreiung der Seele endet). Es gibt in Indien viele prächtige dschainische Schreine und Tempel, deren kunstvolle Dekorationen (wie hier gezeigt) in starkem Kontrast zum asketischen Lebensstil der dschainischen Mönche stehen. Die Tempel wurden häufig zu Ehren eines der 24 *Tirthankara* – Lehrer und Gründer des Dschainismus – errichtet, doch statt einem Gott oder Individuum zu huldigen, symbolisieren sie die Glaubensgrundsätze.

Sikhreligion

Turban *Oben*
Der Turban ist ein Identitätssymbol der Sikhreligion, Zeichen der Glaubensverpflichtung, der spirituellen Autorität und des Mutes. Nach der Khālsā müssen die Sikhs **fünf** Glaubensbekenntnisse tragen, die „fünf Ks". Das ungeschnittene Haar (*Keś*), bedeutet spirituelle Stärke; *Kanghā*, ein Kamm im Haar, symbolisiert Disziplin; *Kirpān* ist ein zeremonielles Schwert, mit dem gegen die Ungerechtigkeit gekämpft wird; ein stählerner Armreif an der rechten Hand, *Karā*, zeugt von der Einheit des Trägers mit Gott (und soll daran erinnern, die rechte Hand für gute Taten zu benutzen); und *Kachh*, eine kurze Hose, steht für sexuelle Zurückhaltung und die Kampfbereitschaft für den Sikh-Glauben. Obwohl der Turban (*Keśkī*) nicht zu den Glaubensbekenntnissen gehört, wurde er zu einem Symbol der Sikh-Identität, da er als Schutz von *Keś* und *Kangā* getragen wird. Die Sikh-Disziplin, basierend auf den Lehren des Guru Gobind Singh (des *Rahit Maryada*), empfiehlt das Tragen des Turbans. Politische oder religiöse Gruppen innerhalb der Sikh-Gemeinschaft sind durch die Turbanfarben unterscheidbar: Mitglieder der Parteien Punjabi, Haryana und Himchal Pradesh Akali Dal tragen blaue Turbane; die Streiter für einen unabhängigen Sikh-Staat Khalistan orangefarbene; und die Namdharis, Anhänger des Reformisten Baba Balak Singh (1799–1861), sind an weißen Turbanen zu erkennen. Einige Sekten, wie die von Bhai Randhir Singh (1878–1971), betrachten den Turban zusammen mit dem *Keś* als eines der fünf Ks und verlangen von Frauen und Männern, ihn als Zeichen ihres Glaubens zu tragen.

Khanda *Unten*
Das Emblem der Sikh-Religion, *Khanda*, ist schwarz auf die dreieckige, gelbe Nishan Sahib, die Fahne des Respekts, gedruckt. Es zeigt ein **Schwert** mit doppelter Klinge (Symbol für das Konzept des kriegerischen Heiligen), eingekreist von einem Chakkar oder Stahlring (Symbol der Einheit Gottes mit der Menschheit). An jeder Seite stehen zwei *Kirpāns* für spirituelle und weltliche Macht. Es ist auch das Emblem der Khālsā, der Sikh-Gemeinschaft, die 1699 vom Guru Gobind Singh zur Läuterung der Sikh-Tradition gegründet wurde.

Altägyptische Religion

Auge des Horus *Oben*
Das Auge des Horus, oder das Allessehende Utchat, hatte im Alten Ägypten viele komplexe Bedeutungen. Horus war der Falkengott, Herr über die Himmel; sein rechtes Auge war das Auge des Re (des **Sonnen**gottes), sein linkes das Auge des Horus, Symbol des **Mondes**. Auge und Augenbraue zusammen stehen für Macht und Stärke. Das Symbol des heiligen Auges gilt bis heute als mächtiger Schutz vor dem Bösen.

Heilige Katze *Unten*
Im Alten Ägypten waren Katzen der Liebesgöttin Bastet geweiht, die oft als Frau mit einem Katzenkopf dargestellt wurde. Der Kater wurde als Inkarnation des **Sonnen**gottes betrachtet, während die Katze als Personifikation des Sonnenauges galt, vielleicht weil Katzen sich gern in der Sonne aalen. In Verbindung mit dem **Mond** – ihre Pupillen wurden mit den Mondphasen verglichen – war sie den Gottheiten **Isis**, Bastet und Seth geweiht.

Ankh *Unten*
Die ursprüngliche Bedeutung des Ankh ist unbekannt; nach einer Theorie vereinigte es die männlichen und weiblichen Symbole von **Osiris** (das T-Kreuz) und **Isis** (das Oval) und stand für die Einheit von Himmel und **Erde**. Er symbolisierte Leben und Unsterblichkeit, das Universum, Macht, Luft und **Wasser**.

Wegen der Schlüsselform glaubte man, er könne die Pforten des Todes aufschließen. Da er ein Geschenk der Götter war, wird er meist in der Hand einer Gottheit dargestellt. Koptische Christen übernahmen ihn als Symbol für das Leben nach dem Tod. Die Magie macht regen Gebrauch vom Ankh, der heute Frieden und Wahrheit symbolisiert.

Skarabäus *Rechts oben*
Der Skarabäus, oder Pillendreher, war eines der mächtigsten Symbole im Alten Ägypten. Er legte seine Eier in Mistkugeln ab, so daß er zu einem Symbol der Fortpflanzung wurde. Er verkörperte den Gott der Morgensonne, Khephri (oder Khepera), wobei das Rollen der Mistkugeln für das Wandern der Sonne am Himmel sowie für die Auferstehung stand. Skarabäus-Amulette wurden am Körper getragen oder als Zeichen für die Er-

neuerung des Lebens in Gräber gelegt. Wurde er, wie hier, mit Falkenflügeln dargestellt, symbolisierte er Transzendenz und Schutz.

Ba *Unten*
Die Alten Ägypter hielten das Ba, symbolisiert durch den **Falken** mit Menschenkopf, für die menschliche Seele: den spirituellen Teil, dessen psychische Energie den Tod überdauert. Nach dem Tod würde die Seele ins Reich von **Osiris** fliegen (wo sie Glückseligkeit erlangte), doch später kehrte sie in den Körper zurück – entweder in einer anderen Welt oder nach der Reinkarnation auf der **Erde**. Oft schmückte das Symbol auch Gräber.

Sphinx *Nächste Seite, links oben*
Die ägyptische Sphinx wurde meist als **Löwe** mit dem Kopf eines Pharaos dargestellt; als Zeichen der Vereinigung natürlicher und spiritueller Macht symbolisierte sie gütige königliche Macht und Schutz. Sie wurde auch mit **Horus** assoziiert, dem Sohn des **Sonnen**gottes Ra (oder auch Re). Bei dieser Sphinx (der Androsphinx) wurde der Kopf des Pharaos manchmal durch einen Falkenkopf ersetzt (Hieracosphinx), als Verkörperung der Sonnenkraft, oder durch einen **Widder**kopf (Criosphinx), als Zeichen

der Stille. Die berühmte, in Kalkstein gehauene Sphinx bei Giseh ist 20 m hoch und 73,5 m lang und wurde um 2 620 v. Chr. auf Geheiß des Pharaos Khafre gebaut, dessen Züge sie trägt. Die ägyptische Sphinx sollte nicht mit der rätselhaften Sphinx der griechischen Mythologie verwechselt werden.

Isis *Unten*
Isis war die Hauptgöttin im Alten Ägypten, treue Ehefrau und Schwester von **Osiris** sowie Mutter des **Horus**; sie war ein Vorbild der idealen Frau und göttlichen Mutter. Sie wird meist als Königin dargestellt mit einem Kopfschmuck aus Kuhhörnern (da ihr die **Kuh** geweiht war), als Symbol des **Mondes**, in dem die Sonnenscheibe steckt. Isis verfügte über starke magische Kräfte und wurde manchmal als Schwalbe abgebildet, nach den verstreuten Körperteilen des **Osiris** suchend. Sie wird mit Lotusblumen gezeigt, Zeichen der Wiedergeburt, oder mit einem Schakal, Symbol für den Gott Anubis, der die Toten einbalsamierte. Die Römer priesen Isis als Göttin der Natur.

Osiris *Rechts oben*
Osiris war für seine Anhänger der Inbegriff der Perfektion und mit einer reichen Symbolik behaftet. Anfänglich war er der Gott des Lebens und der Fruchtbarkeit, der besonders mit **Getreide**, den Überschwemmungen des Nils und dem **Mond** assoziiert wurde. Eines seiner Attribute ist ein Tatupfeiler, der ursprünglich bei Fruchtbarkeitsriten benutzt wurde und später sein Rückgrat darstellte. Man glaubte, daß Osiris einst ein menschlicher Herrscher gewesen sei und als Herr der Unterwelt weiterlebte, weshalb er die Erneuerung des Lebens verkörperte. Er wird stets als Mumie dargestellt (aus der manchmal Getreide sprießt) und trägt dabei königliche Insignien – eine weiße **Krone**, Zepter und Dreschflegel. Oft wird er, wie hier, von **Isis** begleitet. Ein weiteres Symbol für Osiris ist das Tau-Kreuz als Zeichen des Lebens.

Thot *Unten*
Thot war der Gott der Weisheit, des Wissens und des **Mondes**; die Alten Ägypter glaubten, er habe ihnen die Sprache und die **Hieroglyphen** gegeben. Thot wurde auf verschiedene Arten dargestellt: mit einem Ibiskopf, dessen langer, gebogener Schnabel den aufsteigenden **Mond** symbolisierte; als Mondsichel; und auch mit dem Kopf eines Pavians, dessen Form er in Her-

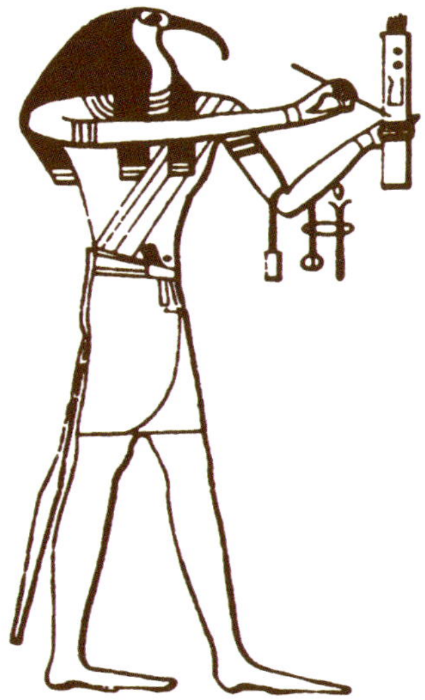

mopolis annahm (der Pavian wurde mit den Schreibern in Verbindung gebracht, deren Patron Thot war). Wegen seiner grenzenlosen Weisheit und weil er neben **Osiris** die Seelen in der Unterwelt richtete, schrieb man Thot okkulte Kräfte zu, und sein Name wird heute noch von jenen angerufen, die auf der Suche nach esoterischem Wissen sind.

Geier und Kobra *Unten*

Dieses Bild der Königin Nefertari zeigt ihren kunstvollen Kopfschmuck mit einem Geier, einem Schutzsymbol, da er als Aasfresser im Land der Toten die Reinigung symbolisierte. Isis nahm zeitweise seine Gestalt an, und so verkörperte sie die Mutterschaft und das weibliche Element und wurde zum Emblem Oberägyptens und der Göttin Nekhbet. Hathor, die Liebesgöttin, wurde manchmal mit einem Geierkopf abgebildet; außerdem war er das heilige Tier von

Mut, Göttin der Mutterschaft. Die Kobra (*Uraeus*), ein weiteres wichtiges Element dieses Kopfschmucks, verkörperte Weisheit, Herrschaft und Schutz, da man glaubte, sie steige aus der Sonne auf und zerstöre ihre Feinde mit ihrem glühenden Atem. Die Kobra symbolisierte Unterägypten und wurde mit Wiedergeburt und Sonnenkraft assoziiert, daher ist sie häufig mit der Sonnenscheibe zu sehen.

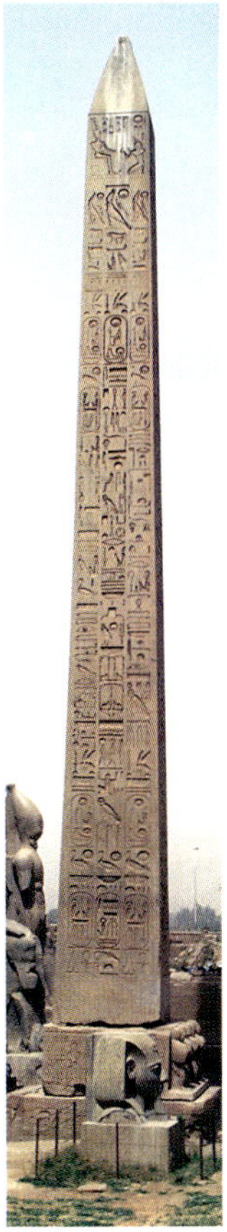

Obelisk *Links*

Nach den alten Ägyptern lebte der Sonnengott Re in Heliopolis, wo er in Form eines Obelisken – einer hohen Steinsäule, die sich von einer quadratischen Basis hin zur Pyramidenspitze verjüngte – verehrt wurde, der als versteinerter Sonnenstrahl galt. Er war ebenso Phallussymbol wie er wegen seiner Form und der Höhe zur Weltachse wurde, eine direkte Verbindung zwischen Erde und Himmel. Obelisken wurden meist mit komplizierten Hieroglyphen verziert und paarweise vor Tempeln errichtet. Dreißig Obelisken, auf der ganzen Welt verstreut, existieren heute noch.

Pyramide *Rechts oben*

Die Pyramiden sind das wahrscheinlich bekannteste Symbol des Alten Ägypten und stehen auch für das moderne Land von heute. Sie verkörpern die immense Macht der Könige in den alten und mittleren Königreichen. Als gewaltige Grabstätten der Pharaonen wurden sie nach strengen Grundsätzen gebaut. Leider sind viele der ihrer komplizierten Konstruktion zugrundeliegenden Prinzipien nicht mehr bekannt, doch glaubt man, daß sie den Berg der Schöpfung symbolisierten und auf Sonne und Sterne ausgerichtet waren, so daß sie eine Rampe zwischen Erde und Himmel bildeten, auf der der tote Pharao ins Leben nach dem Tod schreiten konnte. Pyramiden finden sich nicht nur in Ägypten: Auf den aztekischen Pyramidenschreinen (wie dem Templo Mayor) wurden den Göttern Menschenopfer dargebracht; auch die Mayas und Mesopotamier priesen ihre Götter von Tempeln aus, die auf Stufenpyramiden errichtet waren. All diese Pyramiden sollten vermutlich den kosmischen Berg darstellen. Nach esoterischem Denken ist die Pyramide nicht nur ein Symbol der Erdachse, sondern auch der Erleuchtung; ihre Spitze verkörpert die spirituelle Verwirklichung, nur in Demut durch einen mühsamen Aufstieg zu erreichen.

Geflügelte Sonnenscheibe *Unten*

Im Alten Ägypten war Re der Schöpfer der Welt, Vorfahr der Pharaonen, Gott der **Sonne** (symbolisiert durch die Sonnenscheibe) und des Himmels (symbolisiert durch die Flügel). Die geflügelte Sonnenscheibe verkörperte daher die lebenspendende Sonnenkraft und die spirituellen Attribute des Himmels. Eng verbunden mit dieser Darstellung Res war Aten (oder Aton) – die Sonnenscheibe, deren Strahlen in Händen kulminieren und die später im Alten Ägypten verehrt wurde. Sie wird manchmal in den beschützenden Windungen der flammenspeienden Kobra *Uraeus* gezeigt.

Antike Mythologie

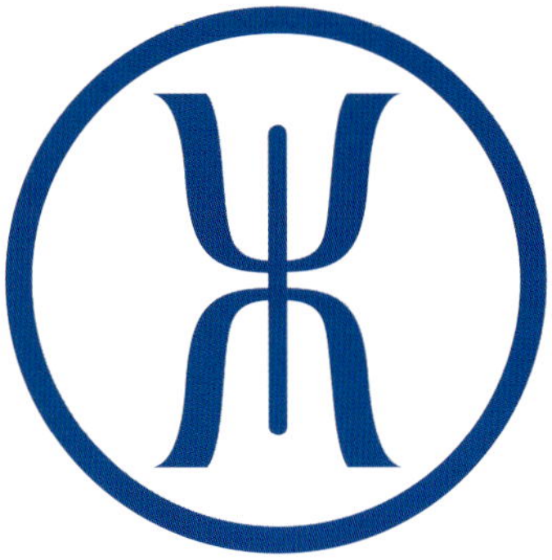

Jupiters Stab *Oben*
Dieses graphische Symbol stellt den Stab des höchsten römischen Gottes Jupiter dar (in Griechenland **Zeus**). Er besteht aus einem doppelten **Dreizack** (dem Zeichen Neptuns/Poseidons), der nicht nur die Macht über das Wasser, sondern auch über **Donner**, **Blitz** und Stürme symbolisiert, da eine dreifache Zinke für den Blitz steht. Seitwärts gedreht, wird er zum Sternzeichen der **Fische**, dessen Herrscherplaneten Jupiter und Neptun sind. Er ähnelt auffallend dem Symbol des nordischen Gottes Wotan (Odin) und des babylonischen Gewittergottes Adad.

Janus *Unten*
Diese römische Münze zeigt Janus, Wächter des Himmels und der Türen. Janus wird stets mit zwei Köpfen abgebildet, die in entgegengesetzte Richtungen blicken (um die Hereinkommenden und Herausgehenden zu sehen), ein Zeichen für Zwiespältigkeit und Falschheit. Die Römer öffneten seinen Tempel im Krieg und schlossen ihn im Frieden, daher wird sein Name mit Krieg assoziiert. Janus steht auch für Reisen und Neuanfänge, und sein Name lebt im Januar fort – einem Monat, der noch das alte Jahr im Sinn, aber die Zukunft schon im Blick hat.

Neptuns Dreizack *Rechts oben*
Der Dreizack des römischen Meeresgottes **Neptun** (griechisch Poseidon) ist ein **Speer**, dessen drei Zinken manchmal mit Widerhaken versehen sind und der seine Autorität und Macht verkörpert; bei den

Menschen wurde dieses Instrument zum Aufspießen von **Fischen** benutzt, in der mächtigen Hand Neptuns brachte es nach seinem Willen lebenspendende Quellen hervor, zerstörerische Überschwemmungen oder verheerende Stürme. Der Dreizack teilt die Eigenschaften der Symbole für Wasser (Neptuns Reich) und **Feuer** (wie Blitz und Blitzstrahl ein Symbol göttlicher Omnipotenz). Seine Zinken wurden mit den **Sonnen**strahlen und den Zähnen von Meeresungeheuern gleichgesetzt. In der Astronomie symbolisiert der Dreizack, manchmal mit einem Querbalken auf dem Griff, den Planeten Neptun. Er wurde zu einem allgemeinen Symbol für die Herrschaft über das Meer und tauchte so auch in der minoischen Kunst auf. Außerdem ist er ein Attribut der Britannia, der weiblichen Personifikation Englands.

Caduceus *Nächste Seite, Mitte links*
Der Caduceus oder Heroldsstab (griech. *Kerykeion*) gehörte zu Hermes, dem griechischen Götterboten (römisch **Merkur**). Dieser geflügelte Stab konnte Streit in Harmonie wandeln, da er in der Mythologie zwischen zwei kämpfende **Schlangen** gestellt wurde, die sich um ihn herumwickelten und sich schließlich friedlich ansehen mußten. Dieses universelle Attribut wurde auch mit alten ägyptischen, phönizischen und indischen Göttern abgebildet. Zusammen mit dem Äskulapstab wurde der Caduceus zum Symbol der Homöopathie und der Medizin allgemein. Vorwiegend steht er jedoch für Dualismus, Ausgewogenheit und die Vereinigung gegensätzlicher Kräfte sowie für den Planeten Merkur.

Zeus *Oben*
Zeus (**Jupiter**) war der mächtigste Gott im griechisch-römischen Pantheon. Er herrschte über die geringeren Götter im Olymp, über den Himmel und die Menschheit. Er wird durch die Sonnenzeichen des Blitzstrahls oder des **Adlers** symbolisiert, doch wird seine Autorität durch die Darstellung mit **Krone**, Zepter oder Thron hervorgehoben. Sein Abbild mit den emblematischen Zeusbildern – Streitwagen, Blitzstrahl, **Adler**, **Bulle**, **Eichen**laub und **Lorbeerkranz** – symbolisiert Omnipotenz.

Athene *Mitte oben*
Die griechische Göttin Athene (Pallas Athene), Tochter von **Zeus** und Metis, war die Göttin der **Weisheit**, der Künste, des Handels und die Schutzpatronin Athens. Wie die römische Göttin Minerva kam sie fertig geformt aus Jupiters Tempel. Sie wird mit einem Helm dargestellt, einem **Speer** und der Ägis – dem Schild des Zeus mit dem Gorgonenhaupt als Zeichen des Schutzes – oder mit einem von **Schlangen** gesäumten Umhang. Speer und Schild zusammen symbolisieren das Erwachsenenalter (Epheboi) und die Keuschheit. Als Teil der Ägis steht die Schlange für Wissen.

Eule der Athene *Unten*
Athene (Minerva) war die Göttin der **Weisheit**, des Wissens und der Künste. Eulen waren in Athen sehr fruchtbar, und durch ihr weises Aussehen und ihre Fähigkeit, im Dunkeln zu sehen (Symbol für das Durchdringen der Unwissenheit), wurden sie zum Symbol der Weisheit. Die Eule war auch ein Attribut der Ceres (Demeter), Göttin des Ackerbaus, und sie hatte prophetische Qualitäten: Ihr Schrei kündigte angeblich den nahen Tod an und ging tatsächlich dem Tod Didos, der Königin von Karthago, und mehrerer römischer Kaiser voran.

Judentum

Tetragrammaton *Unten*
Das Tetragrammaton umschreibt den vierbuchstabigen Gottesnamen *Jod He Vau He* im Hebräischen. Dieser ist so heilig, daß er niemals laut ausgesprochen wird, daher spricht man nur von „dem Namen" (*Ha Shem* oder *Adonai* = „mein Herr"). Die Buchstaben bedeuten eigentlich Jahwe, doch die Christen übersetzten ihn fälschlicherweise mit Jehova. Nach der Überlieferung offenbarte Gott Moses das Tetragrammaton. Es war sowohl auf dem Stab Aarons als auch auf dem magischen Ring Solomons eingraviert. In der Kabbala stand dieses Symbol für Leben und besaß magische und heilende Kräfte. Die korrekte Aussprache ist nicht mehr überliefert. Heute wird das Tetragrammaton auf Amulette und Tafeln geschrieben, die in Synagogen und jüdischen Häusern ausgestellt sind, um an Gottes Allgegenwärtigkeit zu erinnern.

יהוה
יהוה

Dekalogtafeln *Nächste Seite, Mitte links*
Die Dekalogtafeln sind zwei Steintafeln, auf denen angeblich mit dem Finger Gottes die Zehn Gebote eingraviert wurden. Die erste enthielt den Text des Exodus (2. Buch Mose), die zweite den des Deuteronomiums (5. Buch Mose). Moses erhielt die Tafeln auf dem Berg Sinai als Symbol für den Bund Gottes mit den Israeliten, und wegen der göttlichen Worte erschienen sie ihm leicht zu tragen. Als er nach seinem Abstieg vom Berg Sinai die Israeliten bei der Anbetung des Goldenen Kalbs vorfand, verschwanden

die Worte, und Moses ließ die schwergewordenen Tafeln fallen, so daß sie zerbrachen. Zurück auf dem Berg Sinai, beschrieb er selbst Ersatztafeln. Der Text war von beiden Seiten lesbar, und die göttlichen Worte schwebten wie durch ein Wunder über den Steintafeln. Die neue Fassung (Symbol für den Alten Bund) und die Bruchstücke der alten Tafeln wurden in der Bundeslade als Mahnung aufbewahrt, daß Gelehrten stets Respekt zu zollen sei.

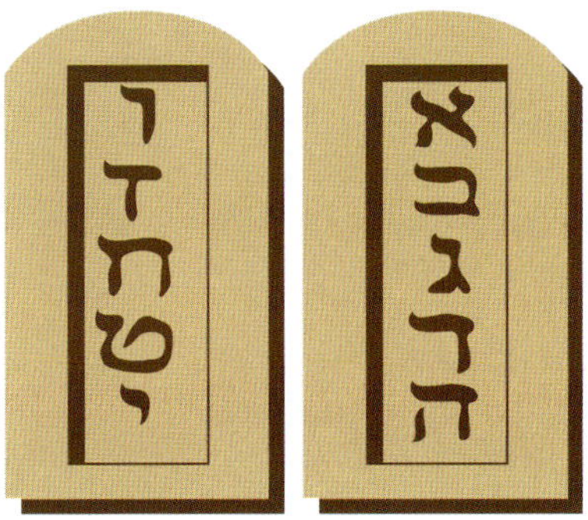

Thora *Unten*
Die Thora enthält das Wort Gottes, wie durch Moses überliefert, und ist eines der heiligsten Symbole des Judentums. Ihre Botschaft, enthalten im Pentateuch und in Hebräisch handgeschrieben, ist in Form mystischer Gleichnisse überliefert, deren wahre Bedeutung erst der Messias enthüllen wird. Die Thora-Rollen liegen im Schrein der Synagoge, bedeckt von einem Umhang, einem silbernen Brustharnisch und einer mit Glocken behangenen **Krone**.

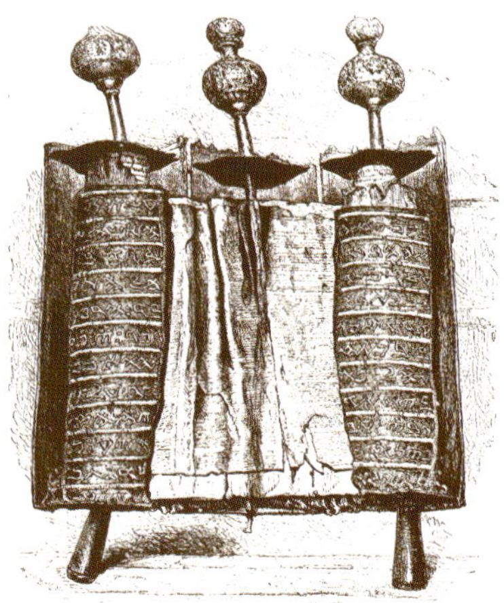

Menora *Unten*
Der goldene, **sieben**armige Leuchter – die Menora – gehört zu den ältesten jüdischen Symbolen. Während des jüdischen Exodus brannte sie im Tabernakel der Sinaiwüste. Nach der Überlieferung schuf sie sich selbst, als Moses Gold ins **Feuer** warf. Mit Olivenöl gefüllt, brannte eine Flamme auf wundersame Weise immer weiter, während die anderen verlöschten. Später wurde sie nach Jerusalem in den Zweiten Tempel gebracht, bis Titus die Stadt 70 n. Chr. zerstörte. Die sieben Leuchterarme symbolisieren göttliche Weisheit; sie stammen angeblich vom babylonischen Baum der Lichter und verkörpern die sieben Tage der Schöpfung sowie die **Sonne**, den **Mond** und die **Planeten**, die sieben Himmel und die sieben Sterne des Großen Bären. 1949 wurde die Menora zum offiziellen Emblem des Staates Israel und der Präsidentenfahne.

Davidstern *Rechts oben*
Der Davidstern, auch Magen David oder Davidschild, ist eines der bekanntesten Zeichen des Judentums und seit 1948 Teil der Nationalflagge und Symbol des Staates Israel. Nach der Überlieferung trug David einen sechseckigen Schild gegen Goliath. Das Symbol besteht aus zwei sich überlagernden Dreiecken, die einen sechseckigen Stern oder ein Hexagramm bilden. Das Weiße des oberen Dreiecks und das Schwarze des unteren symbolisieren die Vereinigung der Gegensätze. Das Emblem ist auch als Siegel Salomons bekannt, dem die Kabbalisten schützende Kräfte und magische Eigenschaften zuschrieben. In der Magie und

der Alchemie symbolisiert es die Einheit der Elemente – das obere Dreieck bedeutet **Feuer**, das untere **Wasser** – sowie Männlichkeit, Weiblichkeit und die Seele. Werden die sechs Punkte mit einem mystischen siebten kombiniert, so steht der unsichtbare siebte für Verwandlung. Der Davidstern heißt auch Schöpferstern, wobei jeder Punkt einen Tag der Woche darstellt und das innere Hexagramm den Sabbat.

Davidsharfe *Unten*
Die Harfe ist ein Symbol für David, Sieger über Goliath und König von Israel. Davids musikalisches Talent rettete König Saul aus seiner Depression. Als David König geworden war, soll um Mitternacht der Wind auf einer Harfe gespielt haben, die über seinem Bett hing, um ihm zu befehlen, die **Thora** zu studieren. Unter symbolischen Aspekten ist die Harfe mit der Leier austauschbar und steht für Harmonie mit dem **Universum** und den Aufstieg zu Höherem. Das Bild der leierähnlichen Harfe ist mit dem sechseckigen **Davidstern** verziert, dem Symbol des jüdischen Glaubens und des Staates Israel.

Schofar *Unten*
Nach jüdischer Überlieferung warnt das Blasen des Schofar, des jüdischen rituellen Horns, vor einem Feind. Das Blasinstrument besteht meist aus einem Widderhorn als Erinnerung daran, daß ein **Widder** anstelle Isaaks geopfert wurde. Heute hört man es zum jüdischen Neujahr, Rosh Hashanah, als Aufruf zur Reue. Drei Haupttöne werden auf dem Schofar gespielt, doch an Rosh Hashanah hört man hundert, gespielt in zwei Teilen, um Satan zu verwirren. Der Schofar wird auch morgens im Elul (dem Monat vor Rosh Hashanah) geblasen, am Ende des Yom-Kippur-Fastens und bei Riten der Exorzierung und Exkommunizierung. Man glaubt, daß am Tag des Jüngsten Gerichts Elias ein Schofar blasen wird, um die Lebenden und die Toten zusammenzurufen.

Palme *Rechts*
Die Palme verkörpert in der Ikonographie des Judentums nach der Kabbala den gerechten Menschen (*Tzaddik*) und wurde nach dem Exodus das Emblem Judäas. Mit der Myrte, der Zitrusfrucht und der Weide gehört der Palmzweig (*Lulav*) zu den vier Gewächsen, die am Sukkot zur Schau gestellt werden, um Gottes Gaben zu preisen. Jedes Gewächs verkörpert einen Judentyp, und die Palme stellt den dar, der die **Thora** studiert, aber den Gesetzen nicht folgt. Außerdem symbolisiert der Palmzweig das Rückgrat, das sich vor Gott beugt, sowie Gott selbst. Im Christentum steht die Palme für Rechtschaffenheit, Auferstehung, den Einzug Jesu nach Jerusalem und die Wallfahrt ins Heilige Land. In Babylon, Ägypten, Griechenland und Rom symbolisierte sie den Sieg.

Opferung Isaaks *Oben*
Die Opferung, ein Element vieler Religionen, war ein wesentliches Ritual des frühen jüdischen Glaubens. Die Darbringung eines Opfers drückt den Wunsch nach Vereinigung mit einer Gottheit durch Besänftigung und Unterwerfung aus. Der Tod des Opfers (Mensch oder Tier) soll die nächste Stufe im Schöpfungszyklus erbitten. Im biblischen Judentum opferten die Priester mindestens einmal am Tag rituell reine Tiere. Das Beinaheopfer von Abrahams geliebtem einzigen Sohn Isaak (Akedah genannt, hier auf einem Gemälde von Caravaggio) ist ein besonderes Symbol der Glaubensprüfung. Gott verlangte die Opferung Isaaks als Beweis für Abrahams Gehorsam; im letzten Moment wurde Abrahams Hand vom Erzengel Michael als Zeichen für Gottes Erbarmen aufgehalten, und ein Widder wurde an Isaaks Statt geopfert. Die Opferpraktiken wurden nach der Zerstörung des Dritten Tempels 70 v. Chr. aufgegeben. Während der Judenverfolgungen im Mittelalter wurde Isaak zum Symbol des Märtyrertums. Heute wird die Akedah zu Rosh Hashanah (dem jüdischen Neujahr) vorgelesen, während ein Widderhorn (Schofar) zum Gedenken an Gottes Gnade geblasen wird. Zum Passahfest wird die Erlösung der erstgeborenen Kinder der Israeliten gefeiert (deren Türpfosten mit dem Blut des Passahlamms gekennzeichnet wurden).

Anmerkung: Juden- und Christentum haben viele Symbole gemein. Einige der jüdisch-christlichen Symbole – das Auge Gottes, die Taube, der Ölbaumweig, der Altar und die Bischofsmitra – werden auf den folgenden Seiten beschrieben.

Christentum

Auge Gottes *Oben*
Als Kombination jüdisch-christlicher Symbole strahlt aus dem Auge Gottes, des allsehenden Vaters, göttliches Licht (oft innerhalb eines **Dreiecks** als Symbol Gottes in der Mitte der **Dreifaltigkeit**). Die drei Kettenglieder stehen ebenfalls für die Dreifaltigkeit und symbolisieren die goldene Bindung der Gläubigen mit Gott. Das Zelt stellt das Haus Gottes dar – der Tabernakel als Tempel der nomadischen Juden –, dessen offene Klappen den Gläubigen die innere Wahrheit offenbaren.

Heiligenschein *Oben*
Dieses Detail eines italienischen Gemäldes der Verkündigung zeigt den Erzengel Gabriel, der der **Jungfrau Maria** die Empfängnis verkündet. Eine **Taube**, Symbol des Heiligen Geistes, schwebt über ihm, und er hält eine **Lilie** als Zeichen der Reinheit. Der Heiligenschein (Gloriole oder Nimbus) steht für das göttliche Strahlen sowie für Heiligkeit, Souveränität, Weisheit und Lebensenergie. Er wird meist als goldene Scheibe über oder als strahlende Korona um den Kopf dargestellt, bei Gott ist er dreieckig oder diamantenförmig, bei Christus kreuzförmig und bei lebenden Menschen, wie dem Papst, quadratisch oder sechseckig. Ursprünglich ein antikes **Sonnen**symbol (so etwa im Mithras-Kult), kann er mit einer Krone der Herrlichkeit oder der persönlichen Aura gleichgesetzt werden. Das Christentum übernahm ihn von früheren Kulturen, wo er auf Erhabenheit und Macht hindeutete; der griechisch-römische Gott **Zeus** (Jupiter) hatte einen blauen Nimbus, **Buddha** einen roten. Der flammengesäumte Nimbus des hinduistischen Gottes **Shiva** verkörpert den Kosmos. Römische Kaiser wurden mit Gloriolen abgebildet, und im christlichen Byzanz wurde sogar der Satan mit einem Nimbus der Macht dargestellt.

Triqueta *Oben*
Geometrische Formen, wie **drei** verschränkte **Kreise**, **Dreiecke** oder ein gleichseitiges Dreieck, stellen in der christlichen Ikonographie die Dreifaltigkeit dar, die Einheit aus Vater, Sohn und Heiligem Geist. Die Triqueta besteht aus drei verbundenen Kreisbögen und verkörpert die Ewigkeit, während ihr inneres Dreieck die Dreifaltigkeit symbolisiert. Wie das Kleeblatt und die Y-förmige Gabel bezeichnet die Triqueta das Unfaßbare der Dreifaltigkeit. Sie findet sich auf **keltischen Kreuzen** und in der gotischen Kunst. Die Dreifaltigkeit wird außerdem durch drei **Fische**, **Hasen** oder das Pentalpha symbolisiert.

Engel *Unten*
Engel als göttliche Boten existierten bereits bei den alten Sumerern, Babyloniern, Ägyptern, Griechen und Römern; auch im Hinduismus und im Islam kommen sie vor. Im Christentum sind Engel von Gott geschaffene, spirituelle Wesen, die als Vermittler zwischen Gott und den Menschen dienen (zwischen Himmel und Erde). Es gibt neun Ränge – Serafime, Kerubinen, Throne, Kräfte, Mächte, Heerscharen, Fürstentümer, Erzengel und Engel –, die in einer dreifachen Hierarchie gruppiert sind. Erzengel verkörpern gewisse Aspekte Gottes und schützen vor Dämonen. Die Attribute anderer Engel, Michaels **Schwert**, Raffaels Pilgerstab, Uriels Buch und Gabriels **Lilie**, symbolisieren das göttliche Urteil, Schutz, Weisheit und Gnade. Sterbliche können Schutzengel haben, die sie beschützen und leiten. Engel werden meist als Männer, Frauen oder Putten abgebildet, mit Heiligenschein und Flügeln, Schriftrollen oder Musikinstrumente tragend.

Heilige Familie *Oben*
Auf diesem Gemäldeausschnitt sieht man das schlafende Jesuskind, Josef und einen geflügelten Engel. Die Madonna wird durch den Heiligenschein, den Schleier der Keuschheit und den Umhang hervorgehoben(s. a. **Heiligenschein, Jungfrau Maria, Geburt Christi** und **Engel**).

Taube und Ölbaumzweig *Unten*
In der jüdischen und christlichen Kultur symbolisiert die Taube mit dem Ölbaumzweig im Schnabel Frieden. Nach der Sintflut sandte Noah einen **Raben** und eine Taube zur Landsuche aus. Nur die Taube kam mit einem Zweig vom Ölberg zurück, Zeichen für die Vergebung Gottes und die Erlösung der Menschheit. In der christlichen Ikonographie verkörpert die Taube den Heiligen Geist, wobei sieben Tauben die sieben Gaben des Heiligen Geistes darstellen. Die Taube mit dem Ölbaumzweig ist heute auch ein weltliches Symbol.

Geburt Christi *Rechts oben*
Botticellis Gemälde *Die mystische Geburt* (um 1500) steckt voller Symbole: Die **Jungfrau Maria** mit dem blauen Umhang der Reinheit beugt sich andächtig über das Jesuskind, während ein **Ochse** (der nach Jesaja Jesus kennt und mit seinem Atem wärmt) und ein **Esel** zusehen. Zur Linken Jesu sieht man Josef und die **Heiligen Drei Könige**. Himmlische und gefallene Engel geben sich versöhnend die Hände, während drei **Engel** auf dem Dach aus dem Heiligen Buch vorlesen. Darüber schwebt ein Chor tanzender Engel mit drei **Kronen**, die die **Heilige Dreifaltigkeit** und den Zyklus aus Geburt, Leben und Tod verkörpern. **Ölbaumzweige** stehen für Gottes Bund mit den Menschen, für Frieden und den **Lebensbaum**.

Mandorla *Unten*
Ähnlich dem **Heiligenschein** umgibt die mandelförmige Mandorla im Christentum einen Heiligen. Als *Vesica Piscis* wird sie mit der Form des **Fisches** assoziiert, der einst die Christenheit verkörperte; doch sie symbolisiert auch die **Wolke**, auf der Christus in den Himmel aufgefahren ist.

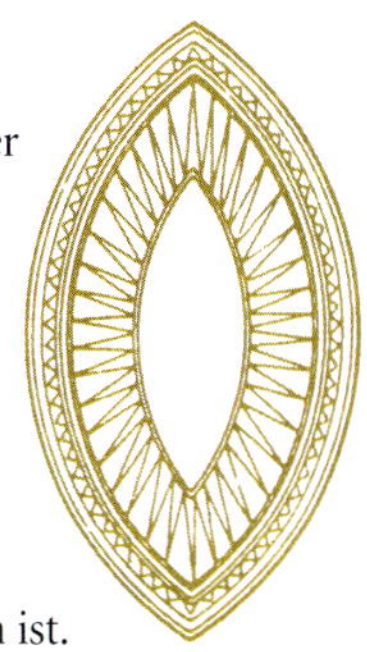

Heilige Drei Könige *Rechts*
Im Evangelium nach Matthäus teilte Gott den Heiligen Drei Königen durch einen **Stern** mit, daß in Judäa ein König geboren würde, also brachen sie aus dem Osten auf, um seine Geburt zu erwarten. Von dem Stern geleitet, kamen sie in Bethlehem an, wo sie Jesus fanden, ihn anbeteten und ihm wertvolle Gaben darbrachten: Gold als Symbol für die Königswürde, Weihrauch für die Göttlichkeit und Myrrhe für Leiden und Tod. Nach der frühen Überlieferung verkörperten die Könige sowohl die drei Zeitalter der Menschheit als auch die drei Kontinente Europa, Afrika und Asien. Außerdem standen sie für die Göttlichkeit, die Erhabenheit und das Opfer Christi. Erst im 11. Jahrhundert wurden ihnen die Namen Caspar (oder Gaspar), Melchior und Balthasar gegeben, beziehungsweise König des Lichts, „weißer" König und König der Schätze.

Jungfrau Maria *Oben*
Die Jungfrau Maria ist häufig auf Gemälden christlicher Ereignisse zu sehen, wie der Verkündigung, der **Geburt Christi**, der **Kreuzigung** und Mariä Himmelfahrt, und sie trägt meist mehrere Symbole der Reinheit – wie die **Lilie** und den **Schleier** der Keuschheit. Ein **Heiligenschein** und anwesende **Engel** deuten auf ihre Heiligkeit als Mutter Jesu hin. Sie wird häufig mit der **Mond**sichel assoziiert, mit Zypressen und **Olivenbäumen**, dem **Lebensbaum** (mit Jesus als Frucht) und der weißen **Rose** (als Rose des Paradieses). Sie trägt einen blauen Umhang, Zeichen des Glaubens, des Erbarmens und des Taufwassers. Sie wird auch als Königin des Himmels dargestellt, mit einer **Krone** aus Sternen und anderen königlichen Attributen; als Gnadenvolle, die den Gläubigen unter ihrem blauen Mantel Zuflucht bietet; oder als Leidvolle mit sieben **Schwertern** in der Brust. Duccios *Madonna mit Kind* (siehe oben) kombiniert die Ikonographie byzantinischer Kunst mit mittelalterlichen Neuerungen: die Madonna als statische Ikone, das Jesuskind und die Engel mit einem lebendigeren Ausdruck.

Kreuzigung *Rechts*
Guidis düstere Darstellung der Kreuzigung zeigt die trauernde Jungfrau Maria am Fuß des Kreuzes, umgeben von betenden Figuren. Siehe auch **Kruzifix**, **Dornenkrone** und **Jungfrau Maria**.

Kruzifix *Unten*
Das Kruzifix, ein römisches Kreuz mit einer Christusfigur darauf, ist das tiefgründigste und dauerhafteste Symbol des Christentums, da es detailliert das enorme Opfer Christi zur Rettung der Menschheit darstellt. Es zeigt Christus in seiner Agonie mit einer **Dornenkrone** und fünf Wunden. Darüber stehen meist die Buchstaben I.N.R.I. (lat. Abkürzung für „Jesus von Nazareth, König der Juden"). Die frühchristliche Ikonographie vermied die Darstellung der Kreuzigung, das Bild tauchte erst im Jahr 692 n. Chr. nach dem Konzil von Konstantinopel auf. Die hier abgebildete Art von Kruzifix stammt aus dem 11. Jahrhundert.

Dornenkrone *Unten*
Die Dornenkrone ist ein Attribut des gekreuzigten Christus, ein Instrument seiner Passion, das auch als Stechpalmenkranz abgebildet wird (dessen rote Beeren für das Blut Christi stehen). Dornen sind ein universelles Symbol der Not, und im Christentum symbolisiert die Dornenkrone sowohl den Spott, als Christus zum König der Juden „gekrönt" wurde, als auch sein Leiden am Kreuz. Dornen stehen auch für Sünden. Ein **Schädel** mit einer Dornenkrone bedeutet im Christentum ewige Verdammnis.

Hirtenkreuz *Oben*
Eine der vielen Varianten des christlichen Kreuzes ist das Hirtenkreuz, dessen vertikale Spitze wie ein Hirtenstab geformt ist. Es steht für den christlichen Glauben und für Jesus als „Guter Hirte", der die Menschheit sicher durch das Leben leitet und verlorene Seelen rettet. Jesus wird häufig mit einem **Lamm** auf den Schultern abgebildet. Der Hirtenstab ist ein Zeichen der Apostel und Teil der Bischofsinsignien, die die pastorale Autorität kennzeichnen. Im Alten Ägypten wurde **Osiris** häufig mit einem Hirtenstab dargestellt.

Keltisches Kreuz *Oben*
Das Keltische Kreuz war schon vor dem 8. Jahrhundert in Irland verbreitet. Es zeigt ein Kreuz (Zeichen des christlichen Glaubens) mit einem **Kreis** (Sonnenkraft und Ewigkeit) als Symbol der Einheit von Himmel und Erde. Obwohl es heute in erster Linie mit dem Christentum verbunden wird, stammt das Keltenkreuz aus heidnischer Zeit, als es ein Symbol der Fruchtbarkeit und des Lebens war – das Kreuz stand für männliche Potenz, der Kreis für weibliche Macht.

Wappenkreuz *Unten*
In der Heraldik wird dieses in eine Spitze auslaufende Kreuz oft verwendet und steht für den unerschütterlichen christlichen Glauben des Trägers. Die Kombination von Kreuz und **Schwert** symbolisiert die Entschlossenheit, die Ungläubigen zu bekämpfen, um die Werte und Grundsätze des Christentums zu verteidigen.

Wappenlöwe *Unten*
Der Löwe gehört zu den bekanntesten Bildern der Heraldik. Er steht für Tapferkeit, Stärke und Grimmigkeit. In der christlichen Kunst wird er als gütiges Wesen dargestellt; in der Bibel wird Christus als Löwe von Juda beschrieben, und der geflügelte Löwe wurde zum Symbol des hl. Markus. In der Heraldik verkörpert er Tapferkeit, Königtum und Schutz; und er ist Teil des englischen Königswappens. Der hier gezeigte aufgerichtete Löwe hält als starker Beschützer der Christenheit ein **Kruzifix.**

Lamm Gottes *Oben*
Das Lamm symbolisiert Unschuld, Sanftmut und Reinheit. Früher war es ein beliebtes **Opfer**tier, in der christlichen Symbolik steht es für die **Kreuzigung** Christi für die Sünden der Welt. Je nach Darstellung kann das *Agnus Dei* viele Bedeutungen annehmen. Hier ist das Lamm Gottes mit einem **Heiligenschein** dargestellt, es hält ein **Kreuz** und eine Fahne als Zeichen der Kreuzigung und der Auferstehung.

Labarum *Oben*
Das Labarum trägt verschiedene Namen, darunter Konstantinkreuz, Chrismon, Christogramm und Chi-Rho. Es fand 312 n. Chr. als Christusmonogramm Eingang in die christliche Ikonographie, da Konstantin I. am Vorabend der Schlacht an der Milvischen Brücke angeblich die Vision von einem **Kreuz** mit den Worten *in hoc signo vinces* (lat. „mit diesem Zeichen kommt der Sieg") hatte. Er erteilte den Befehl, das Kreuz mit dem Motto auf den Schilden seines Heeres anzubringen, und der Feind wurde besiegt. Diese Erfahrung bewirkte Konstantins Konversion zum Christentum. Das Labarum war eines der frühesten Symbole des Christentums, und es besteht aus den griechischen Buchstaben X (Chi) und P (Rho) – den griechischen Initialen des Namens Christi. Es war jedoch auch ein mächtiges vorchristliches Symbol, das ein gutes Omen bedeutete (griech. *chrestos*) und den chaldäischen Himmelsgott verkörperte. Neben seiner christlichen Bedeutung wurde es ab 324 n. Chr. Konstantins kaiserliches Emblem und Standarte des Römischen Reiches.

Fisch *Unten*
Der Fisch gilt als eines der frühesten christlichen Symbole mit vielen Bedeutungen. Jesus nannte seine Apostel (Andreas, Petrus, Jakob und Johannes) „Menschenfischer" und stillte den Hunger von 5000 Menschen mit nur zwei Fischen. Die Initialen der griechischen Worte für Jesus Christus, Sohn Gottes, Retter (*Iesous Christos, Theou Huios, Soter*) bilden als Akrostichon das griechische Wort für Fisch, *Ichthus*. Er steht für die Einheit mit Christus und für die Taufe mit **Wasser**, für das Leben und spirituelle Nahrung. Die frühchristlichen Priester nannten die Gläubigen *Pisculi* (Fische). Der Fisch diente seit der Christenverfolgung im 1. Jahrhundert n. Chr. als Ideogramm; man findet ihn in römischen Katakomben, die als geheime Treffpunkte dienten. Noch heute ist er unter Christen ein geläufiges Symbol.

Kerze *Rechts oben*
Die brennende Kerze ist in vielen Religionen und Kulturen ein Symbol für Licht, Leben und Spiritualität, doch verkörpert sie im Christentum darüber hinaus sowohl das göttliche Licht als auch

den Glauben. Sie wird viel in der katholischen Liturgie eingesetzt. Bei Beerdigungsritualen stellt sie das Licht des Himmels dar. Brennende Kerzen werden von Gläubigen vor Schreine gestellt, wo sie die Seelen der Verstorbenen oder die Bitte um Erleuchtung symbolisieren. Zwei Kerzen neben dem **Kreuz** auf dem Altar stehen für das duale Wesen Jesu als Mensch und Gott.

Altar *Oben*
Den Altar gibt es in vielen Religionen, wie dem Judentum und dem Hinduismus, ebenso im Paganismus. Im Christentum symbolisiert der Altar **Opferung**, Tod und Auferstehung; seine grabähnliche Form soll an die Sterblichkeit erinnern, während seine Ausrichtung an der Ostseite der Kirche zur **Sonne** hin die Wiedergeburt verkörpert. Die Materialien Holz und Stein stehen für das **Kreuz** und den Berg von Golgatha, während die Leinendecke das Leichentuch Jesu darstellt. Die Erhöhung des Altars deutet auf die Himmelfahrt hin, die drei Stufen symbolisieren die **Dreifaltigkeit**. Als Ort der **Eucharistie** – Wandlung von Brot und Wein – erinnert der Altar auch an das *Letzte Abendmahl*.

Eucharistie *Unten*
In der christlichen Liturgie ist das Sakrament der Eucharistie (griech. „Danksagung“) die wichtigste Handlung im Gottesdienst. Sie gilt in der katholischen und evangelischen Kirche als Feier des Abendmahls. Geweihtes Brot (die Hostie) und Wein werden mit dem Leib und Blut Christi assoziiert. Bei der Eucharistie soll durch die Hostie der Glauben gestärkt und der Gläubige mit dem Wesen Jesu erfüllt werden. Die Eucharistie ist ein deutliches Symbol für das körperliche Opfer Christi, die Gefäße für Brot und Wein werden mit Ehrfurcht behandelt und in der Mitte des Altars aufgestellt. Der Kelch mit Wein wird mit dem Heiligen Gral assoziiert, aus dem Jesus seine Jünger beim Letzten Abendmahl trinken ließ und in dem Joseph von Arimathia das vergossene Blut Jesu auffing.

Begräbnis *Unten*
Im Christentum und in anderen Religionen bedeutet der Tod das Ende des irdischen Lebens, wonach die Seelen im Himmel weiterleben. So wird der Körper bei einem christlichen Begräbnis in einen Sarg gelegt, als Zeichen für die Rückkehr in den Mutterleib und die Wiedergeburt. Das **Kruzifix** und die Fahne auf dem Sarg symbolisieren die Erlösung durch den Glauben, die Flammen der **Kerzen** Wahrheit und ewiges Leben.

Bischofsmitra *Oben*
Zusammen mit **Ring** und Krummstab wird die Bischofsweihe durch die Mitra als Zeichen der Autorität symbolisiert. Sie geht auf die Ursprünge des Christentums im Nahen Osten zurück, da sie vermutlich von dem **fisch**köpfigen Kopfschmuck babylonischer Priester abstammt sowie von den Insignien jüdischer Hohepriester. Die oben abgebildete Mitra ist kunstvoll verziert und enthält ein stilisiertes Kleeblatt als Zeichen der **Dreifaltigkeit**.

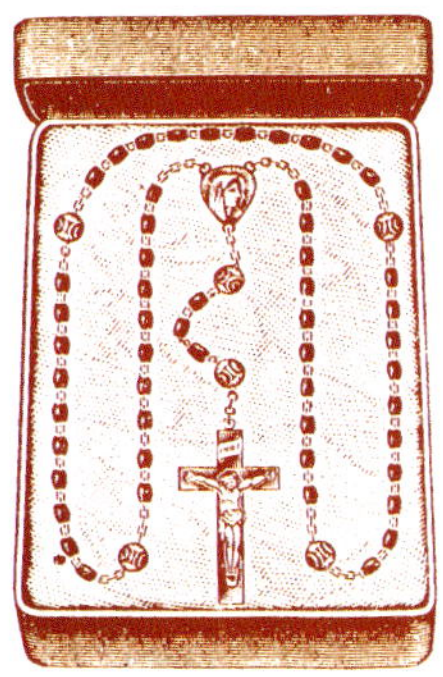

Rosenkranz *Oben*
Der Rosenkranz, auch ein Element im Buddhismus, Hinduismus und Islam, wird im Christentum vorwiegend von den römischen Katholiken und weniger von den Protestanten benutzt. Ursprünglich stand der Rosenkranz für die Wiederholung bestimmter Gebete. Er symbolisiert die **Jungfrau Maria** – die mystische **Rose** – und besteht aus 50 oder 150 kleinen Perlen, die durch eine größere Perle in fünf oder fünfzehn „Dekaden“ unterteilt sind, von denen jede an die ruhmreichen, leidvollen und freudigen Ereignisse im Leben der Jungfrau erinnert. Für jede kleine Perle wird ein *Ave Maria* gebetet, während die größeren Perlen für ein *Gloria* und ein *Vaterunser* stehen. Angehängt sind meist zwei große und drei kleine Perlen sowie ein **Kruzifix**.

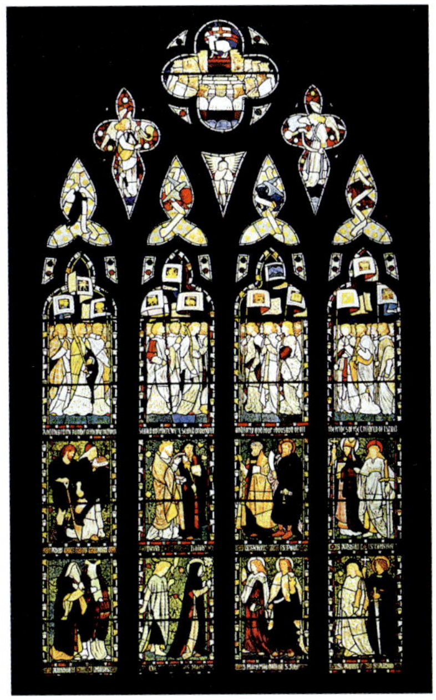

Farbiges Glasfenster *Oben*
Da Fenster Licht durchlassen, symbolisieren die Kirchenfenster das Eindringen des göttlichen Lichts, das die Gläubigen erleuchtet. Die juwelenartigen Farben der Glasfenster dienen einerseits der Ehre Gottes, andererseits reflektieren sie die lebendigen Darstellungen und Farben biblischer Gleichnisse. Das hier abgebildete Fenster ist ein Werk von William Morris, einem Verfechter mittelalterlicher Kunsttechniken aus dem 19. Jahrhundert, das nach seiner Überzeugung genau die Grundsätze der Kirchenfenster des Mittelalters wiedergibt. Die Gesamtform entspricht einem gotischen Bogen, der an ein Dreieck und damit an die Heilige **Dreifaltigkeit** erinnert; die Spitze mit dem abgerundeten Kreuz ist der Ehre Gottes gewidmet; während die zwei schmaleren Fenster die **Schwerter** der Wahrheit darstellen. Die heiligen Figuren erzählen christliche Gleichnisse, und das gesamte Fenster ist angefüllt mit christlicher Symbolik.

Islam

Stern und Halbmond *Unten*
Stern und Halbmond, wichtigstes Emblem im Islam, stehen für Konzentration, Offenheit, Sieg, Souveränität und Göttlichkeit. Angeblich rettete 339 v. Chr. ein leuchtender, zunehmender **Mond** Byzanz (heute Istanbul) vor einem Angriff Philipps von Makedonien. Aus Dankbarkeit übernahmen die Bürger den Halbmond der **Diana** als Wahrzeichen. Als die Stadt 330 v. Chr. zum christlichen Konstantinopel wurde, machte man den Halbmond zu einem Attribut der Jungfrau Maria. 1299 hatte der Sultan Osman eine Vision von einem Halbmond, der sich über die ganze Welt ausdehnte; so wurde er zum Symbol des Osmanischen Reiches. Als Konstantinopel 1453 gegen Mohammed II. fiel, verkörperte der Halbmond sowohl den Islam als auch das türkische Reich. Unter Sultan Selim III. wurde 1793 der Stern hinzugefügt (seine **fünf** Spitzen erhielt er 1844). Stern und Halbmond sind heute das Universalsymbol des Islam und auf den Nationalflaggen der Türkei, Algeriens, Malaysias, Mauretaniens, Pakistans, Tunesiens, Nord-Zyperns und der Arabischen Liga zu finden sowie als Emblem des Roten Halbmonds, der islamischen Entsprechung des Roten Kreuzes.

Kalligraphie *Mitte oben*
Bildliche Darstellungen sind im Islam verpönt, da sie mit Götzenverehrung gleichgesetzt werden. Das erklärt die Vielfalt dekorativer Elemente und arabischer Kalligraphie zur Verschönerung der **Moscheen**. Zusammen mit der Architektur gilt die Kalligraphie als akzeptable und hochgeschätzte ästhetische Form der Verehrung Allahs. Viele Kalligraphiestile haben sich im Lauf der Jahrhunderte entwickelt – wie *Kufic*, *Naskhi* und *Rukah* –, und in der höchsten Form dienen sie zur Übertragung von Texten aus dem Koran in Bücher und auf Tafeln, die in den Moscheen und den Häusern der Gläubigen ausgestellt werden.

Moschee *Rechts unten*
Die Moschee (*Masgid* – „Ort der Anbetung") ist ein heiliges Gebäude, in dem die Moslems Allah huldigen. Ursprünglich handelte es sich um einen teppichverhangenen Baldachin, bis sie zu einem stabilen Gebäude wurde, zu dessen charakteristischen architektonischen Elementen ein Innenhof gehört (mit Wasserbecken für die rituellen Waschungen) sowie Kuppeln und Minarette – Türme, von wo aus der Muezzin die Gläubigen zum Gebet aufruft. Die Moscheen sind nach Mekka ausgerichtet (eine Gebetsnische, Mihrab, weist die Richtung). Da der Islam Darstellungen von Lebewesen in der Kunst verbietet, sind die Moscheen mit kunstvollen kalligraphischen Texten aus dem Koran und geometrischen Mustern dekoriert. Die Gläubigen versammeln sich um den Imam und verneigen sich fünfmal am Tag im Gebet. Die Freitagsgottesdienste sind obligatorisch. Moscheen symbolisieren die Transzendenz Allahs; ihr Fundament steht für die **Erde**, die Kuppeln und Minarette stellen seine himmlische Macht dar; des weiteren dienen sie auch als Orte der Bildung.

Mausoleum *oben*
Das Mausoleum von Hunuman in Neu-Delhi, Indien, ist ein schönes Beispiel indo-islamischer Architektur, mit einer einfachen, glatten Fassade, einer niedrigen Kuppel und einem hohen Minarett an jeder Seite, eine gelungene Mischung traditioneller geometrischer, persischer und indischer Architektur. Der architektonische Stil ähnelt der persischen **Moschee**, mit der es den Hof und die gewölbten Fenster gemein hat. Das **quadratische** Fundament des Grabbereichs mit dem Körper Hunumans stellt die **Erde** dar, die Zentralkuppel den Himmel, in den die Seele aufgefahren ist. So ein Mausoleum, wie auch das **Taj Mahal**, ist ein Grabmal und die irdische Version des Paradieses, in das der Verstorbene aufgestiegen ist. Dieses Grabmal ist daher ein eindrucksvolles Zeichen der Ehrerbietung und ein Symbol der Persönlichkeit Hunumans.

Indianische Religionen

Büffelschädel *Unten*
In vielen indianischen Kulturen, besonders in der Prärie und im Südwesten der USA, ist der Büffel oder Bison der Inbegriff übernatürlicher Kraft, Stärke und Tapferkeit. Der Glaube der Indianer ist eng mit der Natur verbunden; vielen Lebewesen Amerikas werden besondere Kräfte zugeschrieben. Vor ihrer weitgehenden Ausrottung durchstreiften riesige Büffelherden die Prärie und lieferten ausreichend Nahrung. Daher spielten sie für die Indianer in materieller und spiritueller Hinsicht eine wichtige Rolle. Die Cheyenne vollführten den *Tanz mit dem Büffelkopf*, und der Wohnsitz konnte mit einem Büffelschädel als Schutzsymbol oder -geist vor den Kräften des Bösen geschützt werden.

Donnervogel *Mitte oben*
Donnervögel sind die mächtigsten Gottheiten im indianischen Glauben des Nordwestens. Diese höheren Wesen erschaffen, kontrollieren und zerstören die Natur. Meist werden sie als riesige **Adler** mit menschlichen Gesichtern abgebildet; sie leben im Himmel, ernähren sich von Killer**walen** und führen ewige Kriege gegen Unterseepumas und riesige gehörnte **Schlangen**. Vier Donnervögel verkörpern je ein Viertel des Kosmos; der oberste Donnervogel ist der Goldene Adler (*Keneun*). Obwohl sie sich den Menschen gegenüber meist wohlwollend verhalten, **Regen** bringen und so die Schöpfung verkörpern, besitzen sie auch negative Kräfte von Tod und Zerstörung, die sich in Naturkatastrophen äußern. Daher müssen sie durch zahlreiche rituelle Zeremonien und Tänze besänftigt werden.

Federkopfschmuck *Unten*
Indianische Kulturen betrachten Federn als Symbole für die **Sonne** und den Großen Geist. Vögel gelten als Boten zwischen den Menschen und dem **Donnervogel** und werden deshalb besonders respektiert. Ihre Federn (vor allem die der Prärie**adler**) sind daher in indianischen Ritualen von großer Bedeutung und werden von den Häuptlingen auf prächtigen zeremoniellen Kopfbedeckungen als Zeichen für die Sonnenstrahlen getragen. Der Kopfschmuck steht auch für die absolute Macht des Donnervogels und unterstreicht die spirituelle Autorität des Trägers.

Kalumet *Unten*
Das Kalumet ist die Friedenspfeife, die bei Ritualen der Anbetung, der Befriedung und der Versöhnung geraucht wird. Das Rauchen gilt als Form des Gebets und der Zwiesprache. Kalumets sind mit Federn geschmückt und tragen symbolhafte Schnitzereien. Beim Rauchen des Kalumet können Elemente und Geister angerufen werden, während man in der realen Welt dabei Friedensverträge schließt. Möglicherweise stammt die Friedenspfeife von der Saugpfeife der Schamanen ab (die der Entgiftung des Körpers und der Versetzung in Ekstase diente), doch viele Stämme glauben, daß ihr Kalumet von einer heiligen Urform abstammt und ein Wesen verkörpert, dessen Stärke auf den Raucher übergeht. So gibt es in Süd-Dakota eine „Kalbspfeife“ und bei den Arapaho eine flache Pfeife als Symbol des höchsten Wesens. Die Pfeife der Weißen Büffelfrau der Oglala Sioux symbolisiert einen Mikrokosmos des **Universums**, ihre Tonkugel verkörpert den Globus und die Materie der **Erde**, ihr Holzstiel die Pflanzenwelt, ihre Schnitzereien Tiere und Vögel und die Tabakkörnchen alles Leben. Auf den **menschlichen Körper** übertragen, stellt die Kugel das Herz dar, der Stiel das Rückgrat und der Pfeifenkanal die Lebenskraft – der Rauch ist der Geist. Da die Pfeife der spirituellen Vereinigung des Menschen mit dem Großen Geist dient, verbindet der aufsteigende Rauch den Menschen mit dem höchsten Wesen und den Kräften der Natur.

Traumfänger *Unten*
Der Traumfänger der nordamerikanischen Indianer soll leicht verletzbare Schläfer vor bösen Geistern beschützen. Seine Kreisform dient als Rahmen für ein kompliziertes Fasernetz (ähnlich dem einer **Spinne**), dessen Konstruktion jeden sich nähernden Geist so in diesem Netz verfängt, daß er sich unentwirrbar darin verheddert und seine bösen Absichten nicht in die Tat umsetzen kann. Als wichtiges Schutzsymbol gegen solche zerstörerischen übernatürlichen Erscheinungen kann der Traumfänger als Amulett getragen oder über dem Bett aufgehängt werden. In jenen Stämmen, die Traumbotschaften große Bedeutung beimessen, haben die Traumfänger noch andere Zwecke. Manche Stämme glauben, daß persönliche Traumführer den Menschen helfen, ihren Weg im Leben durch die Kontrolle ihrer Träume zu finden. In einigen Stämmen gehört das Traumfangen zu den Initiationsriten, bei denen der Initiierte aus der Mitte eines magischen **Kreises** heraus versucht, die Botschaften zu „fangen", welche die Geister ihm durch die **Luft** senden; der Traumfänger verkörpert dieses Konzept.

Kachina-Puppe *Oben*
Kachinas sind die Geister der Ahnen oder Götterbilder der Pueblo-Völker (Hopi und Zuni) des amerikanischen Südwestens; die geschnitzten und maskierten Kachina-Puppen sind Personifikationen dieser Geister. Die Kachinas lebten angeblich einst unter den Menschen, doch kehren sie jetzt nur noch zeitweise aus dem Jenseits zurück (wenn sie von **masken**tragenden Stammesmitgliedern dargestellt werden), um zwischen Menschen und Göttern zu vermitteln. Diese Zeiträume werden jährlich mit geheiligten Ritualen gefeiert. Am Ende ihrer Zeit auf der Erde schenken die Kachinas, in Gestalt der menschlichen Tänzer, den Kindern des Stammes ihr Puppenabbild oder den Frauen Fruchtbarkeitstalismane zur Erinnerung an ihre Existenz bis zu ihrer Wiederkehr im nächsten Jahr. Kachina-Puppen werden meist aus Baumwoll- oder Kiefernwurzeln geschnitzt, und jede Puppe wird sorgfältig entsprechend der Merkmale und der Tracht des jeweiligen Kachina angezogen. Kachina-Puppen sind wichtige Totemfiguren.

Navajo-Sandbild *Unten*
Für die Navajos aus dem Südwesten der USA ist das **Universum** in Gegensatzpaare unterteilt. Aus dieser Dualität ergibt sich zwangsläufig ein Chaos, und viele ihrer Rituale dienen der Wiederherstellung der kosmischen Harmonie. Rituale oder „Gesänge" werden von einem Vorsänger geleitet, der die kollektive Geschichte und den Geist des Stammes verkörpert und die mündlichen Überlieferungen verkündet. Er ist verantwortlich für das korrekte Anfertigen der trockenen Sandbilder – symbolischer Bilder, die für den jeweiligen Stamm einzigartig sind. Sie werden „gemalt", indem man einen dünnen Strom farbigen Sandes aus der Hand auf den Boden fließen läßt. Die Bilder stellen Szenen der Schöpfermythen mit den Yeis dar (Heiligen, die verschiedene Aspekte des Lebens regieren). Die Yeis, die die ersten Sandbilder an den Himmel malten, sollen sich von den Bildern angezogen fühlen, in sie eindringen und ihre übernatürlichen Kräfte mitbringen, die zum Nutzen des Stammes und zur Neuorganisation des Universums angerufen werden, doch bei Fehlleitung auch gefährlich werden können. Daher sind Sandbilder sakramental und symbolisieren sowohl die Ahnen als auch übernatürliche Kräfte. Sie besitzen auch Heilkräfte: Ein krankes Stammesmitglied sitzt während des Heilungsrituals auf dem Sandbild, und die Krankheit wird auf das Bild übertragen; nach Beendigung des Rituals wird das Bild zusammen mit der Krankheit zerstört.

Paganismus

Thors Hammer *Rechts*
In der nordischen Mythologie war Thor der mächtigste aller Götter und Herrscher über Donner, Winde, Stürme und Fruchtbarkeit. Als Gott von Gesetz und Ordnung strafte Thor durch das Schleudern seines doppelköpfigen Hammers, Mjöllnir. Mjöllnir symbolisierte Blitz und Donner und kam wie ein Bumerang stets zu ihm zurück. Er konnte Tod bringen, Tote jedoch auch wieder zum Leben erwecken. Die **Swastika** und das T-**Kreuz** werden manchmal als Thors Hämmer bezeichnet; zusammen mit ornamentalen Hämmern wurden sie als heilige Symbole verehrt und als Schutzamulette und Schmuckstücke verwendet, die Feuer und Böses abwenden und Fruchtbarkeit erbitten sollten.

Bestattungsboot *Oben*
In vielen heidnischen Traditionen Nordwesteuropas wurde ein rituelles Bestattungsboot benutzt, um die Verstorbenen auf ihren Weg ins Jenseits zu schicken. In Skandinavien war das Boot bereits in der Bronzezeit ein Bestattungssymbol, doch wurden Schiffsbestattungen nicht vor dem 7. Jahrhundert praktiziert. Der Körper des Verstorbenen wurde bei der Bestattung ins Boot gelegt und von wertvollen Gütern und Tieropfern umgeben; schließlich wurde das ganze Boot von einem Grabhügel bedeckt. Manchmal wurde das Schiff verbrannt, etwa bei Wikingerführern. Das **Feuer** symbolisierte die Reinigung, der Rauch die Auffahrt des Geistes zur lebenspendenden **Sonne**. Der Gebrauch von Schiffen als Gräber rührt vermutlich von der Assoziation zwischen Schiffen und den Vanir her, skandinavischen Fruchtbarkeitsgöttern, die mit den toten Ahnen gleichgesetzt wurden. Kunstvoll gefertigte Modellschiffe aus Edelmetallen galten in Skandinavien als wertvolle Gaben. Diese Illustration von Arthur Rackham zeigt König Artus beim Lösen des Bestattungsbootes der Elaine von Astolat.

Laubwerk *Oben*
Bei den heidnischen Völkern, v. a. den Kelten, hatte alles in der Natur eine magische Bedeutung. **Bäume** symbolisierten das Leben und die mystische Verbindung zwischen Erde und Himmel bzw. der Unterwelt oder dem Jenseits. **Eiche**, Buche, Haselnußstrauch, Esche, Eberesche und Eibe, jeder Baum hatte seine eigene Symbolik. Künstlerische Darstellungen zeigen häufig **Spiral**formen und Knoten, wobei, wie hier, die Verflechtung der Vegetation auf Himmel und **Sonne** hindeutet.

Stonehenge *Unten*
Stonehenge, nahe Salisbury in England, ist die bekannteste megalithische Anlage **kreis**förmig angeordneter Menhire (aufrecht stehender Steine) aus der Steinzeit. Seine genaue Bedeutung bleibt unbekannt, doch vermutet man, daß es unter Berücksichtigung der **Sterne**, der **Sonnen**wende und der **Mond**laufbahn gebaut wurde und eine heidnische Betstätte war. Moderne Druiden haben es erneut zur heiligen Stätte erklärt, wo sie wichtige Ereignisse, wie die **Sommer**sonnenwende, feiern.

Australischer Urglaube

Känguruh *Oben*
Zusammen mit dem **Emu** ist das Känguruh das Wahrzeichen Australiens. Doch hat es für viele Aborigineskulturen eine weitaus tiefere Bedeutung, die auf Urzeiten zurückgeht. Übernatürliche Ahnen (*Wondjina*, in Westaustralien) sollen das Land zur Zeit des Träumens (*Altjiranga*) geschaffen und es mit Lebewesen und Pflanzen bevölkert haben. In Zentralaustralien ist jeder Mensch die Inkarnation eines totemistischen Ahnen, von dem er sein Totem erhält – ist es ein Känguruh, muß er für einen ständigen Vorrat an Känguruhfleisch sorgen. So ist das Känguruh eine wichtige Nahrungsquelle, mit dem aber auch magische Assoziationen verknüpft sind. Viele Felsmalereien in Australien sollen von solch übernatürlichen Ahnen angefertigt worden sein.

Ayers Rock *Oben*
Die typische Form und Farbe des monolithischen Ayers Rock (nach einem Premierminister Südaustraliens benannt) im Northern Territory ist für die australischen Ureinwohner ein heiliger Ort. Er hat einen Umfang von 9 km, ist 335 m hoch, und seine rote Sandsteinoberfläche wechselt je nach **Sonnen**einstrahlung auf spektakuläre Weise ihre Farbe. Die Aborigines nennen den Felsen *Uluru* („großer Kiesel") und glauben, daß hier mythische Wesen leben, wie **Schlangen**menschen, schläfrige **Eidechsen**frauen, Dingos, Hasen-Wallabys und Beutelmaulwürfe. Ihre Geschichten werden in Felsenmalereien erzählt, die die Wände und die heiligen Höhlen von Ayers Rock zieren; die im typischen Wüstenstil gemalten tierähnlichen Figuren werden von mystischen, abstrakten geometrischen Elementen begleitet, die die anhaltende Bedeutung der uralten Legenden unterstreichen.

Höhlenmalereien *Unten*
Die Höhlenmalereien im Kakhadu National Park von Australien symbolisieren die totemistischen Ahnen der Aborigines. Hier sieht man weibliche

Geister, die zur Zeit des Träumens (*Altjiranga*), als alle Lebewesen geschaffen und die Landschaftsformen sowie die Weltordnung festgelegt wurden, die ersten menschlichen Wesen gebären. Diese Art der Felsenmalerei herrscht im Norden Australiens vor, besonders im Northern Territory; in Arnhem-Land z. B. sollen die Djanggau-Schwestern gelebt haben. Heilige Embleme, wie **Sonnen**zeichen etwa, tauchen auch in Felsenmalereien indianischer Stämme Amerikas auf.

Totempfahl *Unten*
Dieser Totempfahl der neuseeländischen Maori zeigt für den Stamm heilige Tiergeister in aufsteigender Hierarchie zur Beschwörung ihrer Schutzkräfte. Tierhäute, wie sie dieser Schamane trägt, dienen demselben Zweck. Ebenso wie andere totemistische Systeme, vor allem die Totempfähle der Ureinwohner aus dem Nordwesten der USA und aus Ozeanien, können auch die australischen Totempfähle die Sozialgeschichte und Legenden eines Stammes oder einer Sippe darstellen; sie werden vor Wohnstätten als „Geschichtsbuch" aufgestellt.

Schamanismus

Maske *Oben*
Die Maske des Schamanen soll böse Geister abschrecken, doch kann sie dem Träger auch die Eigenschaften des dargestellten Tieres oder Geistes verleihen. Die Kleidung des Schamanen wird häufig aus Tierhäuten passend zur Maske gefertigt. In der ekstatischen Trance wird der Schamane zum Vogel- oder Tiergeist (der durch die Maske und die Kleidung heraufbeschworen wird) und nimmt sogar seine Stimme an. Dann kann er von seinen positiven übernatürlichen Kräften zum Nutzen des Stammes profitieren.

Rassel *Rechts*
Die Rassel des Schamanen (meist aus einem Flaschenkürbis gefertigt) gilt als wichtiges Instrument zum Erreichen der Ekstase. Die Rassel wird zusammen mit einer Trommel rhythmisch geschlagen, bis ihr hypnotischer Klang, der an den Herzschlag erinnert, einen tranceähnlichen Zustand herbeiführt, der den Kopf des Schamanen von irdischen Belangen befreit und ihn mit den Geistern in Verbindung setzt. Das verleiht ihm magische Kräfte (wie Heilkräfte) und Zukunftsvisionen. Manchmal dient die Rassel der Abwehr des Bösen (und wird daher als Schutzamulett getragen) oder als Glücksbringer.

Identitätsstiftende Symbole

Die Identitätssuche liegt im menschlichen Wesen; um sich selbst genau zu kennen, muß man über seine Familie, Sippe und Nation Bescheid wissen. Die kollektive Geschichte und die Ansichten sozialer Gruppen prägen die Persönlichkeiten und Identitäten ihrer Mitglieder. Dieses Kapitel untersucht persönliche und gemeinschaftliche Symbole, die dem Glauben und der Einstellung des einzelnen einen Rahmen geben.

Da Identität aus vielen, oft widersprüchlichen Komponenten besteht, läßt sich ihre Komplexität kaum durch ein einzelnes Symbol darstellen. Doch kann man bestimmte Facetten aus dem Ganzen herausgreifen, wie etwa eine dominante Charaktereigenschaft, um ein aussagekräftiges Symbol zu bilden. Jeanne d'Arc kämpfte mit solcher Leidenschaft für Frankreich, daß sie zu einem Symbol für Märtyrertum und Patriotismus wurde. Die Charaktere von Kindern sind noch unverdorben, so daß sie in vielen Kulturen die Unschuld verkörpern. Ein kluger Mensch kann durch die Eule der Weisheit dargestellt werden, ein Dummkopf durch einen Esel. Idealisierte Eigenschaften, wie die Kardinaltugenden, wurden selbst zu Symbolen, so die Figur der Justitia mit verbundenen Augen, einer Waage und dem Schwert der Wahrheit.

Menschen werden auch durch ihren Beruf und bekannte Symbole identifiziert, wie z. B. durch die Kochmütze oder die Königskrone; sie hatten ursprünglich einen praktischen Nutzen und wurden dann zu generischen Zeichen. Die Heraldik ist ein besonderes Symbolsystem zur Charakterisierung eines Individuums und seiner Stellung in der Familiengeschichte. So wird der Papst durch die Schlüssel von Rom und die Papstkrone identifiziert, das britische Königswappen steht für Souveränität und weist die Stellung des Monarchen in der königlichen Dynastie aus.

Es folgen Stammessymbole, die von bestimmten Bräuchen, der Geschichte und dem Glauben einer Sippe künden. So sind Totempfähle Embleme des Glaubens und Zeugnisse der Stammesgeschichte, auch Körperschmuck verleiht einer gemeinsamen Identität Ausdruck. In vielen kulturellen Ritualen – wie bei der Anrufung übernatürlicher Mächte – muß man eine andere Identität annehmen, häufig symbolisiert durch eine Maske. Auch Gemeinschaften, die nicht durch Familienbande, sondern durch ein gemeinsames Ziel verbunden sind, haben bedeutende Symbole. So hat jede Waffe und jeder Ausrüstungsgegenstand beim Militär eine ganz besondere Bedeutung, die das Einheitsgefühl und die Motivation fördert.

Auch die Symbole politischer Gruppen spielen eine wichtige Rolle, doch wurde ihre kraftvolle Wirkung oft auf traurige Weise fehlgelenkt, wie die verheerende Wirkung des Mißbrauchs der antiken Swastika (des Hakenkreuzes) durch Hitler zeigt. Die bekanntesten Symbole kollektiver Identität sind heute wohl Nationalflaggen und Hoheitszeichen, die die Einheit der Bürger eines Landes verkörpern.

Dieses Kapitel gibt einen Überblick über jene Symbole, die eine identitätsstiftende Wirkung haben.

Linke Seite: *In vielen Kulturen symbolisiert das Tragen einer Maske das Aufgeben der Identität des Trägers, so daß ein Geist oder ein Gott den Körper übernehmen kann. In zeremoniellen Ritualen verkörpert die Maske selbst den angerufenen Gott oder Geist. Masken sollen durch übertriebene oder furchterregende Elemente Angst auslösen, um die übernatürliche Kraft der Inkarnation zu unterstreichen. Diese indonesische Maske besteht aus bemaltem Pappmaché und stellt einen Dämon dar.*

Stammessymbole und Körperschmuck

Totempfahl *Links*
Der Totempfahl der amerikanischen Indianer hat vielfältige Bedeutungen; als Erdachse verbindet er die Erde mit dem Himmel; die übereinander geschnitzten Totemfiguren fungieren als Schutzgeister des Stammes; und durch die sorgfältige Auswahl und Plazierung der einzelnen Bilder wird die Geschichte des Stammes erzählt. Meist werden Tiere oder Vögel (manchmal auch Pflanzen) abgebildet, die nicht zuletzt die Bedeutung der Natur für indianische Kulturen betonen. Die Totems sind nach ihrer Bedeutung ansteigend angeordnet; oft sitzt an der Spitze ein Donnervogel als oberstes Wesen oder oberste Gottheit. Der Totempfahl ist ein einzigartiges und individuelles Stammesemblem, das den Glauben, die Geschichte und die Familienbande in visueller Form festhält.

Körperpiercing *Oben*
Typische Formen des Körperschmucks wurden in vielen Kulturen als Ausdruck der Stammesidentität gepflegt, und bis heute haben sich gewisse Formen gehalten. Einige Kulturen praktizieren neben Körper- und Gesichtsbemalungen, dem Tragen ritueller **Masken**, von Schmuck und Kostümen sowie der Durchführung von Initiationsriten das Körperpiercing. Dazu gehört das Ertragen von Schmerz als Teil gewisser Initiationszeremonien, doch in erster Linie signalisiert es die Familienzugehörigkeit des Trägers durch Ohren- oder Nasenschmuck; manchmal dient dieser als Schutz oder religiöses Amulett. Diese Wisham-Frau aus dem nordwestpazifischen Raum trägt einen Knochen von einem von ihrem Stamm erlegten Tier in der Nase. Daher symbolisiert er ihre Stammeszugehörigkeit und ihre Akzeptanz der Stammessitten; traditionell wurden Knochen auch zur Abwehr böser Geister getragen.

Gesichtsbemalung *Oben*
Dieser Angehörige eines Stammes aus Papua-Neuguinea hat sein Gesicht und seinen Körper mit Mustern und Objekten dekoriert, die traditionelle Bedeutungen haben. Wie die **Maske** hat auch die Gesichtsbemalung ihre Ursprünge in prähistorischen Ritualen und lebt bis heute in vielen Stammeskulturen Afrikas und Amerikas fort. Ihr Hauptzweck liegt darin, das gemalte Bild auf den Träger zu übertragen; die Zeichnungen können einen Gott oder Dämon darstellen, die Stammesidentität signalisieren oder Teile eines Rituals sein. Heute werden Gesichtsbemalungen fast nur noch bei Zeremonien oder im Krieg aufgetragen. Melanesische Stämme pflegen ausschließlich männliche Rituale, wie solche der Initiierung und der Reinigung. Stammesvorfahren (*Tumbuna*) nehmen im melanesischen Glauben eine besondere Stellung ein und können durch Tänze und Riten beschworen werden, für die sich die Teilnehmer sorgfältig ihre Körper bemalen.

Stammesmaske *Oben*
Viele afrikanische Stammesmasken enthalten tierische Elemente. Sie werden meist bei Heilungsritualen getragen, wobei der Träger die Kraft des Tiergeistes beschwört oder die Krankheit (bzw. den bösen Geist, der sie verursacht hat) auf ein Tier überträgt, das dann zur Reinigung des Kranken geopfert wird. Auch amerikanische Indianer setzen Tiermasken bei zeremoniellen Riten ein. Der Zweck liegt vor allem darin, den Träger eine andere Identität einnehmen zu lassen, während seine eigene unterdrückt wird.

Tragische und komische Masken *Unten*
Die griechische Maske hat ihren Ursprung in den dionysischen Feiern im Alten Griechenland. Berühmt ist das gegensätzliche Maskenpaar der Tragödie und Komödie, dessen Gesichter Heiterkeit bzw. Trauer ausdrücken. Es symbolisierte die Hauptkomponenten der Existenz und sollte die Aufmerksamkeit des Publikums auf das Schicksal und die Bestimmung des Menschen lenken. Die Masken waren Attribute der Musen Melpomene und Thalia, und Amor wurde in der römischen Begräbniskunst häufig mit der Maske der Tragödie dargestellt. Heute symbolisieren sie die theatralischen und dramatischen Künste.

Nationalflaggen

Sternenbanner *Oben*

Die Flagge der USA, das Sternenbanner, stammt aus dem Jahr 1777 und symbolisiert die Unabhängigkeit der ehemaligen britischen Kolonie von England. Ursprünglich hatte die Flagge 13 weiße Sterne (einen für jede Kolonie) auf blauem Grund und 13 rot-weiße Streifen, die nach George Washington die Sterne des Himmels, das Rot des Mutterlandes und das Weiß der Unabhängigkeit verkörpern. Für jeden Staat, der der Union beitrat, ist ein Stern hinzugekommen, und heute sind es 50. Das Sternenbanner wird hier von der Personifikation der Tapferkeit (lat. *Fortitudo*) getragen. Sie wird oft mit Kriegsattributen abgebildet – mit **Keule**, **Schwert** und **Schild** – und manchmal mit einem **Löwen**. Mit einer Flagge verkörpert sie den Sieg durch Tapferkeit; als Nationalsymbol steht sie für die Verteidigung all dessen, was der Nation wichtig und heilig ist.

Konföderiertenflagge *Oben*

Als sich 1861 der amerikanische Bürgerkrieg ankündigte, wiesen die sieben konföderierten Staaten ihre eigene Flagge aus. Darauf war ein weißer Balken zwischen zwei roten Streifen zu sehen, in dessen linker Ecke sich ein **Kreis** aus sieben weißen **Sternen** auf einem blauen Feld befand (Symbol der abgespalteten Staaten). Später gehörten elf Staaten zur Konföderation, weshalb dieses Emblem nicht mehr paßte. Es wurde durch das „Kreuz des Südens" bzw. die „Flagge des Südens" ersetzt: ein blaues Andreas**kreuz** mit weißen Sternen auf rotem Feld. Diese Flagge wurde von der Schlacht bei Manassas 1861 bis zum Untergang der Konföderation 1865 zur Kriegsfahne der Konföderierten. Heute ist das Kreuz des Südens Teil der Flagge des Bundesstaates Mississippi.

Union Jack *Oben*

Die Flagge des Vereinigten Königreichs Großbritannien, sie ist gemeinhin als „Union Jack" bekannt, symbolisiert die Einheit von England, Schottland und Irland, wie 1801 vereinbart. Die Flagge besteht aus einem weißen Andreas**kreuz** (der hl. Andreas ist der Schutzpatron Schottlands) auf blauem Grund, überlagert vom roten Kreuz des hl. Patrick (Schutzpatron Irlands); das rote Kreuz des hl. Georg (Schutzpatron Englands) krönt beide und ist weiß unterlegt. Die erste Version der Flagge stammt aus dem Jahr 1606, drei Jahre nach der Vereinigung der Königreiche von England und Schottland unter Jakob I. von England (bzw. Jakob VI. von Schottland). Sie wurde anfangs nur auf königlichen Schiffen gehißt. Später kennzeichnete sie die britische Handelsflotte und ist heute Teil der Flaggen vieler Commonwealth-Staaten, wie Australien, Neuseeland und Fidschi, sowie einiger (ehemaliger) Kolonien, wie Hongkong, der Bermuda-, Cayman-, Jungfern- und der Falkland-Inseln.

Japan *Oben*

Das Land der aufgehenden **Sonne** (*Nihon-Koku*) trägt dieses Emblem auf seiner Flagge als Zeichen der Überzeugung, daß der japanische Kaiser ein Nachfahre der Sonne ist. Als eine der simpelsten Flaggen wurde sie 1870 entworfen und zeigt eine kreisrunde, blutrote Sonnenscheibe auf weißem Feld. Im Zweiten Weltkrieg wurden auf der kaiserlichen Kriegsfahne sechzehn Sonnenstrahlen hinzugefügt; Schiffsflaggen jedoch trugen nur acht Strahlen.

Südkorea *Oben*

Die Flagge Südkoreas (*Pakwa* oder *Taeguk*) zeigt in der Mitte das unverwechselbare östliche **Yin-Yang**-Symbol, Zeichen der perfekten Einheit der Gegensätze. Das Symbol ist weiß unterlegt, die obere Hälfte ist rot, die untere blau. Auf den Diagonalen liegen vier schwarze Kwae bzw. Trigramme aus dem chinesischen *I Ging – Buch der Wandlungen*. Indem sie symbolisch auf die vier Ecken der Erde weisen, verkörpern sie die vier Winde, **Jahreszeiten**, Himmelsrichtungen sowie **Sonne**, **Mond**, **Erde** und Himmel. Die Flagge existiert seit 1883, doch wurde sie während der Besatzungen Südkoreas (erst durch die Japaner, dann durch die Alliierten) nicht benutzt. Die Republik Korea nahm sie 1948 wieder in Gebrauch.

Hoheitszeichen

Amerikanischer Adler *Oben*
Der Weißkopf-Seeadler ist in den USA heimisch und verkörpert als Wappenvogel Amerikas die Stärke der Nation. Der **Ölbaumzweig** in seiner rechten Klaue steht für seine friedlichen Absichten. Das Bündel aus 13 Pfeilen unter seiner linken Klaue symbolisiert sowohl die 13 Gründerstaaten als auch Amerikas Verteidigungsbereitschaft für den Fall eines Angriffs. Der Adler ist auf dem Großen Siegel abgebildet, ein 1782 entworfenes Symbol der Autorität der Staatsregierung. Außerdem ist er Teil vieler Flaggen einzelner Bundesstaaten wie Illinois, Iowa, North Dakota, den Jungfern-Inseln und Amerikanisch-Samoa.

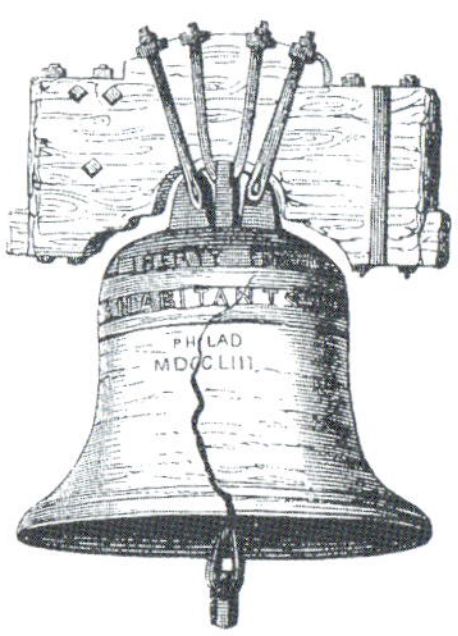

Freiheitsglocke *Oben*
Die Freiheitsglocke ist eines der mächtigsten zivilen Symbole der Vereinigten Staaten und erinnert an den Kampf der jungen Nation um die Unabhängigkeit und an das Grundrecht auf Freiheit. Die gewaltige Eisenglocke mit einem Gewicht von 943 kg und einem Umfang von 3,7 m wurde 1752 von der Gießerei Thomas Lester in London für das Parlamentsgebäude der (damals noch britischen) Provinz von Pennsylvania hergestellt. Bald nach ihrem Eintreffen wurde sie rissig und mußte vor Ort neu gegossen werden. Zufällig, doch passend, trägt sie das Motto: „Verkündet Freiheit unter allen Einwohnern im Land". Die Glocke wurde am 8. Juli 1776 bei der Verlesung der Unabhängigkeitserklärung im Parlament geläutet. Als die Briten Philadelphia bedrohten, wurde sie für fast ein Jahr in Allentown versteckt. 1846 wurde sie zum letzten Mal geläutet, ehe sie endgültig zerbrach und 1852 in die Independence Hall kam. Heute kann man sie in der Philadelphia´s Liberty Bell Hall besichtigen. Die Freiheitsglocke war nicht nur ein Symbol des Unabhängigkeitskrieges, sondern auch der Sklavenbefreiung im 19. Jahrhundert.

Mount Rushmore *Unten*
Das Mount Rushmore National Memorial in den Black Hills von South Dakota ist ein einzigartiger Tribut an die vier größten amerikanischen Präsidenten und heute ein bedeutendes identitätsstiftendes Symbol der USA. Die Idee kam 1923 von Doane Robinson, dem Direktor der South Dakota Historical Society. Die Sprengungen an dem 1745 m hohen Berg begannen 1927 unter der Leitung des Bildhauers Gutzon Borglum. Es dauerte 14 Jahre, bis die gewaltigen Porträts von George Washington, Thomas Jefferson, Theodore Roosevelt und Abraham Lincoln in den harten Granit gemeißelt waren. Borglum starb 1941 wenige Monate vor der Vollendung, doch leitete sein Sohn Lincoln die Arbeiten bis zum Ende weiter. Jedes Gesicht ist etwa 18 m hoch.

Ahornblatt *Oben*
Das rote Ahornblatt mit elf Spitzen ist das Wahrzeichen Kanadas. Es ersetzte 1965 das rote Emblem der britischen Handelsschiffahrt auf der Staatsflagge. Der Ahorn ist für Kanada aufgrund seiner wirtschaftlichen Rolle von besonderer Bedeutung; aus dem Saft des Ahornbaums gewinnt man Zucker und Sirup, das Hartholz findet im Möbelbau und als Fußbodenbelag Verwendung. In China und Japan ist das Ahornblatt das Zeichen der Verliebten und des **Herbstes**.

Tudorrose *Unten*

Die Tudor**rose** verkörpert das vereinigte England. Zwischen 1455 und 1485 war der Rosenkrieg Ursache für eine Spaltung Englands, ausgelöst durch den Ehrgeiz der Häuser von Lancaster und York (deren Emblem eine rote bzw. weiße Rose war), die jeweils ihren eigenen Anwärter auf den englischen Thron setzen wollten. Als Henry Tudor aus dem Haus Lancaster 1485 endlich als Heinrich VII. und erster Tudorkönig den Thron bestieg, wurden die beiden Rosen zu einer rot-weißen Rose vereinigt – der Tudorrose.

Distel *Rechts unten*

Die stachelige Distel mit dem Motto *Nemo me impune lacessit* („Niemand reizt mich ungestraft") ist das Emblem Schottlands und ein Symbol der Auflehnung und der Wehrhaftigkeit. Einer Legende zufolge erwarteten die Schotten im 8. Jahrhundert einen Angriff der Dänen, als ein barfüßiger Wikinger auf eine Distel trat und vor Schmerz aufschrie; so konnten die Eindringlinge aufgespürt und erfolgreich in die Flucht geschlagen werden. Die Distel wurde unter Jakob III. von Schottland (1451–1488) offizielles schottisches Emblem und zierte später auch das englische **Königswappen**. Der englische Orden der Distel ist ein bedeutender Ritterorden. Im Christentum wird die Distel mit der **Dornenkrone** und dem Sündenfall der Menschen gleichgesetzt, daher stand sie für Leid und Sünde. Schottland wird außerdem durch Sporran (Felltasche); Dudelsack und Kilt symbolisiert (das Karomuster des Kilts kennzeichnet die Clanzugehörigkeit).

Beefeaters *Oben*

Beefeaters symbolisieren Englands stolze historische Tradition. Passender werden sie auch *Yeomen of the Guard* (Königliche Leibgardisten) genannt; ihr recht volkstümlicher Name stammt von dem französischen Wort *boufitiers* – Wächter des königlichen Büfetts. Das Korps ist Englands älteste militärische Formation und wurde 1485 von Heinrich VII. als königliche Leibwache gegründet. Heute sieht man seine Mitglieder meist bei Staatsanlässen und als Wache im Londoner Tower. Die Yeomen werden aus Soldaten im Ruhestand rekrutiert, und ihre eigenwillige militärische Hierarchie reicht vom Hauptmann über Oberleutnant und Fähnrich bis hinab zu Kurieren und einfachen Soldaten. Die farbenfrohe Uniform stammt aus dem 15. Jahrhundert und besteht aus einer roten Uniformjacke mit violetten Streifen und Goldlitze, roten Kniebundhosen und Strümpfen, einer Halskrause und einem Federhut. Bei weniger offiziellen Anlässen verzichten sie auf die Halskrause und setzen eine Melone auf.

Harfe *Oben*

Zusammen mit dem **Kleeblatt** ist die Harfe ein bedeutendes Emblem Irlands, das sein keltisches Erbe widerspiegelt. Sie ist ein Attribut des guten Gottes Dagda, der durch das Spielen der Harfe den Wechsel der **Jahreszeiten** verursachte. In der skandinavischen Mythologie, wie auch in der keltischen, galt die Harfe als mystische **Brücke** zwischen Himmel und **Erde**. Sie steht auch für das außerordentliche musikalische Erbe Irlands.

Kleeblatt *Oben*
Die Verbindung des Kleeblatts mit Irland geht auf das 5. Jahrhundert zurück, als der hl. Patrick (dessen Symbol das Kleeblatt ist) das dreiblättrige Kleeblatt zur Darstellung der **Heiligen Dreifaltigkeit** benutzte. Der Name entstand aus dem arabischen Wort *Shamrakh*, Bezeichnung für die persische Dreiheit, und dem irischen *Seamrog*, „kleiner Klee". Den Shamrock (grüne Kleidung und Schmuck) trägt man in Irland am 17. März, dem Tag des hl. Patrick.

Leo Belgicus *Oben*
Der Löwe ist das historische Emblem Belgiens und Element des Staatswappens. Diese Karte wurde vor der belgischen Unabhängigkeit 1830 erstellt, trotzdem ist der abgebildete Löwe ein Symbol des Stolzes und der Autonomie Belgiens. Der Kartograph hat die Geographie Belgiens mit dem Hoheitszeichen kombiniert, was den „Leo Belgicus" hervorbrachte – ein Symbol nationaler Auflehnung. Der furchteinflößende Löwe weist England den Rücken, brüllt wütend zu den Nachbarländern hinüber, die durch ihre Wappen dargestellt sind (wie auch verschiedene belgische Provinzen). Den Rand der Karte zieren berühmte belgische Persönlichkeiten.

Hahn *Rechts*
Die Geschichte des Hahns als Wahrzeichen Frankreichs geht auf die Goten zurück, die ihn wegen seines Kampfgeistes auf ihrer Kriegsflagge trugen. In den mittelalterlichen Bestiarien wurde der Hahn „Gallus" genannt – vielleicht eine Ableitung des Namens Gaul. Während der Französischen Revolution zierte der Hahn wieder die französische Flagge. Nun stand er für Wachsamkeit und Souveränität. Heute symbolisiert er Stolz und positive Aggression.

Stierkämpfer *Oben*
Obwohl Stierkämpfe in allen ehemaligen Kolonien Spaniens veranstaltet werden, wurden sie dank ihrer Beliebtheit zu einem Symbol des Mutterlandes. Die Ursprünge sind ungewiß, doch wurde 1090 vom ersten Stierkampf in einer Umzäunung berichtet. Zuerst kämpften die *Toreros* von **Pferden** aus gegen die **Stiere**, doch seit 1725 ging der Kampf zu Fuß mit Umhängen (*capas*) und **Lanzen** vonstatten. Die erste Stierkampfarena entstand 1743 in Madrid, heute gibt es etwa 400 in ganz Spanien. Zwischen April und November finden dort jeden Sonntag Stierkämpfe statt, wobei jeweils sechs Stiere gequält und getötet werden. Unter Stierkämpfern besteht eine strenge Hierarchie (*Toreros*, *Matadores*, *Espadas*, *Banderillos* und *Picadores*), und viele wurden zu gefeierten Helden. In letzter Zeit wurde der Stierkampf aufgrund des Tierschutzgedankens immer umstrittener, da der Stierkämpfer für viele unnötige Grausamkeit und mangelnden Respekt vor Tieren symbolisiert.

Chinesische Mauer *Unten*
Die chinesische Mauer wurde im 3. Jahrhundert v. Chr. als Schutzwall gegen die Mongolen gebaut und erstreckt sich über 2400 km durch die unterschiedlichsten Landschaften, vom bergigen West-Gansu bis hin zum Golf von Liaodong. Dieses

im Durchschnitt sechs Meter hohe und ebenso breite Festungsbauwerk stellt eine architektonische und baumeisterliche Glanzleistung dar. Trotz wesentlicher Erneuerungen im 15. Jahrhundert sowie verschiedener sozialer und militärischer Umbrüche durch die Jahrhunderte steht die Große Mauer bis heute und verkörpert den unbeugsamen Willen des chinesischen Volkes.

Parthenon *Unten*
Die Ruine des Parthenon in Athen, eines der schönsten Beispiele dorischer Architektur, ist vermutlich Griechenlands bekanntestes Symbol. Die Perser zerstörten das Original auf dem heiligen Felsen Athens um 480 v. Chr. Perikles beauftragte die Architekten Iktinos und Kallikrates, auf der Akropolis (der „Hohen Stadt")

einen neuen Tempel für **Athene**, die Göttin Athens, zu bauen. Die Arbeiten begannen 447 v. Chr., und der prächtige Marmortempel wurde 432 v. Chr. fertiggestellt. Stufen führten zum säulengesäumten Tempel hinauf, in dessen Mitte sich ein rechteckiger Raum mit einer über 10 m hohen, von Phidias geschaffenen Statue der Pallas Athene aus Gold und Elfenbein befand. Jedes Jahr wurden am Parthenon Feiern zur Ehre der Athene abgehalten. Seit der Antike steht das Bauwerk für Griechenlands außerordentliche kulturelle Errungenschaften.

Die Oper von Sydney *Rechts oben*
Das Opernhaus gehört zu den wichtigsten Symbolen Sydneys und Australiens. Die außergewöhnliche Konstruktion aus Stahl und Beton ist ein einzigartiges Erkennungszeichen, das an die aufgeblähten Segel eines Schiffs erinnert. 1957 veranstaltete die Regierung von New South Wales eine Ausschreibung für das neugeplante Opernhaus; Sieger wurde der dänische Architekt Jørn Utzon. Der Bau begann 1959. Als es 1973 schließlich von Königin Elizabeth II. eröffnet wurde, hatte es 102 Millionen australische Dollar verschlungen. Das Opernhaus ist ein eindrucksvoller Komplex, der die Oper, Konzertsäle, Theater, Bars und Restaurants beherbergt und sich der größten mechanischen Orgel weltweit rühmt. Es wurde zu einem unvergleichlichen kulturellen Symbol.

Taj Mahal *Unten*
Indiens berühmtes Taj Mahal ist ein zweifaches Symbol, da es Indien selbst sowie die Macht der **Liebe** verkörpert. Als Arjumand Banu Begum (*Mumtaz Mahal* – „Auserwählte des Palastes"), die Lieblingsfrau des Moguls Shah Jahan, 1631 im Kindbett starb, gab ihr Mann dieses prachtvolle Mausoleum in Auftrag, das an den Ufern des Flusses Yamuna in Sichtweite des Palastes errichtet werden sollte. Im selben Jahr wurde die Arbeit aufgenommen. Durch den Einsatz von 20 000 Arbeitern konnte das Taj Mahal 1648 vollendet werden. Ein gleichmäßig angelegter Garten führt zu einer erhöhten Plattform, auf der sich das mit weißem Marmor verkleidete Grab befindet. Inmitten von gewölbten Nischen und mit Halbedelsteinen besetzten Wänden erhebt sich über der zentralen Grabkammer, in der die Körper von Arjumand und Shah Jahan in marmornen Sarkophagen ruhen, eine riesige Kuppel.

Königtum und Heraldik

Krone *Oben*
Die Krone ist das Symbol von Königtum, Adel und Erfolg. Da sie auf dem „edelsten" Körperteil – dem **Kopf**, Sitz der Seele – getragen wird, hebt sie die zeitweise spirituelle Erhabenheit und Autorität des Trägers hervor. Obwohl Kronen meist von weltlichen Herrschern getragen werden, symbolisieren sie auch religiöse Autorität; so trägt der Papst eine dreifache Krone. Die Götter und Pharaonen im Alten Ägypten trugen doppelte Kronen, die mit Zauberkräften ausgestattet waren. In östlichen Religionen steht die Krone für spirituelle Erhabenheit, während sie in manchen anderen Religionen, wie dem Christentum, die göttliche Herrlichkeit verkörpert. Einst wurde auch kürzlich Verstorbenen als Zeichen ihrer Vereinigung mit Gott eine Krone auf den Kopf gesetzt. Kronen tragen im allgemeinen die Symbolik des **Kreises** – Unendlichkeit und Perfektion – in sich und stehen darüberhinaus, wenn sie mit Strahlen verziert sind, für **Sonnen**kraft, Licht und Erleuchtung. In den meisten Kulturen mit einem Adelssystem entsprechen verschieden geformte Kronen unterschiedlichen Rängen und fallen mit abnehmender Position in der Hierarchie weniger prächtig aus.

Fleur-de-lys *Mitte oben*
Die Fleur-de-lys (bourbonische Lilie), eine stilisierte **Lilie** oder **Lotusblume**, gilt als Zeichen für Perfektion, Licht und Leben und ist traditionell das Symbol des Königs von Frankreich. Nach einer Legende trat Chlodwig, der merowingische König der Franken, 496 n. Chr. zum Christentum über, woraufhin ihm ein **Engel** eine goldene Lilie als Symbol seiner Läuterung überreichte. Es wird auch erzählt, daß Chlodwig von Wasserlilien am Rhein auf einen sicheren Übergang hingewiesen wurde, so daß er in der Schlacht siegte. Im 12. Jahrhundert wurde die Fleur-de-lys zum Symbol französischen Königtums. Ludwig VII. trug sie auf seinem Schild, und „*lys*" könnte sogar eine Kontraktion von „Louis" sein. Zwischen 1340 und 1801 übernahmen die englischen Könige die Lilie als Zeichen ihres Anspruchs auf den französischen Thron. Die dreiblättrige Lilie kann die

Dreifaltigkeit verkörpern, die **Jungfrau Maria**, die Dreiheiten Gottes, die Schöpfung, das Königtum sowie die Einheit aus **Körper**, Geist und Seele. Die Ähnlichkeit mit einer **Speer**spitze knüpft die Verbindung zur männlichen kriegerischen Kraft. Die Fleur-de-lys ist auch das Wahrzeichen von Florenz, der „Stadt der Lilie".

Das Wappen von Amsterdam *Oben*
Das Wappen der Stadt Amsterdam aus dem 15. Jahrhundert wird in der Heraldik als „drei weiße Andreaskreuze auf einem schwarzen Streifen in der Mitte eines roten Schildes" beschrieben. Man vermutet, daß die drei weißen Kreuze für Gerechtigkeit stehen. Sie wurden entweder dem Wappen der Lordschaft von Breda (das auch in dem der Prinzessin von Orange vorkommt) oder dem Wappen der Grafen von Amstel entnommen, die Amsterdam im 13. Jahrhundert, als es noch ein bescheidenes, kleines Fischerdorf war, gewisse Privilegien gewährten. Als Wappen von Amsterdam wird es manchmal von zwei schwarzen **Löwen** getragen. Darüber prangt häufig die kaiserliche **Krone** mit dem Motto: *Heldhaftig, Vastberaden, Barmherzig* („Heldenhaft, Entschlossen, Barmherzig").

Britisches Königswappen *Links unten*
Das königliche Wappen der englischen Königin Elizabeth II. stammt aus der Zeit von Königin Victoria. In der Mitte viergeteilt und eingefaßt von dem Motto: *Honi Soit Qui Mal y Pense*, sieht man die Wappen von England (**Löwen**), Schottland (der aufgerichtete Löwe) und Irland (**Harfe**). Der gekrönte Löwe und das **Einhorn** dienen als Träger und stehen über dem Motto des Monarchen: *Dieu et Mon Droit*. Zuoberst befindet sich der königliche Helm mit dem Löwen als Helmzier. Dieses Meisterwerk der Heraldik vermittelt majestätische Macht und Autorität.

Papstwappen *Oben*
Das Papstwappen zeigt die gekreuzten **Schlüssel** des hl. Petrus (erster Bischof von Rom und Hüter der Himmelspforte), gekrönt von der päpstlichen Tiara und dekoriert mit dem Pallium, von dem ein **Kreuz** herabhängt. Die Schlüssel erinnern an das Erbe des hl. Petrus, das Pallium wurde einst ausschließlich vom Papst getragen, während die dreifache Tiara die **Dreifaltigkeit** verkörpert.

Bundesadler *Unten*
Der schwarze **Adler** des deutschen Wappens geht auf das Emblem des Heiligen Römischen Reiches Deutscher Nation zurück, dessen Kaiser ihn als Symbol ihrer angeblich von den Römern vermachten Autorität betrachteten. Auch während der Auflösung des Hl. Römischen Reiches, der Vereinigung Deutschlands 1871, der Abdankung des Kaisers, der Weimarer Republik und des Dritten Reiches blieb der Adler ein Wahrzeichen Deutschlands.

Militärwesen

Schußwaffe *Rechts*
Die Schußwaffe, ob in Form von Pistole, Revolver, Gewehr oder Maschinengewehr, ist ein klassisches phallisches und phobisches Symbol; die Form steht (wie beim **Schwert**, **Speer** oder **Pfeil**) für die männliche Potenz, die Wirkung für Verletzung oder Tod. Sie ist ein Symbol für Autorität und Herrschaft. Mündungsfeuer und Knall können **Donner** und **Blitz** verkörpern. Eine Schußwaffe, mit der nicht mehr geschossen werden kann, kann für Impotenz stehen, im Zusammenhang mit der Männlichkeit sogar für sexuelle Impotenz.

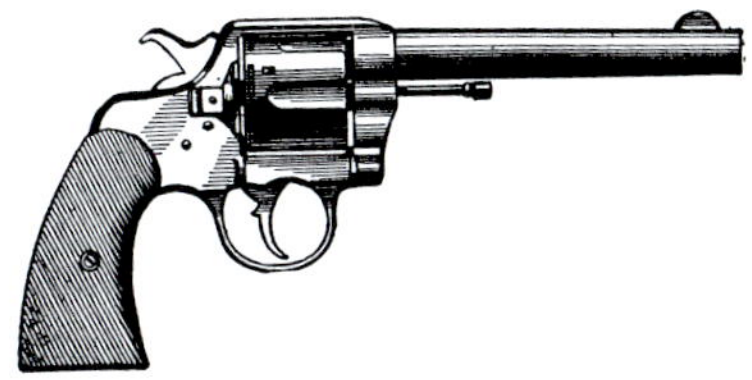

Helm *Oben*
Der Helm ist ein kriegerisches Symbol für Stärke, Schutz und Unverwundbarkeit. Je nach Visierstellung kann er spirituelle oder verborgene Gedanken verkörpern. Er ist ein Attribut der griechisch-römischen Götter **Mars** (Ares, Symbol für Krieg), **Pluto** (Hades, Dunkelheit) und Minerva (**Athene**, Denken). Nach der Legende machte der Helm des Perseus ihn unsichtbar, als er Medusa ermordete. Der Helm ist ein wichtiges heraldisches Element mit vielen historischen Ausführungen; unterschiedliche Helmstile kennzeichnen Adelsränge: Königtum (aus Gold mit sieben oder fünf Visierbalken), Peers (aus Silber oder Gold mit fünf Visierbalken), Ritter (aus Stahl mit offenem Visier) und Herren (aus Stahl mit geschlossenem Visier).

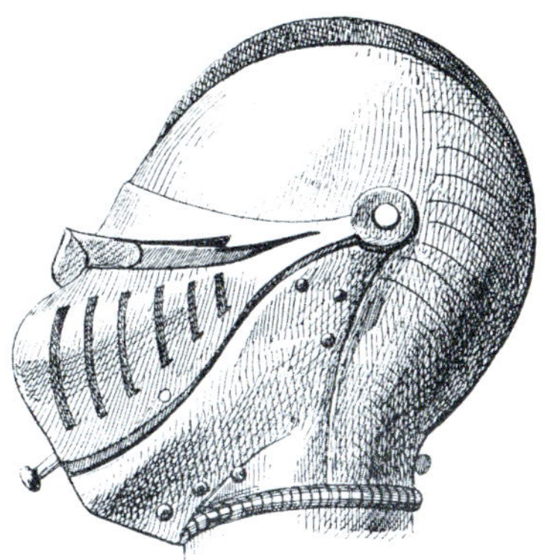

Ritter und Lanze *Unten*
Sowohl der Ritter zu Pferd als auch seine Lanze haben symbolische Bedeutungen. Der Ritter verkörpert die Seele, die den **Körper** (das **Pferd**) leitet, und seine Suche kann mit dem Weg des Menschen durchs Leben verglichen werden. Der grüne Ritter symbolisiert den Neuling oder die Kräfte von Natur und Tod, der rote Ritter den blutigen Sieg, der weiße Ritter verkörpert Reinheit und Erleuchtung, während der schwarze Ritter der Inbegriff des Bösen, von Sünde und Opferung ist. Der Ritter gilt als universeller Held oder Animusfigur. Die Lanze ist ein Phallussymbol, das dem **Speer** ähnelt (aus dem sie entstand), sie kann auch die Sonnenstrahlen oder Krieg und Opferung symbolisieren. Während man das **Schwert** mit dem Himmel assoziiert, verbindet man die Lanze (als geringere Waffe) mit der **Erde** und der Erdachse (*axis mundi*). Hielt im Mittelalter ein Ritter seine Lanze nach vorn, so war das eine Kriegserklärung; hielt er sie nach hinten, kam er in Freundschaft. Im Christentum ist die Lanze des Longius ein Symbol für die Passion Christi (daher rührt möglicherweise die Verbindung mit dem legendären Heiligen Gral). Die Lanze gilt auch als ein Attribut der Kardinaltugend Tapferkeit (*Fortitudo*).

Pfeil und Bogen *Unten*

Durch die kurvige Form und den kriegerischen Zweck hat der Bogen eine männliche und eine weibliche Symbolik; die Spannung der Sehne steht für männliche Tapferkeit, Kraft und Vitalität; seine Form erinnert an die **Mond**sichel. Der Pfeil ist ein klares Phallussymbol, das die Penetration, den **Blitz**, Virilität, Geschwindigkeit, **Sonnen**strahlen, Krieg und Tod verkörpert. Aufgrund seiner phallischen Konnotation wurde er zur Zeit der Römer mit Sinneslust assoziiert, so auch Bogenschützen, wie der Zentaur. Pfeil und Bogen zusammen bedeuten Krieg, Macht und Treffsicherheit. Im Buddhismus stehen sie für den Geist und die fünf Sinne, zusammen für Willenskraft und die heilige Silbe Om. Die Bedeutung ist im Hinduismus dieselbe, doch verkörpert der Pfeil in Verbindung mit Indra Sonnenstrahlen und Blitz, wird er von Rudra abgeschossen, Schmerz und heilenden **Regen**. Auch **Shiva** trägt einen Bogen.

In China sind Pfeil und Bogen ein Zeichen der Fruchtbarkeit und des Tao. Im Islam steht der Bogen für Allahs Macht und der Pfeil für seinen Zorn; im Christentum symbolisiert der Bogen zeitweise Macht und der Pfeil **Märtyrertum**. In Japan gehört zur Meditationstechnik Kyudo das Bogenschießen ohne Intention, was das Abstreifen des Ego bedeutet. Im antiken Pantheon hält Artemis (**Diana**) einen Bogen (Mondsichel) und einen Pfeil (Licht), außerdem gehören sie zu Apollo und Eros (Amor) – wobei letzterer ja **Liebes**pfeile abschießt. In Kulturen des Schamanismus stellt ein gefiederter Pfeil den Vogelflug gen Himmel dar. Der Zentaur als Symbol für das Sternbild des **Schützen** trägt Pfeil und Bogen.

Schild *Oben*

Seit den Ursprüngen der Menschheit wurde der Schild zur Verteidigung und zum Schutz gebraucht, was seiner wichtigsten symbolischen Bedeutung entspricht; doch kann er auch auf Spiritualität und Keuschheit hindeuten. Im Alten Griechenland gewährte der Schild des **Zeus** (Ägide) göttlichen Schutz. Er war von Hephaistos gemacht und mit der Haut der Ziege Amalthea überzogen worden. Wenn Zeus ihn schüttelte, gab es Gewitter. **Athene** (Minerva) schmückte ihn mit einem **Gorgonen**kopf. Zusammen mit dem **Speer** ist der Schild das Emblem von Ares (**Mars**) und Athene sowie das Symbol des Erwachsenenalters. Im Mittelalter trugen die **Ritter** zur Identifikation ihre Wappen auf den Schilden, da ihre Gesichter durch **Helme** verhüllt waren; daher wurde der Schild zu einem Basiselement der Heraldik, auf dem die weiteren Embleme plaziert wurden.

Speer *Rechts*

Der Speer ist eine antike Kriegswaffe und teilt weitgehend die Symbolik der **Lanze**. Er steht ebenfalls für die Erdachse, einen **Zauberstab** und – als Phallussymbol – für Männlichkeit und Fruchtbarkeit. Im antiken Griechenland kennzeichnete er (in Verbindung mit dem **Schild**) das Erwachsenenalter und war ein Attribut von **Athene** (Minerva), Ares (**Mars**) und Achilles (der Rost des Speers ließ die Schafgarbe wachsen, die Telephus heilte). Im Hinduismus hält Indra einen Speer als Zeichen für Sieg und Weisheit. In Japan wird der himmlische Speer der Schöpfung von Izanagi getragen, dem ersten männlichen Gott. Zwei gekreuzte Speere hinter einem Schild zieren die Flaggen von Lesotho und Kenia als Zeichen der Verteidigung.

Malteserkreuz *Oben*
Das Malteserkreuz war das Abzeichen der Hospitaliter (Ritter des hl. Johannes von Jerusalem), einem bedeutenden Ritterorden zu Zeiten der Kreuzzüge. 1529 richteten sie ihren Hauptsitz auf Malta ein und wurden als Malteserritter bekannt, woher auch der Name ihres Emblems stammt. Das Malteserkreuz ist weiß und liegt auf schwarzem Hintergrund. Die acht Spitzen stehen für Glückseligkeit (Segen) und werden von vier Pfeilspitzen mit Widerhaken gebildet. Die Form des Kreuzes gab es bereits im antiken Assyrien, wo seine Spitzen die Götter Re, Anu, Belus und Hea symbolisierten.

Eisernes Kreuz *Oben*
Das Eiserne Kreuz wird als Wappensymbol mit Deutschland verbunden, da es hier die höchste militärische Auszeichnung darstellt. Es wurde von Kaiser Friedrich Wilhelm III. von Preußen 1813 im Krieg gegen Napoleon gestiftet und besteht aus silbern umrandetem Eisen. Es wurde in allen späteren Kriegen bis zum Ersten Weltkrieg verliehen. Hitler fügte dem Eisernen Kreuz die **Swastika** (Hakenkreuz) hinzu, die jedoch nach dem Zweiten Weltkrieg wieder entfernt wurde. Im Gegensatz zum Hakenkreuz wurde das Eiserne Kreuz nicht aus der deutschen Ikonographie entfernt.

Berufe

Seefahrt *Links*
Der Anker ist das Universalsymbol der Seeleute und diente vielen Marinen als Emblem. Da der Anker das Schiff stabilisiert und die Seeleute vor dem Tod auf stürmischer See bewahrt, war er auch im Christentum ein Zeichen religiöser Unerschütterlichkeit, der **Hoffnung** und der Erlösung durch den Glauben. Er war ein Zeichen für die theologische Tugend der Hoffnung (*Spes*), oft durch eine Frau mit einem Anker am Fuß symbolisiert (bzw. mit Flügeln und einem Globus, einem Füllhorn, einem Bienenstock oder einer Birne).

Kochmütze *Rechts*
Die Kochmütze ist heute ein Symbol für Köche und die Gastronomie. Es ist ein übliches Zeichen in Restaurantführern zur Kategorisierung des Standards. Da sie den **Kopf** bedeckt und die Haare zusammenhält, hat sie einen rein hygienischen Zweck, als Symbol steht sie jedoch für die Autorität des Chefkochs über seine Mitarbeiter. Ein Kochlehrling muß sich in der Küchenhierarchie hocharbeiten, angefangen von einer untergeordneten Stellung über mittlere Positionen, bis er sich endlich die Kochmütze verdient. Sie zeichnet den Chefkoch oder Küchenchef aus und ist ein Symbol für seine Tüchtigkeit, sein berufliches Können und seine Erfahrung.

Piraterie *Unten*
Der **Schädel** mit den gekreuzten Knochen charakterisiert die Flagge plündernder Piraten. Er ist ein altes Symbol für den Tod und daher ein universelles Gefahrensymbol. Der Schädel steht für die Vergänglichkeit des Lebens, die Oberschenkelknochen für die Lebenskraft der Lenden. Das furchteinflößende Symbol wurde von vielen Armeen und während der Nazizeit von der SS übernommen. Heute dient es oft als Warnzeichen vor giftigen Substanzen.

Barber´s Pole *Unten*
Ein spiralig rot- und weißgestreifter Stab steht in England als Ladenschild vor vielen Friseurgeschäften. Die Bedeutung des Symbols hat mit der erbrachten Dienstleistung direkt nichts zu tun, da es aus der Zeit stammt, als Barbiere noch gewisse medizinische Dienste ausführten. Dazu gehörte auch der Aderlaß – eine Prozedur, die angeblich viele Gebrechen heilte. Die Patienten mußten einen Stab fest umfassen, damit die Venen an den Armen heraustraten, so daß der Barbier eine Vene mit einer Lanzette öffnen und Blut ablassen konnte. Zwischen den einzelnen Terminen wurde der Stab mit einem blutbefleckten Verband vor der Tür abgestellt. Diese Variante wurde schließlich durch einen symbolischen Stab ersetzt, dessen rote Streifen für das Blut stehen.

Tugenden

Besonnenheit *Oben*
Mit ihren Schwestern **Gerechtigkeit**, Klugheit und Tapferkeit ist die Besonnenheit (oder Mäßigung) die weibliche Personifikation einer der vier Kardinaltugenden und warnt vor der Übertreibung. Sie trägt folgende Attribute: ein **Schwert** in der Scheide (als Zeichen des gezügelten Naturells), zwei Urnen (Ausgeglichenheit), ein **Stundenglas**, das Zaumzeug eines Pferdes (Zurückhaltung) oder mit **Wasser** verdünnten Wein. Sie ist die vierzehnte der Großen Arkanakarten im **Tarot**, dargestellt durch eine androgyne Figur, die Wasser verschüttet, Zeichen für die Erhaltung der Harmonie durch die perfekte Ausgeglichenheit von Emotionen und Taten. Da das **Kamel** Wasser in seinem Höcker speichert und es bei Bedarf verbraucht, symbolisiert es – wie die **Taube** – die Besonnenheit.

Die drei Grazien *Mitte oben*
In der griechisch-römischen Mythologie waren die drei Grazien (*Gratiae* auf Latein, *Charites* auf Griechisch) die Schwestern Aglaia, Thalia und Euphrosyne, Töchter von **Zeus** (Jupiter) und Eurynome (wiederum Tochter des Okeanos). Sie wurden für ihre Schönheit und ihren Zauber verehrt, doch Aglaia (deren Name „Glanz“ bedeutet) wurde besonders für ihre Schönheit gerühmt, Thalia („Glück“) für ihr Lachen und die Muse Euphrosyne („Frohsinn“) für ihre Anmut. Die Göttinnen verkörperten diese Tugenden und ließen sie angeblich verdienstvollen Sterblichen zuteil werden. Sie begleiteten viele Götter des griechisch-römischen Pantheons, doch vor allem Aphrodite (Venus), deren Attribute **Rose**, Myrte, **Würfel** und **Apfel** sie trugen (letzteren sieht man hier auf Raffaels Gemälde). Ihre Symbolik ist vielfältig; nach Seneca verkörperten sie Großmut und Großzügigkeit, Wohlwollen und Gnadenerweis; nach neuplatonischer Interpretation symbolisierten sie die drei Stufen der **Liebe**: Schönheit, Verlangen und Erfüllung. Im Christentum stehen sie für Keuschheit, Schönheit und Liebe. Da sie zu dritt sind, verkörpern sie auch die perfekte Einigung zweier Gegensätze durch ein drittes, transzendierendes Element.

Gerechtigkeit *Rechts*
Die Gerechtigkeit (lat. *Justicia*) ist eine der vier Kardinaltugenden, neben Tapferkeit (*Fortitudo*), Klugheit (*Prudentia*) und **Besonnenheit** (*Temperantia*). Sie wird mit der Göttin Astraia assoziiert und als Frau mit verbundenen Augen dargestellt (um ihre Urteile nicht nach dem Augenschein zu fällen), die ein **Schwert** hält, mit dem sie Gut von Böse trennt, und eine Waage (Symbol der Ausgewogenheit und der Gleichheit vor dem Gesetz). Manchmal trägt sie einen **Ölbaumzweig**, ein Füllhorn und ein Gesetzesbuch. Sie ist auch eine der Großen Arkanakarten im **Tarot**.

Barmherzigkeit *Oben*
Im Evangelium nach Matthäus werden sechs Akte der Barmherzigkeit beschrieben, die den Ausschlag geben, wer am Tag des Jüngsten Gerichts in den Himmel oder in die Hölle geht. Dazu gehört, die Hungernden zu speisen, die Dürstenden zu tränken, die Fremden zu beherbergen, die Nackten zu kleiden, die Kranken zu pflegen und die Gefangenen zu besuchen; später kam das Begraben der Toten hinzu als Zeichen des Respekts für den **Körper** als „Gottes Tempel, in dem der Geist Gottes wohnt“ (1. Korinther 3,16). Das hier gezeigte Gemälde von Caravaggio zeigt die sieben barmherzigen Taten. In der Gotik stellte man die Nächstenliebe durch alle Akte der Barmherzigkeit dar, später nur noch durch das Bekleiden der Nackten.

Attribute

Eule der Weisheit *Oben*
Heute ist die Eule ein bekanntes Symbol des Wissens, und sie wird oft (wie hier) mit ernstem Gesichtsausdruck auf einem Bücherstapel sitzend dargestellt. Die Symbolik geht auf ihre antike Bedeutung als heiliger Vogel der griechischen Göttin der Weisheit **Athene** zurück. Neuerdings deuten die Ringe um die Augen auf eine Brille und auf Gelehrsamkeit hin. So wurde sie zu einem Wahrzeichen der Optikerzunft und steht für einen scharfen Blick.

Unschuld *Unten*
Die Geschichte der *Hilflosen Lämmchen* oder der *Kinder im Wald* aus dem 16. Jahrhundert erzählt von zwei reichen Waisenkindern. Der kleine Junge und das kleine Mädchen werden nach dem Tod ihres Vaters ihrem habgierigen Onkel anvertraut, der vorhat, sie der Erbschaft wegen zu töten. Er beauftragt zwei Männer, sie im Wald umzubringen; der eine ist durch die Notlage der Kinder angerührt und tötet den anderen, doch läßt er dann die hilflosen Kinder im Stich, wodurch er sie ebenfalls zum Tode verurteilt. Gott bestraft daraufhin den Onkel und seine Handlanger mit Armut und Tod. Diese Geschichte hat eine Moral – die Warnung, daß das Böse stets bestraft wird –, wobei die Kinder gefühlsbesetzte Symbole der Unschuld, der Güte und der Wehrlosigkeit sind. In der Symbolik verkörpern Kinder stets diese tugendhaften Eigenschaften.

Sparsamkeit *Links*
Da Kinder ihr Geld darin sparen, wurden Sparschweine zu einem Symbol der Sparsamkeit. Wie auch **Schweine** langsam gemästet werden, so werden in einem Sparschwein Pfennige und anderes Kleingeld gesammelt, bis eine ordentliche Summe zusammenkommt; das verdeutlicht dem Kind den Nutzen der Sparsamkeit. Als Variante der Geldbörse, wodurch die Todsünde des Geizes verdeutlicht wurde (wie auch durch das Schwein selbst), kann das Sparschwein auch für **Habgier** stehen; das Schwein verkörpert außerdem die Todsünden der Faulheit und der Sinneslust. Weitere Symbole der Sparsamkeit sind außerdem **Biene** und **Ameise**.

Märtyrertum *Oben*
Jeanne d'Arc, die Jungfrau von Orléans, steht für Patriotismus und Märtyrertum. Sie wurde 1412 als einfaches Bauernmädchen geboren und hatte später Visionen, die ihr befahlen, Frankreich zu retten, das unter dem Hundertjährigen Krieg litt. Nachdem sie den Dauphin von ihrer Mission überzeugt hatte, führte sie die französische Armee in der Befreiungsschlacht um Orléans an; so konnte Karl VII. 1429 den Thron besteigen. Jeanne d'Arc wurde 1430 gefangen genommen, an die Engländer verkauft und 1431 als **Hexe** auf dem Scheiterhaufen verbrannt. 1920 wurde sie von der katholischen Kirche heiliggesprochen. Durch ihre Jugend, ihren Mut, ihre Überzeugung und ihren tragischen Tod wurde sie zu einem Symbol für Frankreich und darüber hinaus für glühenden Patriotismus, edles Märtyrertum und für die Aufopferung im Dienst des Vaterlandes.

Politische Embleme

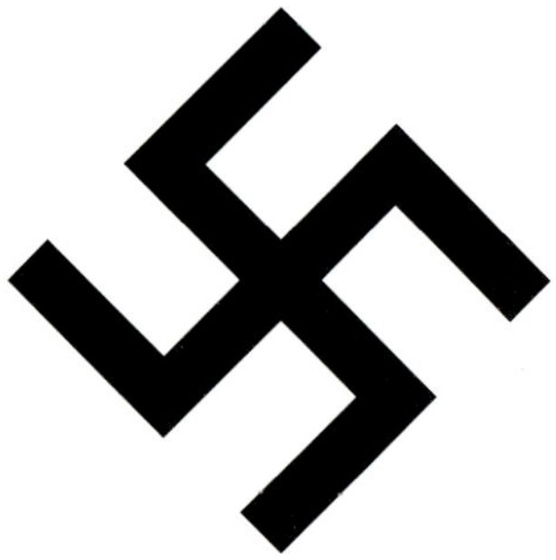

Swastika *Oben*
Heute ist die Swastika (das Hakenkreuz) untrennbar mit dem deutschen Nationalsozialismus des 20. Jahrhunderts verbunden, doch hat sie eigentlich eine antike und überwältigend positive Symbolik. Ehe sie 1919 von Hitler vereinnahmt wurde, war sie ein **Glücks**symbol. Der Name Swastika stammt von dem Sanskritwort *svasti* („wohl-") ab. Sie besteht aus vier gleichseitigen Haken, die sich um die Mitte drehen. Dreht sie sich im Uhrzeigersinn, symbolisiert sie die **Sonnen**dynamik und das Männliche; gegen den Uhrzeigersinn (Swavastika genannt) verkörpert sie den Mond und das Weibliche. Sie steht auch für die Einheit von Gegensätzen, wie männlich und weiblich, dynamisch und statisch, Anfang und Ende, **Yin** und **Yang**. Die Swastika stammt aus prähistorischen Zeiten und wurde auf der ganzen Welt gefunden, in Asien, Griechenland, Europa, Skandinavien und Amerika. Sie war ein antikes Sonnensymbol der Indogermanen (Arier), wobei die Arme den Sonnenstrahlen entsprachen, und manchmal wurde sie auf einer Sonnenscheibe abgebildet. Hitler übernahm sie als Symbol arischer Rassenüberlegenheit. Obwohl ihre wichtigste Bedeutung sich auf die Sonnenenergie bezieht, kann sie auch den Pol und die **Sterne** symbolisieren sowie die vier Himmelsrichtungen, Winde und **Jahreszeiten** (wie im Islam), die vier **Mond**phasen, den Wirbelsturm, das Lebensrad, die Schöpfungskraft und die Quadratur des **Kreises**. In Griechenland war sie ein Attribut von **Zeus** und Helios, von Hera, Ceres und Artemis. Die Kelten, Skandinavier und Teutonen betrachteten sie als Streitaxt oder Hammer **Thors**, des Gottes über Luft, **Donner** und **Blitz**. Im Buddhismus verkörpert die Swastika als Rad der Existenz eines der Acht Glücklichen Vorzeichen und eines der Zeichen der Sieben Erscheinungen. Für die Schintoisten stellt sie das Herz **Buddhas** dar. In China war sie eine frühe Version des Fang-Zeichens, das die vier Teile der Welt zeigt und für Unsterblichkeit und Unendlichkeit steht. Im **Dschainismus** weisen die vier Arme der Swastika auf die vier Ebenen von Existenz, Bewußtsein und Göttlichkeit hin, im Hinduismus ist sie ein Attribut von Vishnu, Agni, Indra, **Shiva** und **Ganesha** (Gott der Wendepunkte). In der frühen christlichen Tradition stand sie für Christus als Eckpfeiler. In der Schwarzen Magie verkörpert die gegen den Uhrzeigersinn gedrehte Swastika die Macht des Bösen.

Hammer und Sichel *Oben*
Bis vor kurzem verkörperten Hammer und Sichel vor allem in der Sowjetunion den Kommunismus. Das Symbol ist aus dem bolschewistischen Emblem von Hammer und Pflug entstanden und steht für die Allianz zwischen Proletariat (Industriearbeitern) und Bauernschaft (Landarbeitern). Nach dem Sturz des Zaren wurde 1922 der goldene Hammer mit Sichel auf rotem Feld als Emblem und Flagge der UdSSR angenommen, ein Symbol für die Macht des arbeitenden Volkes. Präsident Gorbatschow ließ das Emblem 1991 von der russischen Flagge entfernen und durch die russische Trikolore ersetzen, die in vorkommunistischen Zeiten in Gebrauch war.

Neonazismus *Oben*
Neonazistische Gruppen verwenden heute viele Varianten des Hakenkreuzes; diese Version ist das altgriechische Symbol für Fortschritt und Wettbewerb sowie für die **Sonne** (Triskele). Es ist das Abzeichen der *Afrikaaner Weerstandsbeweging* (Widerstandsbewegung der Afrikaander – AWB), einer südafrikanischen faschistischen Organisation, die dem Prinzip der Überlegenheit der weißen Rasse folgt und 1973 von Eugène Terre Blanche gegründet wurde.

Vereinte Nationen *Unten*
Die Fahne der 1945 gegründeten Vereinten Nationen spiegelt die internationale Einheit und die Förderung des weltweiten Friedens wider. Auf blauem Grund zeigt sie als Symbol der Einheit eine kartenähnliche Darstellung aller Kontinente der Erde – vom Nordpol aus gesehen. Der Globus wird von zwei gekreuzten **Ölbaumzweigen** eingerahmt, die für Frieden stehen. In Kriegsgebieten tragen die dorthin entsandten UN-Friedenstruppen und Beobachter das Emblem als Zeichen ihrer Unparteilichkeit und ihres Bemühens um den Weltfrieden.

Friedenszeichen *Oben*
Das Friedenskreuz wurde 1958 von Gerald Holtom für die CND (Campaign for Nuclear Disarmament – Kampagne für atomare Abrüstung) entworfen. In einem **Kreis** als Zeichen der Einheit stehen die Semaphorzeichen N (nuclear) und D (disarmament). Trotz seiner positiven, friedvollen Konnotation wurde das Friedenszeichen mit Anarchie assoziiert, da es während der Friedensmärsche in den 60er Jahren u. a. von den Anarchisten verwendet wurde.

Black Power *Unten*
Die schwarze geballte Faust ist das Symbol der sozialen, wirtschaftlichen und politischen Bewegung Black Power, die sich Mitte der 60er Jahre in den USA als Weiterentwicklung oder Reaktion auf die Bürgerrechtsbewegung formierte. Die Errungenschaften der Bürgerrechtsbewegung, die im Jahrzehnt zuvor bekannt geworden und immer noch aktiv war, empfanden viele Afroamerikaner als unzureichend, zu langsam und zu wenig aggressiv, um wirkliche Gleichheit zu erreichen. Black Power wurde auch von der separatistischen Black-Muslim-Bewegung beeinflußt (gegründet 1930 durch Elijah Muhammed und später von Malcolm X geführt), vom Stokeley Carmichael's Student Nonviolent Coordinating Committee (gegründet 1966) und von der radikaleren Black-Panther-Organisation aus dem gleichen Jahr. Die Black-Power-Faust verkörpert graphisch die Stärke der afroamerikanischen Gemeinschaft, die Entschlossenheit zum Erreichen ihrer Ziele und die Bereitschaft zur – wenn nötig auch gewaltsamen – Verteidigung gegen Übergriffe. Das Symbol wurde von politischen Bürgerrechtsorganisationen weltweit übernommen.

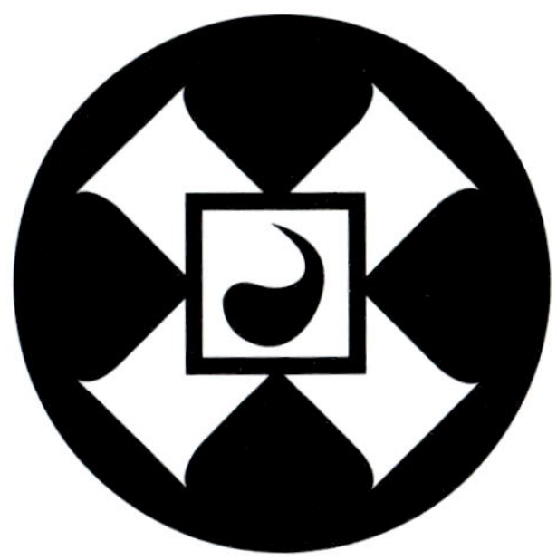

Ku-Klux-Klan *Oben*
Ein brennendes **Kreuz**, weiße Kapuzen und Kutten sowie die Initialen KKK sind die Symbole dieser Bewegung weißer Rassisten. Das abgebildete Emblem zeigt ein Kreuz mit einer Flamme in der Mitte als Symbol der Zerstörung und Reinigung. Der Ku-Klux-Klan wurde 1866 von weißen Südstaatlern gegründet, um freigelassene Sklaven einzuschüchtern und vom Wählen abzuhalten. Nach einer längeren Zeit der Ruhe wurde der Klan 1915 in Georgia wieder aktiv und breitete sich in den 1920er Jahren auch in anderen Teilen der USA aus. In den 1960er Jahren wurden seine Praktiken, wie Brandstiftung, Lynchjustiz (oft durch Hängen) und Bombenlegen zu verzweifelten Reaktionen auf die Bürgerrechtsbewegung. Damals wie heute besteht der Ku-Klux-Klan aus häufig desillusionierten Weißen, die andere ethnische Gruppen für alle sozialen Mißstände verantwortlich machen.

Esel *Oben*
Der Esel ist das Symbol der Demokratischen Partei der USA. 1828 übernahm Andrew Jackson (Präsident von 1829–1837) diese humoristische Anspielung auf seinen Spitznamen „Jackass" (Esel). Die Rolle des Maskottchens wurde durch eine Karikaturserie von Thomas Nast gestärkt, die in den 1880ern in *Harper's Weekly* erschien.

Elefant *Oben*
Seit 1874 in der amerikanischen Zeitschrift *Harper's Weekly* in einer Karikatur von Thomas Nast ein Elefant auf Inflation und Chaos herumtrampelte, symbolisiert er die Republikaner in den USA – eine Partei, die sozialen und wirtschaftlichen Konservativismus pflegt sowie Ruhe und Ordnung vertritt. Nast karikierte die republikanische Entschlossenheit, diese Prioritäten kompromißlos beizubehalten.

Anmerkung: Siehe auch ***Esel*** *und* ***Elefant*** *unter „Natursymbole".*

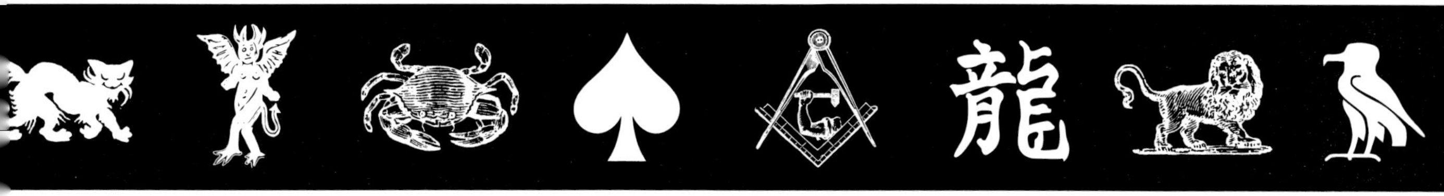

Symbole aus Magie und Okkultismus sowie Symbolsysteme

Von Anfang an zweifelten die Menschen daran, daß sich ihre Existenz in Geburt, Leben und Tod erschöpft. Vielen fällt es schwer zu glauben, daß die Menschheit keine bedeutendere Rolle in unserem Universum spielen soll, und schon früh entwickelten sich Symbole wie der kosmische Mensch. Diese Gestalt spiegelt in ihrem Körper alle Bestandteile und Eigenschaften des Universums wider.

Eine andere, sehr alte und auch heute weitverbreitete Lehre setzt den Menschen in Bezug zu den Tierkreiszeichen der Gestirne, die auf seinen gesamten Organismus einwirken und seine Persönlichkeit und sein Handeln beeinflussen sollen. Die zwölf Zeichen des westlichen Tierkreises, die jeweils durch eigene Symbole repräsentiert werden, beherrschen demnach nicht nur ihre jeweiligen zeitlichen und räumlichen Sphären, sondern auch alle Menschen, die unter ihnen geboren sind; die Zeichen des chinesischen Tierkreises haben ähnlichen Einfluß auf die unter ihnen Geborenen.

Ebenso wie der Mensch seinen Platz im kosmischen Gefüge zu finden versuchte, so bemühte er sich auch, die Kontrolle über seine Umwelt zu gewinnen und übernatürliche Mächte mit Hilfe okkulter Praktiken zu beschwören. Durch die Rituale des Satanismus soll der Teufel zur Unterstützung böser Absichten gewonnen werden, während die Anhänger des die Mutter Erde beschwörenden Wicca-Kults weniger finstere Ziele verfolgen; beide jedoch bedienen sich eines ausgeprägten Symbolismus. Auch die Alchemie, unter der oft nur der Versuch, unedle Metalle in Gold zu verwandeln, verstanden wurde, suchte eine spirituelle Antwort auf die kosmische Frage. Alchemistische Abhandlungen sind reich an Symbolik. So können die alchemistischen Zeichen, richtig kombiniert, wie ein Bauplan wirken, der zur Vollkommenheit führt. Auch die Glaubensvorstellungen und Rituale der Rosenkreuzer oder der Freimaurer sind mit diesen esoterischen Theorien verwandt. Beide Glaubensgesellschaften verwenden eine komplizierte Symbolsprache, in die Novizen erst eingeweiht werden müssen.

Es gibt zahlreiche weitere Beispiele für Symbolsysteme, die mehr verkörpern, als auf den ersten Blick sichtbar ist: Schachfiguren oder Spielkarten besitzen, jede für sich, eine spezifische Konnotation, in Kombination aber gewinnen sie eine übergeordnete Bedeutung. Die Tarotkarten und die chinesischen Hexagramme sind Weissagungssysteme, deren einzelne Bestandteile persönliche Vorstellungen repräsentieren, die in ihrem Zusammenwirken das Universum widerspiegeln. Weitere bekannte Symbolsysteme sind jene, die aus geometrischen Alphabeten bestehen, wie die ägyptischen Hieroglyphen und die griechischen und lateinischen Buchstaben. Neben ihrer Funktion als Kommunikationsmittel können sie auch grundlegendere Konzepte verkörpern.

Das folgende Kapitel liefert einen repräsentativen Querschnitt durch diese Symbolsysteme und bietet so einen Einblick in die Welt des esoterischen Symbolismus.

Linke Seite: *Goyas Gemälde* Hexensabbat *zeigt Hexen, die sich um Satan (in der Gestalt eines Ziegenbocks) versammelt haben, während Fledermäuse über ihnen kreisen. Auch wenn die dargestellten Frauen nicht dem Bild der Hexen aus der Märchen- und Sagenwelt entsprechen, so bieten sie ihrem Meister doch Kinder zum Opfer dar, was keinen Zweifel daran läßt, wem ihre Loyalität gilt.*

Hexerei und Satanismus

Hexe *Oben*
Im archetypischen Symbol erscheint die Hexe als ein altes Weib, das lange, schwarze Kleider und einen spitzen Hut trägt und auf einem Besenstiel reitet. Die ursprüngliche Bedeutung des Besenstiels ist unbekannt, möglicherweise ist er von heidnischen Phallus-Symbolen abgeleitet; im Mittelalter stand er für die Weiblichkeit. In dieser Darstellung schwingt die Hexe ihren Besenstiel, während sie auf einer Gans reitet. Die Kelten betrachteten die Gans als eine Botin der geistigen Welt und als Verkörperung der negativen Eigenschaften Falschheit und Dummheit.

Satan mit Hufen *Oben*
Der Teufel wird manchmal als Schlange, als Drachen der Apokalypse oder als Versucher des Menschen personifiziert. Diese furchterregende Darstellung, die den pferdefüßigen Teufel von einer Schlange umschlungen zeigt, unterstreicht seine zerstörerische Kraft und Gerissenheit.

Geflügelter Satan *Rechts*
Diese Darstellung des Teufels (beruhend auf Eliphas Levi's Baphomet) ist gespickt mit Symbolen. Der Teufel besitzt den **Kopf**, die Beine und die Hufe eines **Ziegen**bocks sowie die Flügel eines Todes**engels**. In der Mitte des Unterleibs befindet sich der Heroldsstab (**Caduceus**); das Hexagramm fungiert als drittes Auge. Er trägt eine dreifache **Krone** aus **Feuer** und seine Hand deutet zum Symbol des **Mondes**. Da er sowohl Hörner als auch Brüste besitzt, vereint er die männliche und weibliche Seite des Bösen.

Schwarze Messe *Unten*
Viele satanische Praktiken parodieren die heiligsten Symbole und Rituale des Christentums. Die Schwarze Messe, eine Verkehrung der christlichen Messe, verspottet Gott und preist **Satan**. Hier hebt der „Priester", der den Teufel symbolisiert, einen Kelch über den Altar, während eine Meßdienerin eine der Altar**kerzen** hält. Satanische Rituale haben unterschiedliche Inhalte, gipfeln aber meist in einer Opferhandlung.

Sukkubus/Inkubus *Nächste Seite, links oben*
Der Sukkubus ist der monströse Dämon, der den Alptraum personifiziert. Er weckt den Schlafenden, konfrontiert ihn mit der Inkarnation des Bösen und weidet sich an seinem Entsetzen. Der Sukkubus, ein weiblicher Dämon, stellt Männern nach, während der Inkubus Frauen erschreckt. Beide suchen ihre Opfer nachts heim und haben sexuelle Konnotationen. Sie symbolisieren die Bedrohung der **Unschuld**.

Familiar *Unten*

Hexen sollen Gehilfen besitzen, die ihnen bei ihren teuflischen Aufgaben zur Hand gehen. Diese Geschöpfe, die Familiare, sind häufig gehörnte und geflügelte Kobolde, können aber auch die Gestalt scheinbar gewöhnlicher Tiere annehmen. Der Hexerei bezichtigten Frauen wurde häufig unterstellt, ihr Haustier (oft eine **Katze**) sei ihr Familiar, ein verkleideter, Übles im Schilde führender Kobold.

Zauberstab *Unten*

Der Zauberstab ist das Symbol für Macht und magisches Wissen und dient zum Heraufbeschwören und zur Kontrolle übernatürlicher Kräfte. Er ist unverzichtbar bei einem magischen Ritual. Die Berührung durch einen Zauberstab kann eine schädliche oder wohltuende Wirkung haben, je nach dem Willen der Hexe oder des Zauberers.

Kröte *Rechts oben*

Die Kröte wird vor allem wegen ihrer abstoßenden Erscheinung mit Satanismus und Hexerei in Verbindung gebracht. Während in vielen Kulturen der **Frosch** als Symbol des Lebens galt, wurde der Kröte

im allgemeinen die gegenteilige Bedeutung zugeordnet – obwohl sie manchmal wie der Frosch mit dem Symbolismus des Mondes in Verbindung gebracht wurde. Als kaltblütige Amphibie, die Gift spucken soll, wenn sie sich bedroht fühlt, meidet die Kröte die Sonne und zieht feuchte, dunkle Plätze vor. Deshalb galt sie häufig als ein Geschöpf des Teufels, ein **Familiar** der Hexen und als eine jener Gestalten, die von diesen angenommen werden kann. Da sie über diabolische Weisheit verfügen soll, glaubte man, in ihrem Kopf sitze, wie bei der **Schlange**, ein Juwel (Borax), das wie ein Gegengift wirkt. Außerdem assoziierte man die Kröte im Westen mit Fleischeslust und Begehrlichkeit.

Fliegende Hexe *Rechts*

Das alte Weib, das auf dem Besenstiel zu einer Hexenversammlung fliegt, gehört zur westlichen Mystik. Sie trägt stets einen spitzen Hut und wird gewöhnlich von ihrem **Familiar** begleitet, hier dargestellt als schwarze **Katze**. Im Mittelalter galt die Hexe als Dienerin **Satans** und symbolisierte das Böse auf Erden; diese Vorstellung ist heute noch Bestandteil des Halloween-Festes.

Wicca-Kult und Weiße Magie

Kräuterfrau *Rechts*
Im Licht des **Mondes** und der **Sterne** geht die Kräutersammlerin im Wald ihrer Tätigkeit nach. Das pflanzliche Leben symbolisiert den allgemeinen Zyklus des Lebens (Geburt, Tod und Auferstehung) und ist eng mit der Großen Mutter verbunden, der universellen Göttin der Natur und der Fruchtbarkeit. Manche Kulturen Asiens und Australiens betrachteten Bäume als mythische Vorfahren, die eine pflanzliche Gestalt angenommen hatten, und glaubten, man könne ihre Weisheit anzapfen. Aufgrund ihrer traditionellen Rolle als Bereiterinnen der Nahrung besaßen viele Frauen fundiertes Wissen über die Eigenschaften von Pflanzen und ihre unterschiedlichen Verwendungsmöglichkeiten. Bestimmte Pflanzen galten in der Volksmedizin als wichtige Zutaten für heilende Zubereitungen. Manche Heilkräuter, wie Bilsenkraut, Tollkirsche und Schierling, wirken auch als Halluzinogene, die zu Bewußtseinserweiterung führen – in mittelalterlichen Vorstellungen eine magische Erfahrung. Die Menschen erhofften sich von der Kräuterfrau einfache (für sie jedoch geheimnisvolle) Hilfe bei ihren Beschwerden. Gleichzeitig war der Besitz derartiger Fähigkeiten ein zweischneidiges Schwert: Verlief die Behandlung erfolgreich, konnte sich die Kräuterfrau Respekt verschaffen, schlug sie jedoch fehl, wurde sie als Hexe gebrandmarkt.

Erda *Links*
Wie vorchristliche Kulturen, verehren auch die Anhänger des Wicca-Kults die Natur in jeder Form. Sie glauben an Reinkarnation und Magie und feiern natürliche Phänomene. Ihr Glaube wurzelt gleichermaßen in männlichen wie weiblichen göttlichen Energien. Diese modernen „weißen Hexen" bringen Erda (germanische Bezeichnung für die altnordische Erdgottheit Jörd) besondere Verehrung entgegen.

Schwarze Katze *Oben*
Während eine schwarze Katze heute eher Glück symbolisiert, galt sie traditionell als ein Symbol des Teufels, dessen Lieblingsgeschöpf sie war. Sie stand daher für das Böse und den Tod. Man glaubte, **Hexen** könnten sich in schwarze Katzen verwandeln und der Besitz eines solchen Tieres sei ein unwiderlegbarer Beweis dafür, daß ihre Eigentümerin eine Hexe war.

Diana *Unten*
Die römische Göttin Diana (Artemis) personifizierte den **Mond** und stand daher für Fruchtbarkeit. In dieser Abbildung erscheint sie als junges Mädchen, das eine Krone aus **Mistelzweigen** trägt (ein keltisches weibliches Symbol für Unsterblichkeit und Fruchtbarkeit) und eine Sichel hält (die den symbolischen Gehalt des Mondes und der Ernte in sich vereinigt). Viele Wicca-Anhänger verehren die Göttin Diana als Mondgöttin. Außerdem war sie die Schutzgöttin der wilden Tiere und der Jagd und wurde als solche durch einen **Bären** symbolisiert.

Gute Fee *Unten*
Im Märchen half die gute Fee Cinderella (Aschenbrödel), ihre Träume gegen alle Widerstände zu verwirklichen. Die volkstümliche Vorstellung gütiger Geister (hier durch eine gute Fee symbolisiert), die die Menschen gegen das Böse schützen, geht zurück auf die frühesten Kulturen und findet in den christlichen Schutzengeln ihre Entsprechung.

Alraune *Rechts*
Die Alraunwurzel der Mandragora-Staude hat eine menschenähnliche Gestalt und enthält giftige Halluzinogene. Den heidnischen Völkern galt sie als heilig, sie verkörperte die Große Mutter. In der ägyptischen und hebräischen Kultur symbolisierte sie Fruchtbarkeit und wurde zur Stimulierung einer Empfängnis verzehrt; außerdem war sie das Symbol des hebräischen Stammes der Reuben. Als Emblem der Circe, der griechischen Zauberin, schrieb man ihr die Fähigkeit der Verzauberung zu und verwendete sie für Zaubertränke. Im Mittelalter galt die Alraunwurzel als Heilmittel. Man sagte, sie würde unter Galgenbäumen aus dem Samen gehängter Männer gedeihen und schreie, wenn man sie ausreißt. Trotzdem verband man sie auch mit positiven Attributen wie Gesundheit und Wohlstand.

Magischer Kreis *Oben*
Auf diesem mittelalterlichen Holzschnitt wird der Teufel von einem Zauberer bezwungen. Von seinem magischen Kreis aus, den der Teufel nicht überschreiten kann (und der von mächtigen Symbolen wie **Kreuzen** oder **Tierkreiszeichen** umrandet ist), bannt der Magier, den **Zauberstab** in der Hand, den bösen Geist mit machtvollen Zaubersprüchen.

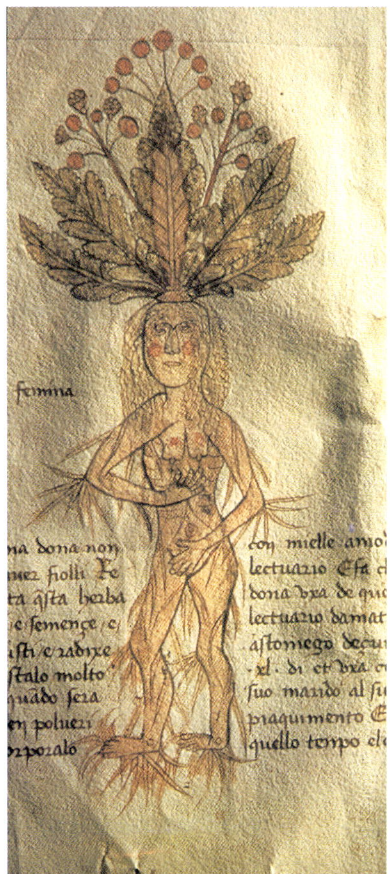

Astrologie

Astrologischer Schlüssel *Rechts*
Die Astrologie kann eine Möglichkeit sein, die spirituelle Bedeutung des **Universums** zu entschlüsseln und dadurch einen Weg zur Erkenntnis zu finden. Durch die Erforschung der Bewegungen der **Sterne** und Planeten, der **Sonne** und des **Mondes** glaubt man, das Schicksal des Menschen vorhersagen zu können. Das System der zwölf **Tierkreiszeichen** ist seit dem 2. Jahrhundert n. Chr. bekannt. Hier sind **Widder**, **Stier**, **Zwillinge**, **Krebs**, **Löwe**, **Jungfrau** und **Waage** abgebildet.

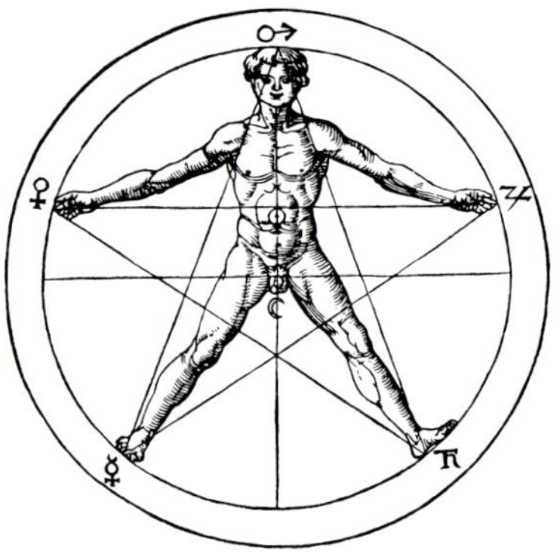

Kosmischer Mensch *Oben*
In den traditionellen Vorstellungen über die Erschaffung der Welt stand der Mensch im Zentrum des **Universums**; man glaubte, er verkörpere den Mikrokosmos im größeren Makrokosmos. Die Eigenschaften des Universums spiegeln sich daher im kosmischen Menschen wider: Sein Körper repräsentiert das Element Erde, seine Körperwärme das **Feuer**, sein Blut das **Wasser** und sein Atem die **Luft**. Sein **Kopf** steht für den Himmel, sein Bauch für das Meer und seine Beine für die Erde. In dieser mittelalterlichen Darstellung wird auch die Position der **Planeten** gezeigt; das astronomische Symbol für die **Sonne** liegt auf seinem Bauch, das des **Mondes** zwischen seinen Beinen. Auf dem **Kreis**, der ihn umschließt, erscheinen die Zeichen für **Mars**, **Jupiter**, **Saturn**, **Merkur** und **Venus** (die drei übrigen Planeten waren damals noch unbekannt). Das dem **Mandala** ähnliche Diagramm besteht aus der zentralen Gestalt des kosmischen Menschen und ist umschlossen vom Rad des Tierkreises, das unterteilt wird durch Quadranten, die die Erde und die Himmelsrichtungen bezeichnen. Darüber liegt ein Pentagramm. All diese geometrischen Formen symbolisieren Vollkommenheit. Der Bezug des kosmischen Menschen zum Pentagramm ist abgeleitet aus einer Theorie von Pythagoras, wonach die **Fünf** den Menschen als Mikrokosmos symbolisiere, und der mittelalterlichen Vorstellung, daß die Fünf spezifisch für den Menschen sei, weil er fünf Sinne und fünf Finger bzw. Zehen an jedem Gliedmaß habe und sich seine Größe wie auch seine Breite aus fünf gleichen Teilen zusammensetze. Das Bild des kosmischen Menschen ist eines der wichtigsten Zeichen in Astrologie und Alchemie.

Mensch im Tierkreis *Rechts*
Bis zum Aufkommen moderner medizinischer Diagnosetechniken glaubte man, jeder Teil des menschlichen Körpers werde von einem Sternzeichen bestimmt. Der große Makrokosmos fand seine Entsprechung im Mikrokosmos (dem Menschen) und sollte daher dessen Körper beherrschen. Diese Darstellung illustriert die angenommenen Zusammenhänge und wurde von den Ärzten des Mittelalters bei einem Diagnoseverfahren namens Melothesie (das noch heute verwendet wird) herangezogen. Da die Positionen der **Sterne** und **Planeten** den Menschen beeinflussen, sollten sie sich auch auf seine körperliche und geistige Gesundheit auswirken. Beschwerden glaubte man daher diagnostizieren zu können, indem man sein Tierkreiszeichen und sein Horoskop zu Rate zog. Wie das Diagramm zeigt, beeinflußt jedes Tierkreiszeichen bestimmte Körperteile: **Widder** Kopf und Gesicht, **Stier** Hals und Genick, **Zwillinge** Schultern, Lunge und Arme, **Krebs** Brust und Magen, **Löwe** Herz, Leber und Lunge, **Jungfrau** Magen und Darm, **Waage** Rückgrat, Nieren und Knochenmark, **Skorpion** Nieren und Genitalien, **Steinbock** Knie, Knochen und Zähne, **Wassermann** Waden, Knöchel und Blut und **Fische** schließlich Füße und Lymphdrüsen.

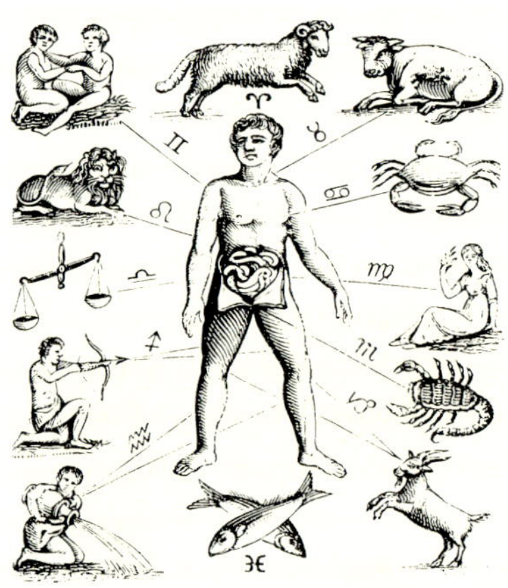

Der Tierkreis

Widder *Oben*
Der Widder ist ein männliches, kardinales **Feuer**zeichen im Haus des Mars und steht für unkontrollierte Energie. Als erstes Zeichen des Tierkreises ist er ein Symbol für die Erneuerung der schöpferischen Kraft der **Sonne**, für **Frühling** und Anfang. In der griechischen Tradition war Aries (der lateinische Name) der geflügelte Widder des Goldenen Vlieses, mit dem Phrixos und Helle vor Ino flohen. Phrixos opferte ihn **Zeus**, der sein Fell im Hain des Ares verwahrte. Widder-Geborene (21. März bis 20. April) sind mutig, aktiv und durchsetzungsfähig, können aber auch egoistisch, destruktiv und ungeduldig sein. Das astrologische Bildsymbol repräsentiert Kopf und Hörner des Widders, kann aber auch **Kopf** und Nase eines Menschen versinnbildlichen.

Stier *Oben*
Stier (Taurus) ist ein festes, weibliches Erdzeichen, das von der **Venus** regiert wird. Es symbolisiert Fruchtbarkeit, Festigkeit und Sturheit. In der griechischen Tradition verkörpert der Stier, das zweite Zeichen des Tierkreises, das Leben, da Stiere früher in Fruchtbarkeitsriten geopfert wurden. Wie der Stier gelten auch unter diesem

Zeichen Geborene (21. April bis 21. Mai) als geduldig, willensstark und ausdauernd, können aber auch zu Widerspenstigkeit und Eifersucht neigen. Das Bildsymbol zeigt entweder Kopf und Hörner des Stiers oder Hals und Kehlkopf des Menschen; ferner erinnert es an Voll- und Halb**mond** (Fruchtbarkeit).

Zwillinge *Oben*
Das dritte Zeichen des Tierkreises sind die Zwillinge (lat. Gemini), die Repräsentanten der Dualität. Als bewegliches, männliches **Luft**zeichen werden die Zwillinge von **Merkur** regiert. In der griechischen Mythologie waren Kastor und Polydeukes (Castor und Pollux) die unsterblichen Söhne von **Zeus**. Als Kastor starb, bat Polydeukes darum, auch sterben zu dürfen, und Zeus vereinte sie am Himmel. Die Zwillinge versinnbildlichen Intelligenz; zu den positiven Eigenschaften der in diesem Zeichen Geborenen (22. Mai bis 21. Juni) gehören kommunikative Fähigkeiten, Vielseitigkeit und Kompromißbereitschaft. Sie können aber auch unter Widersprüchlichkeit, Verwirrung und Unreife leiden. Im Bildsymbol der Zwillinge halten sich zwei Leute bei den Händen, ein Symbol für die Dualität von Gegensätzen (z. B. Gut und Böse, Mann und Frau). Zugleich aber verkörpert das Zeichen die Verdoppelung der Kraft, die durch Einheit erzielt wird.

Krebs *Unten*
Krebs ist ein feminines, kardinales Wasserzeichen unter dem Einfluß des **Mondes**. Diese Konstellation bewegt sich seitwärts nach Süden (ähnlich der Fortbewegung des Krebses). In der griechischen Mythologie wurde der Krebs von der Muttergöttin Hera in das Firmament gestellt. Krebs-Geborene (22. Juni bis 22. Juli) sind sensibel, traditionsbewußt und fürsorglich, können aber auch besitzergreifend, übermäßig emotional oder rechthaberisch sein. Das Bildsymbol läßt sich auf vielfache Weise interpretieren: als die Scheren des Krebses, seine Fortbewegungsart oder als Verbindung des weiblichen und männlichen Prinzips (**Yin** und **Yang**). Traditionell galt der Krebs als „Tor des Menschen" – *Janus inferni* –, durch das die Seele in den Körper gelangt.

Löwe *Oben*
Der Löwe, das fünfte Zeichen, ist ein festes, kardinales und maskulines **Feuer**zeichen, das von der **Sonne** regiert wird. **Zeus** nahm den Löwen in den Himmel auf, nachdem Herakles den nemeischen Löwen getötet hatte. Löwen-Geborene (23. Juli bis 23. August) gelten als natürliche Führer, denn sie sind tapfer, großzügig, kreativ, energisch und willensstark. Sie können aber auch zu Stolz, Eitelkeit und autoritärem Verhalten neigen. Da er von der Sonne beherrscht wird, wenn diese am stärksten strahlt, repräsentiert der Löwe das Zentrum des Lebens. Sein Bildsymbol stellt die Verbindung zwischen Gott und Mensch dar, läßt sich aber auch als Mähne oder als Anfangsbuchstabe seines griechischen Namens (*Leon*), als *Lambda* deuten.

Jungfrau *Oben*
Die Jungfrau ist ein bewegliches, weibliches **Erd**symbol und wird von **Merkur** regiert. In der griechischen Mythologie wurde Astraia, die Göttin der Unschuld und der Gerechtigkeit, in dieses Sternbild verwandelt. Man glaubte, daß Gottheiten unter diesem Zeichen geboren wurden. Das Zeichen steht für Diskriminierung, denn die Jungfrau erachtet keinen Mann als gut genug für sich. Da die Jungfrau vom Merkur regiert wird, kann sie auch den Hermaphroditen symbolisieren. Menschen, die im sechsten Tierkreiszeichen geboren sind (24. August bis 23. September), gelten als introvertiert, analytisch begabt, präzise, ordentlich und maßvoll, können aber auch überkritisch, pedantisch und nervös sein. Im Bildsymbol sah man oft Engelsflügel, eine Frau mit **Weizen**garbe, weibliche Geschlechtsorgane oder Kopf und Körper einer **Schlange**. Auch ein Monogramm der ersten drei Buchstaben des griechischen Wortes für Jungfrau – *Parthenos* (*Pi*, *Alpha* und *Rho*) – könnte man darin erkennen, oder die Initialen MV, die für **Jungfrau Maria** stehen (*Maria Virgo*).

Waage *Rechts*
Die Waage, das siebte Zeichen, ist ein männliches, kardinales **Luft**zeichen im Haus der Venus und steht für Gerechtigkeit und Harmonie. Die Waagschalen müssen immer völlig ausgewogen sein, damit nicht entweder das Gute auf der einen oder das Böse auf der anderen Seite die Oberhand gewinnt. Im antiken Griechenland sah man in dieser Konstellation die Kieferfühler des **Skorpions** oder die Waage der Gerechtigkeit, aber das moderne Zeichen leitet sich aus der Tagundnachtgleiche ab. Waage-Geborene (24. September bis 23. Oktober) können charmant, ausgeglichen und aufmerksam sein, aber auch selbstsüchtig, unentschlossen und faul. Das Symbol repräsentiert zwei Waagschalen oder die untergehende Sonne am Horizont; die untere Linie kann für die weltliche Existenz, die obere für spirituelle Kraft stehen.

Skorpion *Unten*
Der Skorpion, das achte Zeichen, ist ein festes, weibliches **Wasser**zeichen, das von **Mars** und **Pluto** regiert wird. Es steht oft für Tod. In der griechischen Mythologie wurde der prahlerische Orion vom Skorpion gestochen, den **Zeus** daraufhin unter die Sterne einreihte. Manchmal wurde der Skorpion auch von einem **Adler**, einem **Phönix** oder einer **Schlange** symbolisiert. Skorpion-Menschen (24. Oktober bis 22. November) sind entschlossen, kraftvoll und selbstdiszipliniert, aber diese positiven Eigenschaften können überschattet werden von Neid, Grausamkeit und Destruktivität. Das Symbol soll die männlichen Genitalien oder das Tier selbst darstellen.

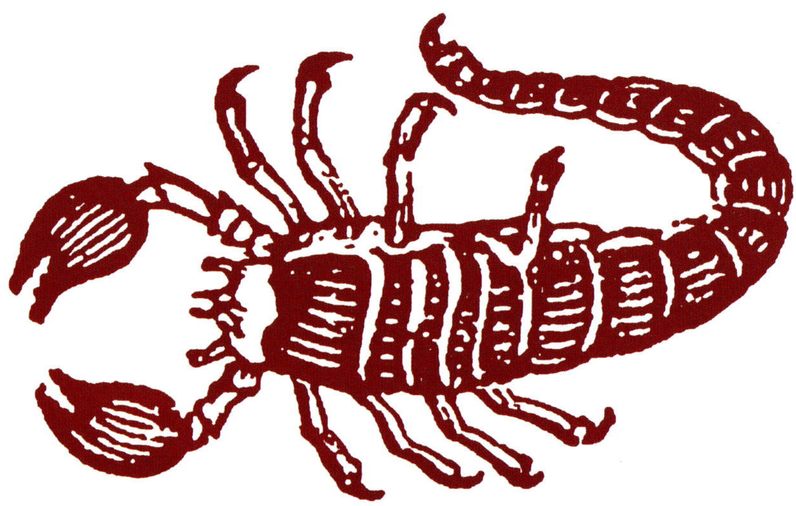

Schütze *Oben*

Der Schütze wird durch den Zentaur mit **Pfeil und Bogen** personifiziert. Er ist ein maskulines, bewegliches **Feuer**zeichen, das vom **Jupiter** regiert wird. Dieses neunte Zeichen verkörpert den perfekten Menschen, eine Verbindung aus animalischer und spiritueller Kraft und göttlichem Potential. Chiron, der unsterbliche Zentaur, der durch Herakles' vergifteten Pfeil getötet wurde, repräsentiert die tierische und geistige Natur des Menschen und steht für Kraft und Kontrolliertheit (weil der Pfeil in einem perfekten Winkel nach vorn zeigt). Der Schütze symbolisiert tiefere **Weisheit** und philosophisches Denken. Schütze-Geborene (23. November bis 21. Dezember) sind zielstrebig, optimistisch, abenteuerlich und loyal, aber auch fanatisch, unrealistisch und ungeduldig. Pfeil und Bogensehne im Bildsymbol stehen für die weltliche und zeitliche Dimension, aus der spirituelle Inspiration entstehen kann.

Steinbock *Rechts*

Das zehnte Zeichen des Tierkreises ist ein kardinales weibliches **Erd**zeichen, das vom **Saturn** regiert wird und Ordnung und Stabilität verkörpert. In der antiken Mythologie nahm Pan die Gestalt eines Bocks an, um Typhon zu entkommen, wurde halb Bock, halb Fisch und schließlich von **Zeus** zu einem Sternbild gemacht. Steinbock-Geborene (22. Dezember bis 20. Januar) sind ehrgeizig, praktisch, vorsichtig und gebildet, dies kann sich aber auch in Unnachgiebigkeit, Gefühlskälte und Selbstsucht verkehren. Das Zeichen wurde früher durch Capricornus verkörpert, den mythischen Ziegen**fisch**, und im Symbol spiegeln sich die beiden Welten dieses Fabelwesens, indem es Erde und Meer darstellt. Man kann es auch als Bockshorn oder als eingerollten Fischschwanz interpretieren. Auch die ersten Buchstaben (*Tau* und *Rho*) der griechischen Bezeichnung für Ziege (*Tragos*) kommen in Frage. Der Steinbock ist der Gott der Götter – *Janua coeli.*

Wassermann *Unten*

Der Wassermann, das elfte Zeichen, wird durch den Wasserträger symbolisiert. Er ist ein festes, maskulines **Luft**zeichen und wird von **Saturn** und **Uranus** regiert. Das **Wasser**, das er ausgießt, bedeutet Wissen, aber auch Zerstörung und Schöpfung; die Sumerer glaubten, es werde vom Himmelsgott über die Erde geschüttet. Wassermann-Geborene (21. Januar bis 19. Februar) gelten als ehrlich, gesellig, freiheitsliebend und lernbegierig; andererseits können sie auch verantwortungslos und zurückhaltend sein. Die beiden geschlängelten Linien des Bildsymbols können für das lebenspendende Wasser stehen, für das **Unbewußte**, die Flut, die das Ende eines Zyklus ankündigt, oder die **Schlange** der **Weisheit**.

Fische *Unten*

Ein Paar Fische bildet das zwölfte Zeichen, ein bewegliches, weibliches **Wasser**zeichen in den Häusern von Neptun und **Jupiter**. Im antiken Griechenland glaubte man, daß Aphrodite und Eros sich in Fische verwandelten, um Typhon zu entkommen, und dann in dieser Gestalt im Himmel verewigt wurden. Weil sie in entgegengesetzte Richtungen weisen, verkörpern die Fische sowohl Vergangenheit als auch Zukunft und das Ende des Tierkreises. Fische-Menschen (20. Februar bis 20. März) gelten als intuitiv, anpassungsfähig und sensibel, können aber auch unsicher, widersprüchlich und verträumt sein. Das astrologische Bildsymbol zeigt die beiden miteinander verbundenen Fische. Sie sollen die menschliche und die kosmische Welt symbolisieren, zwischen denen die **Erde** eine Brücke bildet, die menschliche und spirituelle Dimension, Involution und Evolution.

Der chinesische Tierkreis

Pferd *Rechts*
Im chinesischen Tierkreis verkörpert das Pferd Anmut und Leidenschaft. Da Pferde schlau sind, gelten die unter diesem Zeichen Geborenen als logisch und praxisbezogen. Das Jahr des Pferdes verheißt Abenteuer und Spannung.

虎

Tiger *Oben*
Nach chinesischer Überlieferung lud **Buddha** alle Tiere ein, mit ihm Neujahr zu feiern, aber es erschienen nur zwölf. Deshalb regte er an, je ein Jahr nach diesen treuen Geschöpfen zu benennen. Die Menschen sollen die Eigenschaften jenes Tieres teilen, in dessen Jahr sie geboren sind. Bei den Chinesen gilt der Tiger als König der Tiere, deshalb repräsentiert das dritte Zeichen des Tierkreises Mut. Menschen, die in diesem Zeichen geboren wurden, sind tapfer, wagemutig, leidenschaftlich, können aber auch aufmüpfig, rücksichtslos und unberechenbar sein. Ein Jahr des Tigers soll durch Aufruhr, diplomatische Zwischenfälle und Krieg geprägt sein, kann aber auch Wandel und neue Ideen fördern. Das astrologische Symbol wird mit Holz, **Winter** und dem Osten assoziiert, ebenso mit dem **Blitz**.

蛇

Drache *Unten*
Der Drache ist das chinesische Glückssymbol. Menschen, die im Jahr des Drachen auf die Welt kommen, hält man für charismatisch, willensstark und beschützend, sie können aber auch selbstsüchtig, intolerant und fordernd sein. Das fünfte Tier des chinesischen Tierkreises entspricht dem **Löwen** und ist mit dem Osten, der Farbe blau-grün und dem **Frühlings**regen verbunden. Das Jahr des Drachen kann zwar Rückschläge bringen, ist aber gut für Hochzeiten, finanzielle Angelegenheiten und ehrgeizige Pläne.

龍

Schlange *Links*
Menschen, die im Jahr der Schlange geboren sind – dem sechsten Zeichen des chinesischen Tierkreises – sind mit **Weisheit** gesegnet, die sich aber auch in Verschlagenheit verwandeln kann. Sie gelten als aggressiv, humorvoll und sollen heilende Kräfte besitzen, können aber auch eifersüchtig und doppelzüngig sein. In der chinesischen Astrologie entspricht die Schlange dem Süden, dem **Feuer** und dem **Frühling.** Das Jahr der Schlange ist widersprüchlich; es begünstigt geschäftliche Angelegenheiten und die Liebe, kann aber auch Skandale und Überraschungen bringen.

猴

Affe *Oben*
Der Affe ist das neunte Zeichen der chinesischen Astrologie. Menschen, die in einem Jahr des Affen geboren sind, sollen erfindungsreich, neugierig, diplomatisch und gut organisiert sein, dazu können sich aber auch die negativen Eigenschaften Faulheit, Egoismus und Verschlossenheit gesellen. Dieses Sternzeichen (die Entsprechung des **Schützen**) bezieht sich auf Metalle und den **Sommer**. Das Jahr des Affen ist eine Zeit der Phantasie und des Optimismus, eine gute Zeit für schwierige Vorhaben.

Die weiteren chinesischen Tierkreiszeichen sind Ratte, Ochse, Hase, Ziege, Hahn, Hund und Schwein.

Alchemie

Androgynie *Oben*
Merkur zählt zu den wichtigsten Symbolen der Alchemie. In ihrem Streben nach geistiger Läuterung versuchten die Alchemisten elementare Materie (*materia prima*) in Vollkommenheit zu verwandeln. Quecksilber war in diesem Prozeß ein entscheidendes Hilfsmittel, weil es zwei gegensätzliche Kräfte vereint. Die Figur des Hermaphroditen (auch als Zweigeschlechtlichkeit bezeichnet), die hier auf der **Sonne** und dem **Mond** steht, repräsentiert Flüchtigkeit.

Feuer *Unten*
Die Anhänger der Alchemie betrachteten Feuer als das zentrale Element. Es gilt als vereinigende und stabilisierende Kraft, und die meisten alchemistischen Praktiken beginnen und enden mit Feuer. Sein Symbol ist ein aufwärtszeigendes **Dreieck**, das für emporzüngelnde Flammen, für die Kraft der Sonne und das Leben steht. Feuer ist der Gegensatz zu **Wasser**.

Wasser *Rechts*
Um die Gegensätzlichkeit zum Ausdruck zu bringen, verwendete man für Wasser das umgekehrte Feuerzeichen, das einen Becher darstellen kann, der Wasser aufzunehmen bereit ist. Es ist ein **Mondsymbol**. Durch die Verbindung der beiden Symbole vereinen sich die gegensätzlichen Elemente Feuer und Wasser und erzeugen „fließendes Feuer" oder „feuriges Wasser". Die Alchemisten betrachteten dieses **Dreiecks**paar als Verkörperung von *forma* (Wesen) und *materia* (Substanz), von Geist und Seele.

Luft *Oben*
Das alchemistische Zeichen für Luft ist ein **Dreieck** mit nach oben zeigender Spitze, dessen oberer Teil von einer **waagrechten Linie** gekreuzt wird (manchmal fehlt die Spitze). Es ähnelt dem **Feuersymbol** und verkörpert passive Hitze, aus der sein Bezug zur Luft abgeleitet wurde. Die Luft steht in ständigem Gegensatz zur **Erde**.

Erde *Oben*
Das alchemistische Symbol für Erde entspricht jenem für Luft, ist jedoch umgekehrt, um den Gegensatz dieser beiden Elemente zum Ausdruck zu bringen. In Verbindung mit der **waagrechten Linie**, die das **Dreieck** schneidet (und manchmal die Spitze abtrennt) verkörpert das Erdzeichen stehendes **Wasser**, das schließlich zu Materie erstarrt.

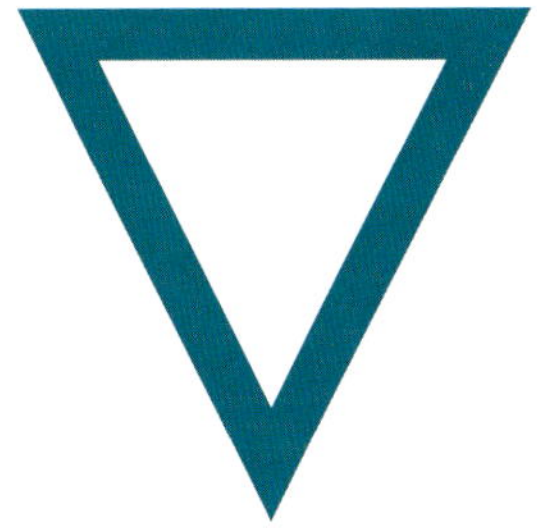

Quecksilber, Schwefel und Salz *Unten*
Der hier dargestellte dreiköpfige Drache stammt aus einer Abhandlung aus dem 17. Jahrhundert. Jedes seiner Häupter ist durch ein alchemistisches Symbol gekennzeichnet: Quecksilber steht für das Ephemere (*spiritus*), Schwefel symbolisiert feurige Energie und die Seele (*anima*), Salz repräsentiert das Körperliche (*corpus*). Diese drei „philosophischen" Elemente waren die wichtigsten Bestandteile des „Urmaterials" (*materia prima*), das, wie man hoffte, in den Stein der Weisen (*lapis philosophorum*) verwandelt werden konnte. Diese Vorstellung erstreckt sich auch auf den Makrokosmos. Der feurige, der **Sonne** verbundene Schwefel stand, so glaubte man, in grundsätzlichem Gegensatz zum flüchtigen, mondbezogenen Quecksilber, aber beide konnten durch die Alchemie versöhnt werden, und das Salz sollte für ihre Beständigkeit sorgen. Die Vereinigung dieser drei Elemente im Körper des Drachen soll darauf verweisen, daß Erfolg auf einer harmonischen, dreifaltigen Lösung beruht. Der Drache ist daher ein Symbol des Ausgleichs, der zu einer vollkommenen Einheit (*coniunctio*) führt, nach der die Menschen streben sollten.

Geheimbünde

Rosenkreuz *Unten*
Das Rosenkreuz, das die Symbole für Christi Auferstehung und Erlösung in sich vereint, war ursprünglich das Emblem der Gemeinschaft der Rosenkreuzer, einer religiösen Sekte, die 1484 gegründet wurde. Ab dem 17. Jahrhundert jedoch wurde das Rosenkreuz von einer philosophischen Geheimgesellschaft übernommen, die sich mit Mystik und Alchemie befaßte und das Rosenkreuz als das Blut deutete, das Christus am Kreuz vergossen hatte. Das Symbol steht auch für das göttliche Licht, das auf eine Welt voller Leiden und Opfer scheint sowie für Christus, die **Jungfrau Maria** und die Auferstehung.

Zirkel und Winkelmaß der Freimaurer *Rechts oben*
Die Freimaurer sind ein geheimer, international organisierter Männerbund, der zu jener Zeit entstanden sein soll, als Salomons Tempel erbaut wurde, in seiner heutigen Form aber auf das 18. Jahrhundert zurückgeht. Der Bund verbindet religiösen Symbolismus mit Symbolen des Bauens, der Handwerkskunst und des Lichts. Sein Ziel ist eine „Weltunion des Lichts", die durch Selbstverbesserung und den Bau des „Tempels der Humanität" erreicht werden soll. In den Symbolen der Gemeinschaft verbinden sich religiöse Bilder mit Werkzeugen der Bautechnik und Architektur, wie Zirkel, Kelle, Hammer und Winkelmaß. Das Zirkelpaar wird auf den Buchstaben A bezogen, der ein Symbol für Anfang ist. Weil diese Instrumente zu geometrischen Berechnungen verwendet werden, symbolisieren sie auch den schöpferischen Akt und den Geist. Gott gilt als Architekt und Bauherr des Universums. Perfekte rechte Winkel lassen sich nur mit dem Winkelmaß ziehen, das deshalb als Symbol für Aufrichtigkeit, Gesetzestreue und die Erde gilt. Zirkel wie auch Winkel sind Meßinstrumente und stehen daher für Gerechtigkeit. Zirkel und Winkelmaß spielten aber nicht nur in der Symbolik der Freimaurer eine wichtige Rolle, sondern waren auch die Embleme des chinesischen Kaisers Fu Hsi, eines großzügigen Herrschers und Erfinders. Die Instrumente verkörpern die Kunst der Geometrie und die Einheit von Himmel und Erde. Der Buchstabe G steht für Gott, Geometrie und Geomantie.

Hammer der Freimaurer *Rechts*
Wie der **Zirkel** läßt sich auch der Hammer mit dem Bauen und dem schöpferischen Akt in Verbindung bringen – im kosmischen wie im weltlichen Sinn. In Verbindung mit dem Zirkel (Geist) und dem Winkel (Rechtschaffenheit) symbolisiert der starke Arm, der den Hammer schwingt, die Kraft des Geistes, mit dessen Hilfe Vernunft erlangt wird. Der Öffnungswinkel des Zirkels verweist auf den Grad geistiger Entwicklung, und jeder Winkel hat eine bestimmte Bedeutung: 90° zum Beispiel symbolisieren geistige und materielle Harmonie. Auch die Beziehung zwischen Zirkel und Winkelmaß ist wichtig: sind sie gekreuzt (wie hier), sind Materie und Geist miteinander verbunden und ausgewogen; liegt der Zirkel über dem Winkel, beherrscht der Geist die Materie, bei der umgekehrten Position gilt das Gegenteil.

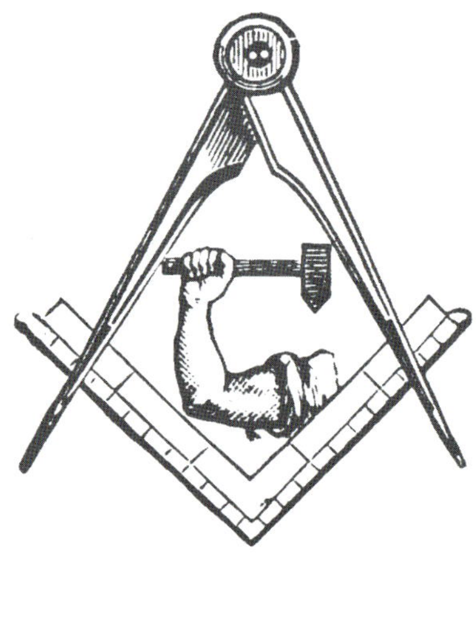

Tarot

Der Magier *Oben*
Der Magier gehört zu den 22 Großen Arkana des Tarot, eines esoterischen Weissagungssystems. Vor ihm liegen ein Kelch, **Schwerter**, ein Pentakel und ein Stab, die die vier Elemente des Lebens und die Farben des Tarot repräsentieren. In der Hand schwingt er einen **Zauberstab**, und über seinem Kopf schwebt das Zeichen für Unendlichkeit. In seinen positiven Aspekten symbolisiert der Magier Vertrauen in das Leben und Glück in Verhandlungen, in seinen negativen das Gegenteil.

Gerechtigkeit *Rechts*
Wie ihr symbolischer Widerpart als eine der vier Kardinaltugenden hat die Figur der Gerechtigkeit auch im Tarot verbundene Augen, um Vorurteile zu verhindern. In den Händen hält sie zwei gekreuzte **Schwerter**, die für geistige Erleuchtung stehen. Die Gerechtigkeit ist die achte Karte der Großen Arkana (früher war sie die elfte, bevor sie mit der Karte der Kraft den Platz tauschte). Sie verkörpert Integrität, ist ausgewogen und unvoreingenommen; in der Umkehrung symbolisiert sie falsche Entscheidungen, Vorurteile und Bestrafung.

Der Gehängte *Links*
Der Gehängte ist die zwölfte Karte der Großen Arkana. Sie hat jedoch keine so düstere Bedeutung, wie es scheinen mag. Sie zeigt einen Mann, der mit einem Bein an einem Querbalken hängt, den man als **Lebensbaum** deuten kann; sein anderes Bein ist zum Knie hin angewinkelt (was die Zahl **Vier** repräsentiert, die für Abschluß steht). In manchen Versionen fallen Münzen aus seinen Taschen – ein Symbol für die Opferung weltlicher Güter. Der Gehängte wird assoziiert mit spiritueller **Weisheit**, Weissagung, Eigenständigkeit und Selbstaufopferung, die auf geistige Läuterung zielt. Im negativen Sinn verkörpert er Mangel an Hingabe, Selbstsucht und Apathie.

Die Sonne *Rechts*
Die Sonnenkarte des Tarot bedeutet fast immer Glück und Erfolg; auch in der negativen Deutung steht sie nur für gewisse Einschränkungen des Glücks. Die Sonne ist die 19. Karte der Großen Arkana und wird von einer figürlichen

Darstellung der Sonne beherrscht. Ein Kind sitzt auf einem **Pferd** – vielfach als Sonnentier gedeutet –, manchmal aber sind auch die **Zwillinge** abgebildet, was eine vollständige Einheit symbolisiert. Auch die **Sonnenblumen** im Hintergrund sind ein Sonnensymbol.

Die Liebenden *Unten*

Die sechste Karte der Großen Arkana gab es immer in zwei Varianten. Die erste zeigt einen Mann, der zwischen zwei Frauen wählt (einer keuschen und einer lüsternen), darüber thront Cupido, der mit dem Pfeil auf sie zielt. In der zweiten treten unter den Augen einer androgynen Gottheit ein Mann und eine Frau auf; sie versinnbildlichen die Einheit von männlich und weiblich, die Voraussetzung eines vollkommenen Wesens. Die zweite Variante, die hier abgebildet ist, stellt Adam und Eva im Garten Eden dar; hinter Eva schlängelt sich die Schlange um den Baum der Erkenntnis. Die Liebenden stehen für Anziehung, schwierige Wahl und die Wichtigkeit einer richtigen Entscheidung.

As der Stäbe *Rechts oben*

Die Kleinen Arkana sind nach vier Farben oder Trümpfen unterteilt: Kelche, Münzen, **Schwerter** und Stäbe. Jede Farbe ist entweder männlich (Schwerter und Stäbe) oder weiblich (Kelche und Münzen) und verkörpert jeweils ein Element: Kelche repräsentieren die **Luft**, Schwerter das **Wasser**, Münzen die **Erde** und Stäbe das **Feuer**. Stäbe sind die erste Farbe. Das As der Stäbe symbolisiert Feuer, und die rauchende Hand, die den Stab umklammert, steht für Kraft, Schöpfung, Geburt und Fruchtbarkeit.

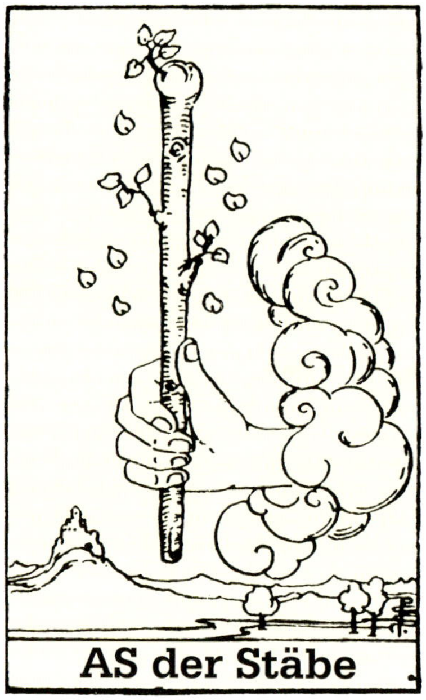

Weissagung und Spiele

Pa Kua *Rechts*

Das chinesische System Pa Kua (Trigramme) dient zur Weissagung. Die acht Trigramme sollen Kaiser Fu Hsi (etwa 2852 v. Chr.) in der Zeichnung eines Schildpatts enthüllt worden sein. Ursprünglich wurden sie mit Schafgarbenstengeln gelegt. Die Pa Kua werden im *I Ging*, dem„Buch der Wandlungen", beschrieben, wo sie um das Symbol des **Yin-Yang**-Prinzips gruppiert sind und die Elemente des **Universums** und ihr Zusammenwirken repräsentieren. Jedes Trigramm besteht aus einer unterschiedlichen Kombination dreier Linien, die entweder für das positive, aktive, männliche (Yang) oder das negative, passive und weibliche Prinzip (Yin) stehen. Die Linien können in der Mitte unterbrochen (Yin) oder durchgehend (Yang) sein. Jede repräsentiert eine persönliche Eigenschaft, einen Körperteil, eine Zeit, eine Zahl, ein Element, einen Planeten, eine Farbe, eine Richtung und ein Tier. Die acht Trigramme bilden, mit acht multipliziert, die 64 Hexagramme, mit deren Hilfe die Situation eines Menschen interpretiert wird und Aussagen über die Zukunft getroffen werden können. In einem Achteck angeordnet, werden die Trigramme gegen den Uhrzeigersinn und von oben nach unten gelesen. Hexagramme zierten oft die Kleidung weltlicher und geistlicher Führer. In der hier gezeigten Auswahl finden sich: *Ki Tsi* (Rückschläge durch die Unwissenheit Untergebener), *Ta Kuo* (gefährliche Position), *Lu* (Reisen oder Heimatlosigkeit), *Li* (die Notwendigkeit richtigen Verhaltens), *Hang* (glückliche Heirat), *Pi* (trügerische Erscheinungen), *Kwan* (Objektivität), *Yi* (Erfolg und Reisen), *Tsui* (politische Begegnung), *Kan* (militärischer Rückzug).

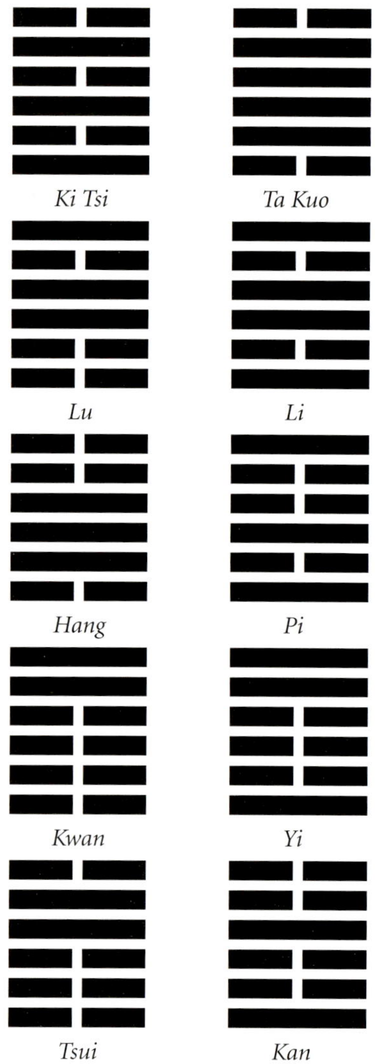

Spielkarten

Spielkarten *Rechts*
Spielkarten haben zwar eine weniger esoterische Bedeutung als die **Tarot**-Karten, sind aber ebenfalls symbolbehaftet und werden manchmal zur Weissagung verwendet. Jede Farbe hat ihre eigene Bedeutung, ebenso die 13 Karten einer Farbe. Die vier Farben verkörpern die vier Elemente der **Erde**, die Winde, **Jahreszeiten** und Himmelsrichtungen. Die 13 Karten jeder Farbe repräsentieren die 13 **Mond**monate. Zusammen bilden die Karten eine detaillierte Allegorie des Universums. Sie stehen für das Leben und für das Ringen widerstreitender Kräfte um den Sieg. Insgesamt repräsentieren die 52 Spielkarten je einen Tag des Jahres. Sie entstanden in Zentralasien, verbreiteten sich von dort nach Indien und im 14. Jahrhundert nach Europa. Im allgemeinen gelten Spielkarten als ein Attribut des Lasters und symbolisieren ein verschwendetes Leben (etwa in Darstellungen der Todsünde der Trägheit).

Pik *Oben*
Zusammen mit der schwarzen Farbe Kreuz steht die Farbe Pik – deren Bildsymbol ein Blatt (den kosmischen Baum) darstellt und damit das Leben repräsentiert – für die kalten **Jahreszeiten** Herbst und Winter und für die Kraft der Dunkelheit. Pik-Karten lassen sich mit den **Schwertern** des Tarot vergleichen; sie können Intellekt, Handeln, Luft, Schicksal und (insbesondere in Verbindung mit dem As) Tod symbolisieren. Der Pik-König wird mit **Saturn** assoziiert, die Dame mit Krieg und Pallas Athene und der Bube mit **Merkur**. In der Weissagung kann Pik auf Unglück, Krankheit und finanziellen Ruin hinweisen.

Herz *Oben*
Ebenso wie die Karos symbolisieren die roten Herzen die warmen **Jahreszeiten Frühling** und **Sommer** und spiegeln die Kraft des Lichts. Herzen stehen für das Zentrum, sowohl des Lebens als auch der Welt. Sie sind mit den Kelchen des Tarot verwandt und repräsentieren Wissen, Schöpfung, Liebe, Fruchtbarkeit. Der Herzkönig symbolisiert **Wasser** und den Neptun, die Dame Liebe und Liebesgöttinnen wie die Venus, während der Bube für den Kriegsgott Mars steht. In der Wahrsagerei bedeutet das Herz Freude.

Kreuz *Oben*
Kreuz-Karten sind schwarz und verkörpern wie die Pik-Karten **Herbst, Winter** und die Nacht; als Symbol für das männliche Prinzip stehen sie im Gegensatz zu den Karos. Wie die Stäbe des Tarot repräsentieren die Kreuze **Feuer**, Energie und Willen, aber auch Wohlstand, Arbeit und Glück. Der Kreuzkönig wird mit **Zeus** verglichen, die Dame mit Hera und der Bube mit Apollo. In der Weissagung verheißen alle Karten dieser Farbe Glück.

Karo *Unten*
Wie die Herzen symbolisieren auch die Karos Wärme und Licht. Das Karo steht für die Macht der Frau. Wie bei den anderen Farben hat jede Karte eine spezifische Bedeutung, besonders wichtig sind die Hofkarten: As repräsentiert die Ganzheit, der König den Geist und den Vater, die Dame die Seele und die Mutter, der Bube das Ego und der Joker das Ätherische. Diese Interpretationen werden bei jeder Farbe weiter vertieft: Karokönig ist der König des **Feuers**, die Dame der Brennstoff, der das Feuer speist, und der Bube ein Krieger. Karos kann man mit den Münzen des Tarot assoziieren; sie stehen für irdische Angelegenheiten, Geld, Mut und Energie. In der Weissagung deuten sie auf Boshaftigkeit und Ärger.

Schach

Mit seinen schwarzen und weißen Figuren auf dem in denselben Farben karierten Spielfeld symbolisiert das Schachspiel einen Wettkampf um die Vorherrschaft zwischen zwei widerstreitenden Kräften wie Gut und Böse, Leben und Tod, Licht und Dunkelheit, Himmel und Erde. Dieses Spiel erfordert Intelligenz und Voraussicht, daher kann es auch für universelle Vernunft stehen. Weil die Figuren nur bestimmte Züge ausführen dürfen, läßt sich das Spiel auch auf die Dynamik von Zeit und Raum beziehen.

Schach hat in den verschiedenen Kulturen eine unterschiedliche Symbolik: Die westliche Variante beruht auf der Hierarchie mittelalterlicher Königshöfe, während es in Indien das Kastenwesen widerspiegelt. Für die Chinesen steht der König im Zentrum der Welt – hier ist Schach ein Spiel um Herrschaft, ein erbitterter Kampf um die Durchsetzung der Ordnung (was zu Opfern auf beiden Seiten führt). Das runde Brett der Inder repräsentiert den Kreis des Lebens, innerhalb dessen sich der Mensch nach seinem freien Willen bewegen und untergehen oder siegen kann – genauso wie auf dem europäischen quadratischen Brett. Der König beider Farben repräsentiert die **Sonne**, das **Herz** und die oberste Herrschaft, die Dame den **Mond**, den Geist und die freie Bewegung. Der Läufer (oder **Elefant** im spanischen und arabischen

Schach) steht für geistige Herrschaft; seine diagonalen Züge symbolisieren Intellektualität auf den weißen und Hingabe auf den schwarzen Feldern. Der Springer ist ein Eingeweihter; seine L-förmigen Züge bedeuten plötzliche Intuition. Der Turm steht für vergängliche Herrschaft; seine geraden Züge lassen sich

mit dem **Quadrat**, das die Materie symbolisiert, in Verbindung bringen. Der einfache Mensch wird von den Bauern dargestellt, die mit der fast unlösbaren Aufgabe konfrontiert sind, zum achten Feld zu gelangen, um eingeweiht zu werden. In China gehört Schach zu den vier Künsten des Gelehrten.

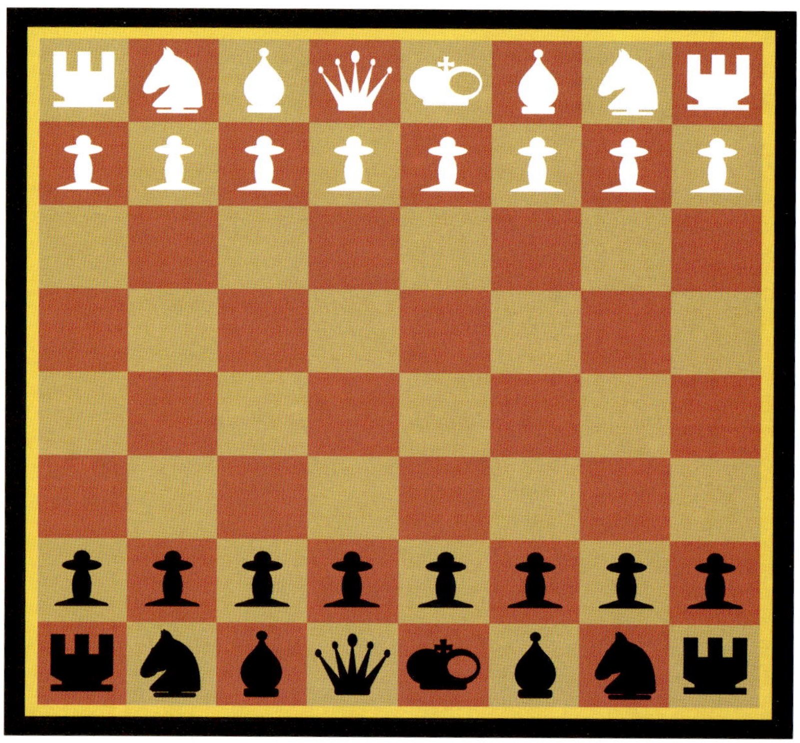

Formen

Kreis *Oben*
Dieses scheinbar einfache Zeichen ist ein universelles Symbol mit zahlreichen Bedeutungen. Der Kreis, der weder einen Anfang noch ein Ende hat, verkörpert einen unendlichen Zyklus und ist daher das wichtigste Symbol für Ewigkeit. Ferner steht er für den Kosmos, das Göttliche, Einheit, Vollkommenheit und Leben. In Ägypten versinnbildlichte der Kreis den **Sonnen**gott und symbolisierte die Gegenwart des Göttlichen. Steinkreise wie Stonehenge in England (unten) waren nach Meinung mancher Forscher Zentren der Sonnenanbetung. In manchen Interpretationen repräsentiert der Mittelpunkt eines Kreises das Zentrum der Unendlichkeit oder den Ursprung des Universums (und ist zudem ein Symbol für Sonne und Gold). Aufgrund der Ähnlichkeit mit der Sonne wurde der Kreis auch ein Zeichen des Lebens. Seine Form impliziert eine dynamische, endlose Drehbewegung, die den Kreis in Beziehung setzt zur Zeit und den ehernen kosmischen Gesetzen. Weil er der Zahl Null ähnelt, repräsentiert er auch ein Entwicklungspotential, das erst noch umgesetzt werden muß. In vielen östlichen Kulturen, auch im Islam, symbolisiert der Kreis göttliche Vollkommenheit. In China steht der weiße Kreis für **Yang**, Männlichkeit und Energie. Dem **magischen Kreis** wird in okkulten Praktiken starke Schutzwirkung beigemessen; zudem ist er ein wichtiges Meditationssymbol (s. a. **Mandalas**). In der Psychologie verkörpert der Kreis das ideale Selbst, das ein vollkommenes Gleichgewicht erlangt hat.

Spirale *Rechts*
Wie viele andere, ist auch die Spirale ein altes, stark symbolbefrachtetes Zeichen. Weil sie an die Bewegungen von **Wasser** und Wellen erinnert und ein Ideogramm für Blitz und **Donner** ist, galt sie früher als ein lebenspendendes Zeichen und als ein Kanal, durch den physische und spirituelle Energie fließt. Sie kann ein **Sonnen**- wie auch ein **Mond**symbol sein, denn sie repräsentiert die Mondphasen, aber auch das Auf- und Untergehen der Sonne und ihre regenerative Kraft. Bei den Kelten war die Spirale ein wichtiges Symbol für **Feuer**, während die meisten übrigen Kulturen sie auf das Wasser bezogen (vielleicht wegen der spiralförmigen Wölbung von **Muscheln**). Daher galt die Spirale allgemein als Fruchtbarkeitssymbol und wurde häufig mit der Gebärmutter verglichen. Wie der **Kreis** war die Spirale ein Symbol für Kontinuität und zyklische Bewegung, verkörpert aber auch Involution und Evolution: Sie beinhaltet Elemente der alten Ordnung, erstreckt sich aber ebenso in neue Bereiche und steht daher für Wandel und Entwicklung. Ihre Form läßt auch an den Wirbelwind denken, der den Atem des Lebens symbolisiert. In Bezug zum **Labyrinth** kann ihre verschlungene Form ein Geheimnis versinnbildlichen, das der Eingeweihte nur zu enträtseln vermag, wenn er den verschlungenen Pfaden folgt.

Quadrat *Nächste Seite*
Das Quadrat ist der direkte Gegensatz zum **Kreis**, in Form und Interpretation. Während der dynamische Kreis das Himmlische und Kosmische repräsentiert, steht das statische Quadrat für Materie und **Erde**. Aber aufgrund seiner vollkommen ausgewogenen Form ist das Quadrat auch ein positives Symbol. In erster Linie steht es für die Erde. Mit seinen **vier** gleich langen Seiten verkörpert es auch Stabilität – die Elemente, die **Jahreszeiten** und Himmelsrichtungen sind alle mit der Zahl Vier verbunden. Wahrscheinlich ist deshalb das Quadrat das wichtigste Hindu-Symbol: Es stellt den Anker dar, der die Ordnung des Universums aufrechterhält – eine Funktion, die man ihm auch in anderen Kulturen zuschrieb, wie in China und im

Christentum. In Ägypten bedeutete das Quadrat Vollendung. Im Osten stand es für **Yin** und Weiblichkeit. Nach Carl Gustav Jung bezieht sich die psychologische Definition des Quadrats auf die irdische Wirklichkeit und auf eine Persönlichkeit, die erst noch alle Facetten ihres Wesens in sich integrieren muß. Ferner bedeutet das Quadrat Verläßlichkeit, Ehrlichkeit und Integrität.

Dreieck *Rechts*
So wie das **Quadrat** untrennbar mit der **Vier** verbunden ist, so liegt die symbolische Bedeutung des Dreiecks in seinen **drei** Seiten. Die Drei symbolisiert eine Vielzahl von Triaden, wie etwa Geburt, Leben und Tod; Himmel, Erde und Mensch; Körper, Seele und Geist; Vater, Mutter und Kind. In Ägypten galt das Dreieck aufgrund der Verbindung von Willen, Intelligenz und Liebesfähigkeit als Symbol der menschlichen Seele. In der jüdisch-christlichen Ikonographie repräsentiert das Dreieck mit gleich langen Seiten die **Heilige Dreifaltigkeit**. Ferner steht das gleichschenklige Dreieck für den Kosmos, in dessen Mittelpunkt sich das allwissende **Auge Gottes** befindet. Zwei Dreiecke bilden das Siegel Salomons, das die Einheit der Gegensätze verkörpert; diese Form taucht auch im buddhistischen Sri-**Yantra** auf, einem komplexen Meditationssymbol. Die Stufenpyramiden der Maya repräsentierten den kosmischen Berg. Das Dreieck ist ein Symbol für **Feuer** (Männlichkeit), wenn seine Spitze nach oben zeigt; umgekehrt steht es für das gegensätzliche Element **Wasser** (Weiblichkeit). Es kann auch als Symbol für Strebsamkeit gedeutet werden, da es die Bemühung zum Ausdruck bringt, die Spitze des Dreiecks zu erklimmen, um dadurch irdische Ziele oder die Aufnahme in den Himmel zu erreichen.

Waagrechte Linie *Oben*
Wie ihr Widerpart, die senkrechte Linie, scheint die Waagrechte ein unkompliziertes Symbol zu sein. Doch diese Einfachheit trügt. In erster Linie ist sie ein Symbol für die **Erde**, den Horizont oder den Boden. Sie repräsentiert die vergängliche Welt und das rationale Denken und ist ein passives, statisches Zeichen. In China jedoch gilt sie als **Yang**-Symbol und steht für aktive, männliche Kraft. Das **Kreuz** verbindet die gegensätzlichen Elemente, die durch die Waagrechte und die Senkrechte zum Ausdruck gebracht werden, zu einem harmonischen und machtvollen Ganzen. In der Mathematik bedeutet eine kurze waagrechte Linie zwischen zwei Elementen, daß das zweite vom ersten abgerechnet wird. Die Tri- und Hexagramme des chinesischen Weissagungssystems **Pa Kua** (*I Ging*) werden aus Kombinationen waagrechter Linien gebildet.

Senkrechte Linie *Rechts*
Die Senkrechte mag als einfacher Strich erscheinen, steckt aber voller symbolischer Bedeutungen – nicht nur, weil sie unverzichtbarer Bestandteil vieler anderer geometrischer Formen ist. Man kann sie auf die Weltachse beziehen, die die **Erde** mit dem Himmel verbindet, sowie auf andere Bindeglieder zwischen höheren und tieferen Ordnungen. Sie stellt die spirituelle Ebene und die Phantasie dar. Aufgrund ihrer Ähnlichkeit mit dem Buchstaben „I" und der Zahl „1" verkörpert sie das Selbst, aber auch große Wichtigkeit und damit Autorität und absolute Macht. In der Logik bedeutet die senkrechte Linie Abgrenzung.

Mandalas und Yantras

Mandalas *Rechts*
Das Mandala (Sanskrit für „Kreis“) ist eine mystische Metapher für das Universum und das Sein und wird in Buddhismus und Hinduismus als Meditationshilfe verwendet. Das Mandala stellt ein geometrisches Kosmogramm dar, das unterschiedlich gestaltet sein kann, aber im allgemeinen auf einem **Kreis** (für das Universum) beruht, dessen Mittelpunkt die Vollkommenheit oder die tantrische Weltachse, den Weltenberg Meru, symbolisiert. Der Mittelpunkt kann auch durch Buddha oder eine andere Gottheit repräsentiert werden. Der Kreis kann ein **Quadrat** (für die **Erde**) umschließen, das manchmal an jeder der **vier** Seiten ein Eingangstor besitzt. Diese Kombinationen symbolisieren jeweils unterschiedliche Aspekte der Materie und der Energie. Das Mandala soll die schöpferische Energie bündeln. Mandalas, die häufig in der chinesischen, japanischen, tibetischen und hinduistischen Kunst auftauchen, wurden früher zur Durchführung von Initiationsriten in Klöstern auch in den Boden geritzt. Eine frühe Mandala-Form war der Tempel, dessen Bauplan aus aufeinanderfolgenden, kreisförmigen und quadratischen Ebenen besteht, wie die Stupas im indonesischen Borobudur (ca. 800 n. Chr.). Auch die Chakren des Kundalini-Yoga können durch ein Mandala versinnbildlicht werden. In der Meditation wird ihr transzendentales Potential als ein Fortschreiten von äußeren über innere Erfahrungen zu einem Zustand der Einheit erlebt. Wer schließlich das Zentrum erreicht, wird spirituelle Erfüllung finden. Alle Details eines Mandalas sollen dem Geist helfen, sich zu sammeln, bis der Mensch schließlich sein wahres Wesen erkennt. Im Osten gelten Mandalas als heilig, werden in spezifische Rituale eingebaut und können sogar selbst zum Gegenstand der Verehrung (*Puja*) werden. C. G. Jung bezeichnete das Mandala als ein archetypisches Symbol für die Suche nach Vollkommenheit – in der Psychotherapie verwendet man es, um die Selbsterkenntnis zu fördern.

Yantras *Links*
Die tantrischen Yantras (Sanskrit für „Instrument“) sind Variationen der **Mandalas**, enthalten aber keine Beschriftungen oder Darstellungen von Gottheiten. Ihre geometrischen Formen symbolisieren die Schöpfung und das Zusammenwirken von kosmischer und irdischer Welt. Am machtvollsten ist das Sri-Yantra, das aus einem **Quadrat** und konzentrischen **Kreisen** besteht, die von **neun Dreiecken** durchschnitten werden. Diese geometrischen Formen repräsentieren die männlichen bzw. weiblichen kosmischen Aspekte von **Shiva** und Shakti. Der Mittelpunkt steht für das Absolute.

Alphabete

Hieroglyphen *Oben und unten*
Das ägyptische Schriftsystem bestand aus drei Formen: der Hieroglyphen-, der hieratischen und der demotischen Schrift. Die Hieroglyphen waren die komplizierteste Schrift und wurden, da sie als heilig galten, nur von den Priestern beherrscht und bei Ritualen verwendet. Daher geriet ihre Bedeutung mit dem Niedergang des Pharaonenreiches in Vergessenheit (bis zur Entdeckung des **Rosetta-Steins**). Mehr als 900 Schriftzeichen wurden inzwischen identifiziert; meist handelt es sich um begriffliche und lautmalerische Zeichen, die Tiere und Pflanzen, aber auch von Menschen geschaffene Gegenstände bezeichnen. Die Bedeutung mancher dieser Bildsymbole läßt sich direkt erschließen, andere haben einen Lautwert. Sie können von rechts nach links, von links nach rechts und sogar von oben nach unten gelesen werden. Die unten abgebildeten Hieroglyphen bedeuten **Wasser**, Mund, geflochtener Flachs, Geier, **Schlange**, Hang, blühendes Schilfrohr, Türriegel, Tümpel und Wachtelküken.

Rosetta-Stein *Unten*
Der Basaltblock, den Napoleons Armee 1799 bei Rosetta in Nordägypten entdeckte, wurde zum wichtigsten Hilfsmittel bei der Entschlüsselung der bis dahin rätselhaften Hieroglyphen, einer Schrift, die im 5. Jahrhundert untergegangen war. Der Stein, der zur Zeit der Herrschaft von Ptolemaios V. (ca. 196 v. Chr.) bearbeitet wurde, ist mit parallelen Textspalten in Hieroglyphen, demotischer und griechischer Schrift beschrieben. Da die Gelehrten, die sich damit befaßten, Griechisch verstanden, konnten sie auch die Hieroglyphen entschlüsseln. Nach 20 Jahren harter Arbeit gelang es Jean-François Champollion 1822 schließlich, die Zeichen zu decodieren. Heute kann man den Rosetta-Stein im British Museum in London besichtigen.

Phönizisches Alphabet *Oben*
Das phönizische Alphabet, der Vorläufer der griechischen und lateinischen Schrift, entstand aus der ersten überlieferten Buchstabenschrift, der nordsemitischen Schrift. Anders als die modernen westlichen Schriften wurde sie von rechts nach links geschrieben und umfaßte nur 22 Konsonanten. Hier sind die Zeichen Beth („B“), Mem („M“), Nun („N“) und Zayin („Z“) abgebildet. Libanesische Seefahrer brachten das phönizische Alphabet in das benachbarte Griechenland, wo es durch die Buchstaben Ypsilon, Phi, Chi, Psi und Omega erweitert und zur griechischen Schrift weiterentwickelt wurde. Ein schönes Beispiel für die phönizische Schrift bietet der Moabit-Stein im Pariser Louvre; er stammt aus dem 9. Jahrhundert v. Chr. und berichtet vom Sieg Meshas, des Königs der Moabiter, über die Israeliten.

αβχδεφγηιφκλμνοπθρστυϖωξψζ

Griechisches Alphabet *Oben*
Der griechische Buchstabe Alpha entspricht dem „A“ des lateinischen Alphabets und Omega dem „Z“ (Omega bedeutet zwar nicht „Z“, aber es ist das lange „O“, das am Ende des griechischen Alphabets steht, um es von Omikron, dem kurzen „O“ zu unterscheiden). Alpha und Omega stehen daher für den Anfang und das Ende des griechischen Alphabets. Neben dieser einfachen Interpretation gibt es jedoch einen tiefergehenden christlichen Zusammenhang. In der „Offenbarung des Johannes“ spricht Gott: „Ich bin das A und das O, der Anfang und das Ende.“ Diese beiden Buchstaben wurden daher zu einem Symbol für die Unendlichkeit Gottes und werden von den Christen seit jeher als Monogramm verwendet, das sowohl Gott als auch Christus repräsentiert. In der christlichen Kunst werden Alpha und Omega oft durch einen **Adler** und eine **Eule**, einen Vogel oder **Fisch** oder als Tag und Nacht versinnbildlicht. In weltlicher Übersetzung kann man diese Buchstaben auch in einem kosmischen Sinn als den Anfang und das Ende des Kreislaufs der Zeit (oder der Dinge im allgemeinen) deuten, die durch ihr Zusammenwirken einen sich unablässig drehenden **Kreis** bilden, der alles einschließt, was im **Universum** existiert.

Lateinisches Alphabet *Rechts und Mitte*
A, B und C, die ersten drei Buchstaben des lateinischen Alphabets, werden oft zusammengezogen und als Abkürzung für das gesamte Alphabet verwendet. Häufig bezeichnet man Kinder, die eingeschult werden und Lesen und Schreiben lernen sollen, als „Abc-Schützen“.

Als Analphabetismus noch die Regel war, unterzeichneten Menschen, die ihren Namen nicht schreiben konnten, wichtige Dokumente wie Geburtsurkunden mit einem X und küßten anschließend oft das **Kreuz** als Zeichen für ihre Aufrichtigkeit. In der christlichen Ikonographie ist das X der Anfangsbuchstabe (Chi) des griechischen Namens für Christus. Es ist auch das Andreaskreuz, das Harmonie und Vollkommenheit darstellt, steht aber auch für die andere Form des Kreuzes, an das der Messias sich schlagen ließ. In der römischen Zählweise repräsentiert es die Zahl 10 (die vollkommene Zahl), während es sich in der Mathematik auf die Multiplikation bezieht, auf eine kartesische Koordinate und in der Algebra auf eine Variable in einer Funktion. Der Buchstabe X kann auch ein Identifikationszeichen sein, das eine bestimmte Stelle markiert, etwa auf einer Landkarte. Im Gegensatz zum Haken bedeutet ein X einen Fehler, während es auf Straßen- oder anderen Schildern davor warnt, daß etwas verboten ist oder gesperrt wurde. Ausdrücke wie „Mr. X“ oder „Planet X“ sind davon abgeleitet, daß X in der Algebra eine unbekannte Größe bezeichnet, und verweisen auf das Fehlen eines Namens. Aus diesem Grund (und auch als Relikt aus den Zeiten des Analphabetismus) werden Wahlzettel mit einem X angekreuzt.

Auch der Buchstabe Y hat eine tiefere Bedeutung, denn dieses gegabelte Kreuz verweist auf die Gestalt eines Menschen. In der pythagoräischen Analogie versinnbildlicht der Fuß des Y die Unschuld, während seine gegabelten Arme die schwierige Wahl symbolisieren, die jeder Mensch zu einem bestimmten Zeitpunkt seines Lebens zu treffen hat, wenn er sich entscheiden muß, ob er dem guten (rechten) oder dem schlechten (linken) Weg folgen will. Das Y-Kreuz taucht auf der Kleidung von Geistlichen und auf kirchlichen Gegenständen auf und stellt durch die hochgestreckten Arme den Todeskampf Christi am Kreuz dar, aber auch das „Erheben der Hände“, das die Unterwerfung unter den Willen Gottes zum Ausdruck bringt. Im Mittelalter wurden mit dem Y-Kreuz Diebe gebrandmarkt, da die Diebe, die neben Jesus hingerichtet wurden, an Y-förmige Kreuze geschlagen worden sein sollen. Die Alchemisten verwendeten das Y als Zeichen für **Androgynie**. In der Algebra symbolisiert *y* neben *x* und *z* eine variable oder unbekannte Größe; es ist ferner eine kartesische Koordinate, die in einer graphischen Darstellung die Werte auf der senkrechten Achse angibt.

ABCDEFGHIJKLMNOPQRSTUVWXYZ

Zahlen

Gemäß Pythagoras wird „alles nach Zahlen geordnet", und Aristoteles bezeichnete die Zahlen als „den Ursprung ... und das Wesen aller Dinge". Daher kann man die Zahlen als Hilfsmittel betrachten, die das Universum organisieren und regulieren. Obwohl jede Zahl ihre spezifische Bedeutung hat, gelten in den westlichen Kulturen die Zahlen Eins bis Zehn als die Grundlage des numerologischen Symbolismus, während im Osten die ersten zwölf Zahlen von Bedeutung sind. Zahlen bergen den Schlüssel zu den Geheimnissen des Universums in sich und sollen magische Kräfte besitzen. Obwohl sie schon vor der griechischen Antike eine wichtige Rolle spielten, befaßten sich esoterische Strömungen (wie z. B. die **Alchemie** und die Kabbala) erst nach Pythagoras mit der okkulten Bedeutung der Zahlen. Allgemein gelten gerade Zahlen als weiblich, negativ und passiv, ungerade als männlich, positiv und aktiv. Je höher die Zahl ist, desto komplexer wird ihre Bedeutung, weil sich durch Addition und Multiplikation der Primärzahlen ihr individueller Symbolgehalt verstärkt. Heute bedient man sich der Zahlen in der Onomantie, einem Wahrsagesystem, das auf der Deutung der Zahlenwerte der Buchstaben eines Namens beruht, und in der numerologischen Interpretation.

0 Die Null ist ein Sinnbild für Potential. Sie repräsentiert den Punkt, aus dem alle anderen Zahlen entspringen. Diese Bedeutung wird unterstrichen durch ihren Bezug zum Samen, dem **Ei** und der Gebärmutter, die alle in erster Linie Fruchtbarkeit symbolisieren. Da ihre Form einem **Kreis** gleicht, steht sie auch für die Ewigkeit. Sie kann aber auch Nichtsein und **Tod** bedeuten.

1 Wie der erste Buchstabe des Alphabets den Anfang und die Schöpfung repräsentiert, so steht die Zahl Eins für das Erschaffen. Da sie das mystische Zentrum bildet, ist sie die Zahl der schöpferischen Kraft oder der höchsten Gottheit und daher ein Symbol für Einheit, Ganzheit und Erleuchtung. Sie kann aber auch die Gestalt des Menschen repräsentieren. Im modernen Sprachgebrauch bezieht sich der Ausdruck, jemand sei die „Nummer eins", auf die Bedeutung eines Menschen als Individuum. In der Kabbala stellt die Eins als Sephirah *Kether* (Krone) die Inspiration dar.

2 In Verbindung mit der **Linie**, die einen Anfangs- und einen Endpunkt besitzt, symbolisiert die Zwei Ausgeglichenheit und den Fluß der Zeit. Die chinesische Numerologie beruht auf ihr, denn nach taoistischer Lehre wird der Kosmos durch zwei Kräfte bestimmt – **Yin** und **Yang** –, die sich widersprechen, aber auch ergänzen. Die Zwei repräsentiert daher die beiden Geschlechter, kann aber auch für ein leichtes Leben stehen. Auch in der westlichen Esoterik ist sie ein ambivalentes Symbol, das sich in der alchemistischen **Androgynie**, im Tierkreiszeichen **Zwillinge** und im Doppelkopf des römischen Gottes **Janus** findet. Beide Seiten müssen ausgewogen sein, um Disharmonie zu vermeiden. Nach pythagoräischer Deutung ist die Zwei das weibliche Prinzip. Als *Chokmah*, die zweite kabbalistische Sephirah, verkörpert sie die Weisheit. Das auf der Zwei beruhende binäre Zahlensystem ist heute Grundlage der Computertechnik.

3 Die Zahl Drei hat dieselbe Bedeutung wie das **Dreieck**. Sie ist eine Ganzheit, die alle Aspekte der Schöpfung repräsentiert und daher auch ein Symbol für die **Dreifaltigkeit** im Christentum und die Götterdreiheit im Hinduismus ist. Im Taoismus steht sie für die Triade aus Mensch, Himmel und Erde, und in den meisten Kulturen repräsentiert sie die Unterwelt, Erde und Himmel, Geburt, Leben und Sterben, Vergangenheit, Gegenwart und Zukunft sowie Körper, Geist und Seele. Die Drei ist die grundlegende männliche Zahl, aber da sie die Eins (das Göttliche) und die Zwei (die Dualität) in sich vereint, kann sie auch die Seele symbolisieren. In China wird die Drei mit der Geburt verbunden und mit Ende und Abschluß assoziiert. Für die Kabbalisten symbolisiert *Binah* (Verstand), die dritte Sephirah des Lebensbaums, Vitalität und Intelligenz.

4 Der Symbolgehalt der Zahl Vier entspricht jenem des vierseitigen **Quadrats**. Die Vier symbolisiert daher Ordnung, Rationalität und Symmetrie und repräsentiert weitere Vierheiten wie die Himmelsrichtungen, die **Jahreszeiten**, die Elemente und die **Mond**phasen. Wie das Quadrat ist die Vier eine feste, stabile Zahl, die sowohl für die **Erde** als auch die vier Gliedmaßen des **menschlichen Körpers** steht. Als *Chesed* (Gnade), eine der kabbalistischen Sephiroth, verkörpert die Vier die lebenspendende Kraft.

5 Nach Pythagoras ist die Fünf die Zahl des Menschen, weil der Mensch fünf Finger, Zehen und Sinne hat, sein Körper vier Gliedmaßen und einen Kopf besitzt und in fünf gleiche Teile geteilt werden kann. Die Griechen ermittelten fünf Elemente, die den Menschen bestimmen: seinen Körper, die animalische Seele, die Psyche, die Intelligenz und den göttlichen Geist. Die Fünf bezieht sich auf das Pentagramm und den „goldenen Schnitt" oder die „göttliche Proportion", die Harmonie in der Architektur schaffen soll. In der Kabbala beinhaltet der **Lebensbaum** fünf Primärzahlen, die nur durch sich selbst und 1 teilbar sind. *Geburah* (Kraft), die fünfte Sephirah, symbolisiert Pflicht und Stärke. Im Hinduismus repräsentiert diese Zahl die fünf Elemente **Feuer**, **Luft**, **Erde**, **Wasser** und Äther (Quintessenz) und ist ein Symbol des Lebens. Da sie die Zahlen zwei (**Yin**) und drei (**Yang**) verbindet, gilt die Fünf in China als Glückszahl, was auch in den fünf Annehmlichkeiten zum Ausdruck kommt: Glück, langes Leben, Freude, Wohlstand und Reichtum.

6 Die Zahl Sechs steht für Harmonie, Stabilität und Ausgewogenheit, was sich in ihrer Beziehung zum Hexagon und zum Siegel Salomons (dem **Davidstern**) spiegelt, in dem sich die

Dreiecke von **Feuer** und **Wasser** vereinen. In der Kabbala gilt die Sechs als die Zahl der Schönheit und wird durch *Tiphareth*, die sechste Sephirah, repräsentiert. In China symbolisiert sie langes Leben und himmlische Macht. Im Christentum dagegen ist sie ambivalent: Sie ist heilig, weil Gott die Erde in sechs Tagen schuf, aber die „Offenbarung" bringt sie mit dem Tier der Apokalypse, das mit der Zahl 666 bezeichnet wird, in Zusammenhang. Im Würfelspiel bedeutet die Sechs meist einen Gewinn.

7 Weil die Zahl Sieben die Drei und die Vier – Himmel bzw. Göttlichkeit und Erde bzw. Menschheit – verbindet, vereinigt sie den Makro- mit dem Mikrokosmos und symbolisiert die kosmische Ordnung. In der Bibel steht die Sieben für die Ganzheit und regiert Zeit und Raum. Die sieben „Planeten" (**Sonne**, **Mond**, **Venus**, **Merkur**, **Mars**, **Jupiter** und **Saturn**) verkörperten einst die göttliche Kraft und die Natur, beherrschten die sieben Tage der Woche und symbolisierten die sieben Himmel, die die Seele durchwandern mußte, bis ihr das ewige Leben zuteil wurde. Im Judentum spielt die Sieben eine besondere Rolle: Die Menora (Leuchter) hat sieben Arme, das neue Jahr beginnt im siebten Monat, und das Sabbatjahr findet alle sieben Jahre statt. Im Christentum hat die Sieben eine ambivalente Bedeutung, weil sie sowohl die Zahl der Todsünden als auch der Tugenden ist und außerdem für die Rache steht. Im Buddhismus werden **Buddha** sieben Embleme zugeschrieben. In Ägypten symbolisierte die Sieben das ewige Leben; es gab sieben Götter des Lichts und der Dunkelheit. Die Muslime glauben, daß es sieben Himmel und Höllen, sieben Erden, sieben Tore zum Paradies und sieben Propheten gibt, und ein Pilger muß siebenmal die Kaaba in Mekka umrunden. Die Sieben ist auch die Zahl der Hierarchien: der Regenbogen hat sieben Farben und die Tonleiter hat sieben Noten. In China ist *Qi* (sieben) das Symbol der Frau. In der Kabbala repräsentiert *Netzach*, die siebte Sephirah, den Sieg.

8 Weil sie das irdische **Quadrat** mit dem himmlischen **Kreis** verbindet, gilt die Zahl Acht, ebenso wie die Vier, als Symbol der universellen Ordnung. Dies wird z. B. im achtspeichigen Rad des **Dharma-Chakra** versinnbildlicht, in den acht **Lotus**blüten und im achtfachen Pfad des Buddhismus. In Japan ist die Acht die Zahl für Größe. Manche Götter der Hindus, wie etwa Vishnu, werden oft mit acht Armen dargestellt. Indische **Mandalas**, die auf einem Vielfachen der Acht beruhen, sind häufig eine Reflexion der spirituellen Welt auf der Erde. Auch *Hod* (Glanz), die achte Sephirah des kabbalistischen Lebensbaums, repräsentiert das kosmische Gesetz. Die Acht wird mit der Wiedergeburt assoziiert, weil sie die Summe der Zahlen Eins (das Göttliche), Drei (Seele) und Vier (Körper) darstellt. Christliche Taufbecken besitzen daher oft eine achteckige Form. Acht ist ferner die Zahl einer Person, die eingeweiht wird, die also die sieben Stadien der Prüfung durchlaufen hat und schließlich die achte Stufe, die Vervollkommnung, erreicht. Nach chinesischer Interpretation steht die Acht für Wohlstand.

9 Die Neun repräsentiert die machtvolle Verdreifachung der Triaden, der drei Welten sowie von Körper, Geist und Seele. Sie symbolisiert daher Ewigkeit, Vollkommenheit und Unzerstörbarkeit. Ihre Verbindung mit **Kreis**, **Dreieck** und **Quadrat** unterstreicht ebenfalls ihre vereinigende Kraft. Im Christentum versinnbildlicht diese Zahl Harmonie und göttliche Vollkommenheit und steht für die **Jungfrau Maria**. Im hebräischen Glauben war die Neun die Zahl der Wahrheit, während *Jesod* (Fundament), die neunte Sephirah des kabbalistischen Lebensbaums, die Entfaltungsmöglichkeiten repräsentiert. In der chinesischen Tradition war *Jiu* (neun) die Zahl für die Ewigkeit. Die indischen **Mandalas**, die auf Multiplikationen der Zahl Neun beruhen, symbolisieren das Universum.

10 Aufgrund der Verbindung der Zahlen Eins (das Göttliche) und Null (Potential) steht die Zehn für geistige Vollkommenheit und die Rückkehr zur Einheit. In Dezimalsystemen repräsentiert die Zehn einen neuen Anfang. Da sie alle vorhergehenden Zahlen enthält, ist sie darüber hinaus eine kosmische Zahl. In vielen Kulturen ist die Zehn die Zahl für Vollkommenheit, und das pythagoräische Tetrakis, das die Zahlen Eins, Zwei, Drei und Vier umfaßt, symbolisierte die geheimnisvolle göttliche Macht. Der **Lebensbaum** der Kabbala besteht aus zehn Sephiroth, die zusammen die Menschheit repräsentieren. *Malkuth* (Königreich), die zehnte Sephirah, symbolisiert dabei Denken und Handeln.

13 Im Westen verkörpert die 13 den **Tod** und gilt traditionell als Unglückszahl. Üblicherweise leitete man diese Interpretation aus dem Christentum ab: Beim Letzten Abendmahl waren 13 Personen anwesend (Jesus und seine zwölf Jünger). In Frankreich wird die 13 *le point de Judas* (Judas' Hinweis) genannt, was sich nicht nur auf Judas' Verrat an Jesus bezieht, sondern auch darauf, daß er als erster den Tisch verließ und als erster starb. In der nordischen Mythologie wurde für die zwölf Götter der Walhalla ein Bankett abgehalten; als der nicht eingeladene Loki (der Gott des Feuers) erschien, starb der „gute" Gott Baldur. Der Buchstabe „m", der 13. Buchstabe des hebräischen Alphabets, sollte Unglück bringen, weil er das „e" in *mem*, dem hebräischen Ausdruck für **Tod**, in der Mitte „gefangenhält". Heute werden Hausnummern oder Stockwerke manchmal aus Verlegenheit mit 12 ½ oder 12 A bezeichnet, und ein Freitag, der auf den 13. fällt, gilt als besonders unheilvoll. Doch bei einigen nordamerikanischen Indianerstämmen wird die 13 als heilige Zahl betrachtet, während sie im antiken Griechenland Zeus repräsentierte, den 13. und mächtigsten Gott. Der Kalender der Azteken war in Perioden zu jeweils 13 Tagen unterteilt.

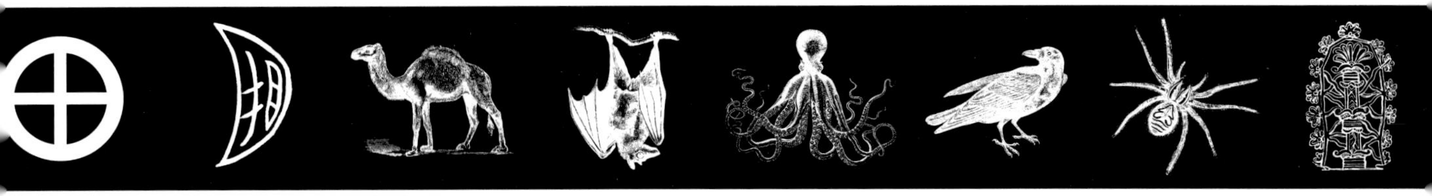

Natursymbole

Keine andere Symbolquelle wirkte inspirierender als die Natur. Die Sonne, der Mond, die Sterne und Planeten, die Flora und Fauna und natürlich der menschliche Körper sind allen Kulturen und Völkern gemein.

Seit Beginn der Menschheitsgeschichte blicken wir hinauf in den Himmel und versuchen, die Bedeutung der Gestirne zu erschließen; wir denken nach über die Pflanzen und Tiere, die uns umgeben, und wir beobachten uns gegenseitig und fragen nach dem Sinn unserer Existenz. Der Versuch, Antworten auf diese Fragen zu finden, führte dazu, daß der Natur vielfältige symbolische Bedeutungen zugeschrieben wurden, die weit mehr sind als bloßer Aberglaube. Dadurch brachte die Menschheit ihre Überzeugung zum Ausdruck, daß die Geschöpfe und Phänomene der Natur eine bestimmte Rolle im kosmischen Drama spielen und ihr individueller Symbolismus sich im Universum als ganzem widerspiegelt.

In der Interpretation der Natursymbole stehen die Vorstellungen von positiver Männlichkeit, Himmel und Licht – das von der Sonne verkörpert wird – im Gegensatz zu negativer Weiblichkeit, zu Erde und Dunkelheit, die durch den Mond symbolisiert wird. Die Tierwelt repräsentiert entweder solare oder erdhafte Kräfte, und Adler und Löwe gelten als die Hauptvertreter des Guten und der Macht des Lichts, während die Schlange die Kräfte der Dunkelheit und des Bösen symbolisiert. Auch die Farbe des Fells oder der Federn beeinflußt den Symbolgehalt eines Tieres: Ein schwarzer Rabe oder eine Krähe ist ein böses Omen, während ein Lamm die Unschuld repräsentiert.

Bäume haben eine kosmische Bedeutung. Weil sie in der Erde verwurzelt sind, aber in den Himmel aufragen, symbolisieren sie die *axis mundi*, die Erde und Himmel verbindet. Als Pflanze, die einem Zyklus unterliegt und Früchte trägt, wird der Baum auch mit dem Lebensbaum oder dem Baum der Erkenntnis assoziiert. Früchte, Blumen und Pflanzen gelten als Symbole des Überflusses und des Lebens an sich. Wie die Säugetiere, Vögel, Fische und Insekten besitzt auch jede Baumart eine zusätzliche spezifische Bedeutung, die sich im Laufe von Jahrhunderten im Rahmen der mythologischen und religiösen Vorstellungen entwickelte.

Auch den Planeten, die die Sternbilder und die irdischen Lebewesen beherrschen sollen, wurden symbolische Bedeutungen beigemessen: Jeder hat ein spezielles Zeichen, eine bestimmte Funktion und einen eigenen Einflußbereich. Der unvermeidliche Wandel der Jahreszeiten – der den ewigen Kreislauf von Leben, Tod und Wiedergeburt symbolisiert – und die Unberechenbarkeit und Rätselhaftigkeit anderer Naturphänomene riefen stets Ehrfurcht und Angst hervor. Blitz und Donner galten lange als symbolischer Ausdruck des Zorns der Götter; ein Regenbogen verkörpert noch heute Versöhnung und Hoffnung, während Wolken und Nebel Dunkelheit repräsentieren.

Auf den nachfolgenden Seiten wird deutlich, daß die Natur Vorbild und Auslöser für die reichhaltige Palette lebendiger und universeller symbolischer Bilder war und ist.

Linke Seite: *Die Seefahrer der Antike und des Mittelalters glaubten, daß in den Tiefen der Meere Ungeheuer lauerten, die ihre Schiffe zerstören und die Mannschaft auffressen wollten. Der hier dargestellte Riesenkrake hat seine Fangarme um das Schiff geschlungen, um es mit sich auf den Grund des Meeres zu ziehen. Dieses Bild verkörpert auf eindringliche Weise den Kampf irdischer oder aus dem Meer stammender Kräfte gegen den Menschen wie auch gegen die wohlwollenden himmlischen Mächte. Daß der Krake schwarze Tinte absondert, wird als Indiz für seine Verbindung zur Unterwelt gewertet.*

Der Kosmos

Die Welt draußen *Oben*
Astronomie und Astrologie faszinieren die Menschen, weil sie ihren Platz innerhalb des Makrokosmos suchen. In Anbetracht der unendlichen Weite des Alls – unserer Galaxie mit Sonne, Mond und Sternen und der Welten jenseits davon – schrumpft die Bedeutung des Menschen. Seit der Urzeit bemühen sie sich daher, ihre Bedeutung im Verhältnis zur Erde und zum All zu erkennen. Der Weltenbaum, der in der Erde verwurzelt ist und zum Himmel aufragt, sollte **Erde** und Himmel vereinen und die Weltachse symbolisieren. In mehreren philosophischen Systemen zog man Parallelen zur Vorstellung des Menschen im Universum. Der christliche Theologe Origen schrieb: „Ihr seid eine andere Welt in Miniaturausgabe … in euch sind die Sonne, der Mond und die Sterne."

Sonne *Rechts*
Die Sonne spielt in allen Weltkulturen eine große Rolle. Schon die frühesten Zivilisationen erkannten ihre kosmische, schöpferische Bedeutung, denn sie ist die Hauptquelle von Licht und Wärme, die entscheidende Kraft für die Erschaffung und Bewahrung des Lebens. Ihre aktive Energie galt als männlich und spirituell, und da sie der hellste Himmelskörper ist, hielt man sie für das Auge des Sonnengottes, des universellen Vaters; sie galt als Auge des griechisch-römischen Gottes **Zeus** (Jupiter), des ägyptischen Gottes **Horus**, des Hindugottes Varuna, des nordischen Gottes Odin (Wotan) und des islamischen Allah. Heldenhafte männliche Sonnengötter wurden von den Persern (Mithras), den Ägyptern (Re, Horus und Osiris), den Griechen (Helios/Apollo) und den Römern (Sol) angebetet. Die Inka glaubten, die Sonne sei ein göttlicher Vorfahr, und auch der ägyptische Pharao und der japanische Kaiser galten als Abkömmlinge der Sonne. Obwohl sie traditionell männlich ist, betrachteten manche Völker, vor allem in Afrika, Nordamerika, Ozeanien, Japan und Germanien, die Sonne als weibliche Gottheit. Weil sie im Osten aufund im Westen untergeht, symbolisiert sie sowohl Auferstehung als auch Tod. In manchen Kulturen vergleicht man die Sonne mit einem Wagen der Götter. Die Sonne wird mit Intelligenz und Erleuchtung assoziiert; bei den Hindus wird sie auf Brahma und Indra bezogen und repräsentiert das geistige Selbst des Menschen. In der **Alchemie** entspricht sie Intellekt und Gold, bei manchen Indianerstämmen aber gibt es auch eine schwarze Sonne, die Tod und die *prima materia* symbolisiert. Die aufgehende Sonne ist ein Symbol der Hoffnung und des Neuanfangs, während eine strahlende Sonne für Erleuchtung steht. Sie ist ein beliebtes Symbol auf Staatsflaggen (Japan, Taiwan, Philippinen und Uruguay). Auch in der Wappenkunst wird sie verwendet: die

Abbildung zeigt die „strahlende Sonne" und war das Abzeichen des englischen Königs Edward IV. Das astronomische Symbol der Sonne soll aus den ägyptischen **Hieroglyphen** abgeleitet sein und wurde schon in antiken Kulturen verwendet. In der Astrologie steht die Sonne für das spirituelle Bewußtsein und die schöpferische Energie des Menschen. Die Sonne wird auch mit einjährigen Pflanzen und dem Sonntag verbunden.

Mond *Unten*
In vielen Kulturen galt der Mond als Regulativ der Zyklen der Natur und der Zeit und als weibliches Gegenstück zur Sonne. Daher wurde er zum Symbol der Mondgottheiten. Astarte in Phönizien, Isis in Ägypten, die griechisch-römischen Göttinnen Hekate und Artemis (**Diana**) – auch als Phoebe, Cynthia, Selene und Luna bekannt, sogar die **Jungfrau Maria** – sie alle tragen als Attribut die Mondsichel. Da er meist nur nachts sichtbar ist, wurde der Mond zu einem Symbol des Dunklen und Geheimnisvollen, und man glaubte, er habe Macht über das Schicksal der Menschen.

Aufgrund seines Einflusses auf die Naturzyklen – vor allem die Gezeiten und die Menstruation – repräsentiert er **Wasser** und weibliche Fruchtbarkeit. Außerdem steht er für das **Unbewußte**. Da er zu- und abnimmt, dann für drei Tage verschwindet, bevor er wieder erscheint, ist der Mond auch ein Symbol für Leben, Tod und Wiedergeburt. Der runde Vollmond symbolisiert Vollständigkeit und Einheit, der Halbmond Tod, der abnehmende Mond dämonische Kräfte und der zunehmende Mond Wiederauferstehung, Schöpfung und Fruchtbarkeit. Meist ist der Mond weiblich, bei einigen afrikanischen, nordamerikanischen, ozeanischen und japanischen Stämmen gilt er als männliches Symbol. Viele Völker glauben, daß es im Mond einen Mann, einen Frosch oder einen Hasen gibt. In der **Alchemie** wird der Mond *(luna)* mit Silber und reinen Gefühlen verbunden. Der Halbmond ist das wichtigste Symbol des Islam und steht für Souveränität und das Göttliche. In der Astronomie wird der Mond durch den zunehmenden Halbmond dargestellt – ein Symbol, das in den ägyptischen **Hieroglyphen**, aber auch in anderen Kulturen vorkommt. Das astronomische Zeichen des Mondes bezieht sich auch auf den Montag.

Stern *Unten*
Ganz allgemein stehen Sterne für die Gegenwart des Göttlichen. Sonne und Mond sind „König" und „Königin" des Himmels, die Sterne weniger mächtige Gottheiten. Weibliche Gottheiten wie die babylonische Ischtar (deren Emblem ein achteckiger Stern ist), die phönizische Astarte, die ägyptische Isis oder die christliche **Jungfrau Maria** *(Stella Maris)* werden häufig mit einer Sternenkrone dargestellt. Weil sie den dunklen Nachthimmel erhellen, symbolisieren die Sterne – „die Augen der Nacht" – spirituelle Erleuchtung und Weisheit, aber auch das menschliche Streben. Manche Kulturen betrachten die Sterne als die Seelen der Toten. Die plötzlich auftauchenden Kometen dagegen werden meist als Unglücksboten und als Zeichen der erzürnten Sonnengottheit verstanden. Rund ein Viertel aller Staaten führt Sterne in seiner Nationalflagge.

Planetensymbole

Merkur *Oben*
In der Mythologie der alten Griechen und Römer ist Merkur (Hermes) der geflügelte Götterbote, der den Schlangenstab (**Caduceus**) bei sich trägt. Das astrologische Bildsymbol des Merkur ist daher ein Schlangenstab. Für die Alchemisten verkörperte dieses Symbol die **Androgynie** und repräsentierte das Element Quecksilber; heute symbolisiert es biologische Hermaphroditen. In der Astrologie steht es für den Intellekt.

Venus *Oben*
Der Planet Venus – der Morgenstern – ist nach der römischen Liebes- und Schönheitsgöttin benannt; das astronomische Symbol soll ihre Halskette oder ihren Spiegel darstellen. Der Querstrich im Zeichen wurde im 16. Jahrhundert hinzugefügt. Für die Alchemisten symbolisiert es Kupfer, in der Astrologie war es der Wohltäter. Das Venus-Zeichen steht auch für den Freitag und repräsentiert in der Biologie das **Weibliche**.

Erde *Oben*
Die Erde läßt sich durch zwei Symbole darstellen: durch ein **Kreuz**, das von einem **Kreis** umschlossen ist, oder einen Kreis, über dem ein Kreuz steht. Das Kreuz im Kreis soll ein altes Sonnen- oder Radkreuz sein und repräsentiert die Erde und die Zeiger des Kompasses. Das Kreuz über dem Kreis symbolisiert den Reichsapfel eines Herrschers. Beide Zeichen kamen im 16. Jahrhundert auf und symbolisieren die Weltkugel, die vom Christentum beherrscht wird.

Mars *Oben*
Der rote Planet wurde von den Römern nach ihrem Kriegsgott benannt. Sein astronomisches Symbol zeigt seinen **Schild** und **Speer**. Das Symbol steht für Dienstag. Die Alchemisten bezogen es auf Eisen, in der Astrologie repräsentiert es ein aggressives Ich. Ferner ist es das biologische Zeichen für **Männlichkeit**.

Jupiter *Oben*
Jupiter wurde als größter Planet nach dem höchsten Gott der Römer benannt. Das astronomische Symbol setzt sich aus dem Buchstaben Z (von **Zeus**) und einem Querstrich zusammen. In der Astrologie repräsentiert Jupiter die Seele, die von der Materie (Kreuz) gestützt wird. In der Alchemie steht das Symbol für Zinn, in der Biologie für mehrjährige Pflanzen, außerdem für den Donnerstag.

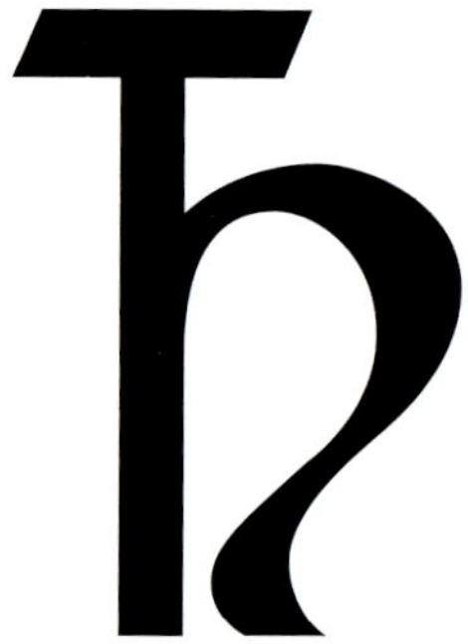

Saturn *Oben*
Der römische Gott Saturn entspricht dem griechischen Gott Kronos. Weil Saturn nur alle 29 Jahre die Sonne umrundet, ein Mensch ihn daher nur zwei- oder dreimal sehen kann, steht er für den Tod. Das astronomische Symbol zeigt Chronos' **Sichel**. Für die Astrologen symbolisiert das Zeichen die Beherrschung der Seele durch die Materie. In der Alchemie bezieht es sich auf Blei, in der Biologie auf baumähnliche Pflanzen.

Uranus *Oben*
Der Planet Uranus wurde erst 1781 von William Herschel entdeckt, der ihm den Namen des griechischen Himmelsgottes gab. Ursprünglich wurde dieser Planet von dem hier abgebildeten Zeichen symbolisiert (das auch für den Morgen steht), aber wegen der Ähnlichkeit zum Mars-Zeichen ersetzte man es durch ein Zeichen, das eine graphische Abkürzung für „Herschel-Planet" darstellt: ein planetarischer Reichsapfel, der den Buchstaben H durchschneidet.

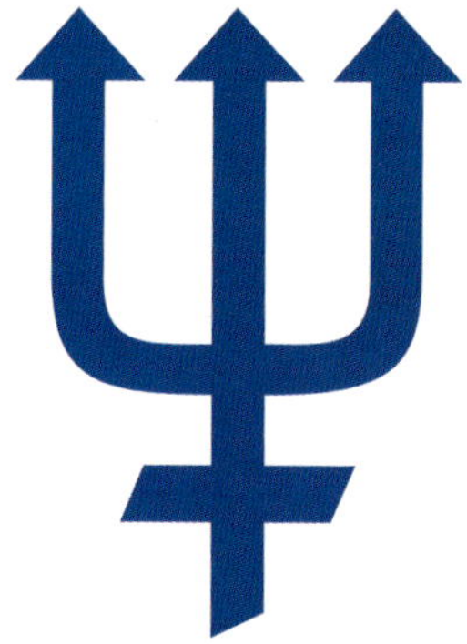

Neptun *Oben*
Trotz seines römischen Namens war der Neptun bis 1846 unbekannt, als ihn die deutschen Astronomen Johann Galle und Heinrich d'Arrest entdeckten. Ursprünglich wurde der Planet durch die Buchstaben L und V symbolisiert (nach Urbain Le Verrier, der seine Position berechnet hatte, aber bei der Entdeckung zu spät kam), heute jedoch durch den **Dreizack**. In der Astrologie steht er für den Flüchtenden, aber auch für den Idealisten.

Pluto *Unten*
Der Planet wurde nach dem griechischen Gott der Unterwelt benannt, der auch Hades hieß. Sein Symbol repräsentiert die Anfangsbuchstaben des Namens Pluto, aber auch die Initialen des amerikanischen Astronomen Percival Lowell, der 1905 als erster von seiner Existenz sprach – 25 Jahre vor seiner Entdeckung 1930. Für die Astrologen symbolisiert dieses Zeichen das Unterbewußte, Tod und Wiedergeburt.

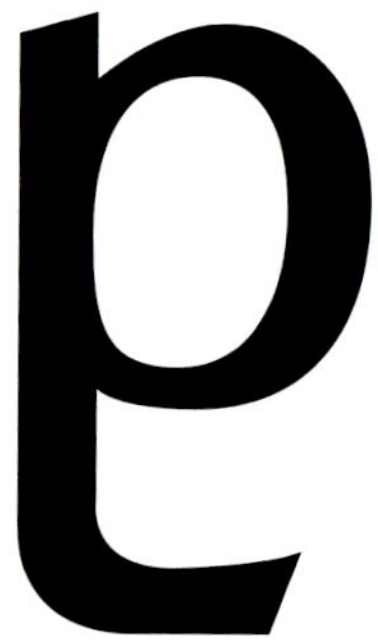

Wetter

Regen *Oben*
Der Regen ist ein universelles Symbol für die lebenspendende Kraft der Götter und für Fruchtbarkeit (die Regentropfen des Himmelsgottes befruchteten die Erde). Er steht daher für das Leben, aber auch die Reinigung – weil er vom Himmel fällt und weil er die reinigende Eigenschaft des **Wassers** besitzt. Ein Wolkenbruch läßt sich daher als der Zorn Gottes deuten, der entschlossen ist, die Welt vom Bösen zu reinigen. Der englische Ausdruck „Es regnet Katzen und Hunde" ist aus der mittelalterlichen Vorstellung abgeleitet, diese Geschöpfe seien **Familiare** der **Hexen** und besäßen die Macht, es regnen zu lassen. Hexen nahmen ihre Gestalt an, wenn sie durch die Lüfte ritten. In der nordischen Mythologie wurde Katzen Einfluß auf das Wetter zugeschrieben, während Hunde Sturmboten des Gottes Odin waren. Während Katzen den Niederschlag symbolisieren, stehen Hunde für den Wind, der den Regen begleitet.

Wolken *Mitte oben*
Wolken symbolisieren Nebelhaftigkeit, Mysteriöses, verborgene Wahrheit und Geheimnis. Der Ausdruck „unter einer Wolke leben" verweist auf eine persönliche Schmach. Weil Wolken Regen bringen können, stehen sie aber auch für den Überfluß der Natur und Fruchtbarkeit. Viele Kulturen glaubten, ihre Götter lebten in den Wolken, weil Wolken den Himmel verdunkeln. Manchmal traten die Götter hinter den Wolken hervor und zeigten sich den Menschen. Die jüdisch-christliche Überlieferung spricht davon, daß Gott sich in den Wolken vor den Augen der Menschen verbirgt, und in der christlichen Ikonographie wird Gott oft

durch eine Hand dargestellt, die aus den Wolken hervorkommt. Christus soll in einer Wolke in den Himmel aufgefahren sein, und er soll eines Tages wieder auf einer Wolke zurückkehren. Im Islam gelten Wolken als ein Symbol für das heilige Geheimnis Allahs. In China dagegen bezieht man sie auf die Wandlung, der sich die Menschen unterziehen müssen, um spirituelle Vervollkommnung zu erlangen. Das chinesische Wort für „Wolke" wird genauso ausgesprochen wie „Schicksal", daher gelten Wolken als ein **Glückssymbol**. Da sie Regen erzeugen, aber auch stabil wirken, sind sie **Yin** und **Yang** gleichermaßen und ein Zeichen der Harmonie. Da Wolken dem wollenen Fell der **Schafe** ähneln, hielten die Griechen sie für die Herde Apollos, während in der nordischen Mythologie die Walküren auf ihnen reiten.

Regenbogen *Unten*
Der flüchtige, ätherische Regenbogen mit seinem prachtvollen Farbenspektrum ist ein Symbol für die Einheit und die **Brücke** zwischen Himmel und Erde. In der nordischen Mythologie bezeichnete man ihn als *bifröst* („der zitternde Weg"), der Asgard, den Wohnsitz der Götter, mit Midgard, der Erde, verband. Im antiken Griechenland war er ein Attribut von Iris, der Götterbotin, aber auch von **Zeus** (Jupiter) und Hera (Juno), den Herrschern des Himmels. In der jüdisch-christlichen Tradition erschuf Gott den Regenbogen nach der Sintflut als Zeichen der Erlösung und seines Bundes mit der Menschheit. Im Mittelalter wurde er zu einem Emblem der **Jungfrau Maria** und verkörperte die Versöhnung. Jesus wird beim Letzten Abendmahl häufig auf einem Regenbogen thronend dargestellt, was seine himmlische Macht und seine Gnade zum Ausdruck bringen soll. Der dreifarbige Regenbogen steht für die **Dreifaltigkeit**. Im christlichen Kontext ist der Regenbogen daher in erster Linie ein Symbol der Hoffnung, in früheren Kulturen jedoch (etwa in Babylon, wo er dieböswillige Göttin Tiran-na repräsentierte)

stand der Regenbogen für den Zorn der Götter. In China symbolisiert der Regenbogen den Himmelsdrachen, der Himmel und Erde vereint, die Einheit von **Yin** und **Yang** und daher auch die Ehe. Er kann aber auch Disharmonie ankündigen. In Afrika gilt der Regenbogen oft als Himmelsschlange, die himmlische Energie zur Erde bringt. Auch Indras Bogen in den indischen Veden ist ein Regenbogen, der damit als eine Manifestation der göttlichen Macht erscheint. Sowohl Buddhisten als auch Hindus glauben, daß der Regenbogen den höchsten Bewußtseinszustand repräsentiert, bevor der Mensch das Nirwana erreicht. In der keltischen Mythologie wartet am Fuße eines jeden Regenbogens ein Goldschatz auf den glücklichen Finder; der Regenbogen repräsentiert also einen unerfüllbaren Wunschtraum.

Blitz und Donner *Oben*
Die elektrischen Entladungen, die bei einem Gewitter als grelle Blitze über den Himmel zucken, lösten bei den Menschen der Urzeit Schrecken und Entsetzen aus. Sie betrachteten Blitz und Donner als Ausdruck des Zorns der Götter. Auch in den alten Religionen galten Blitz und Donner als eine Strafe der Götter, im griechisch-römischen Pantheon gebot **Zeus** (Jupiter) über den Donnerkeil. In der nordischen Mythologie war **Thor** (Donar) der Gott des Donners und des Blitzes, dessen rollender Wagen das Donnergeräusch erzeugte und dessen Hammer (Mjöllnir) den Blitz hervorrief. In China hüllte Tien Mu, die Göttin des Blitzes, Sünder in einen hellen Strahl, um sie für Lei Kung, den Gott des Donners, sichtbar zu machen. Indra, der Gott des Gewitters in den Veden, brachte durch seinen Donnerkeil Regen, ebenso der Sturmgott Rudra. Der Donnerkeil Dorje ist ein wichtiges Symbol für Erleuchtung und Erkenntnis und befindet sich im Besitz Buddhas und des Bodhisattvas Vajrapani. Der Dorje – ein geschmückter Diamantenstab mit einer Weltkugel an jedem Ende als Symbole der Einheit von Himmel und Erde – wird bei Ritualen verwendet und repräsentiert das männliche Prinzip und die göttliche Wahrheit; mit einer Glocke kündet er von einem erleuchteten Geist. Der Blitz bedeutet daher nicht nur Bestrafung, sondern auch schöpferisches Handeln, Offenbarung und Erleuchtung. Im Schamanismus, in dem der Blitz als **Brücke** zwischen höheren und niederen Welten gilt, steht das Vom-Blitz-getroffen-werden für die Initiation, während jemand, der durch Blitzschlag stirbt, sofort in den Himmel kommt. Im Glauben der Indianer erzeugt der **Donnervogel**, die universelle Gottheit, den Blitz (durch das Aufblitzen seiner Augen) wie auch den Donner (durch den Flügelschlag). Der regenbringende Blitz ist in Asien ein Fruchtbarkeitssymbol und wird als Phallus dargestellt. Der Blitz kann durch einen **Pfeil**, einen **Dreizack**, eine Axt, einen Hammer, eine Zickzacklinie oder durch das chinesische *ju-i* und das japanische *nyoi* symbolisiert werden. Der Donner wird verschieden gedeutet: Im antiken Griechenland hielt man ihn für den Laut eines **Stiers**, in Rom für die Stimme Jupiters, in China für das Gelächter des Himmels und Geräusch des Feuers, im Buddhismus ist er der Klang des Gesetzes, und die Germanen dachten, die Götter würden Fässer über den Himmel rollen.

Nebel *Unten*
Wenn die Landschaft von Nebel eingehüllt wird, wirken vertraute Plätze plötzlich fremd und unheimlich. Einst hielt man den Nebel für die chaotische Urmaterie, aus der der „Feuernebel“ entstand, der schließlich das Universum formte und organisierte. In den meisten Kulturen ist der Nebel ein Symbol für das Unbestimmte und gilt als ein Element, das die Wahrheit verschleiert. In manchen Religionen (auch im Christentum) gilt der Nebel als ein Zeichen dafür, daß Kräfte aus einer anderen Welt am Werk sind; wenn er sich lichtet, erfolgt eine große Erleuchtung. Da er vergänglich ist, kann er den Übergang von einem Zustand in einen anderen symbolisieren – diese Bedeutung zeigt sich besonders bei den Initiationsriten verschiedener Kulturen, die davon ausgehen, daß ein Einzuweihender Dunkelheit und Nebel durchschreiten muß, bevor er zum hellen und wahren Licht der geistigen Vervollkommnung gelangen kann. Nebel kann auch Evolution versinnbildlichen, denn er wird aus den Elementen **Luft** und **Wasser** gebildet.

Jahreszeiten

Frühling

Die vier Jahreszeiten bieten Parallelen zu Zyklen, die aus vier Phasen bestehen – dem Leben, den Mondphasen und den Positionen der Sonne. Im Frühling blüht das Leben neu auf: die Pflanzen bekommen neue Triebe, die Vögel legen Eier, die Tiere erwachen aus dem Winterschlaf und der Mensch wird wieder aktiv. Der Frühling steht für die Erneuerung des Lebens und die Hoffnung. Die Christen assoziieren ihn mit der Auferstehung Christi. Im Mittelalter glaubte man, der Mensch werde von vier „Körpersäften" bestimmt, deren Verhältnis den Charakter festlege und die man auf die Jahreszeiten bezog. Der Frühling stand für die sanguine Flüssigkeit (das Blut), die Energie und Fröhlichkeit hervorbrachte. Auch das Element Luft ist auf den Frühling zu beziehen, da dieser für Freiheit und Entfaltungsmöglichkeiten steht. Im Westen wird der Frühling durch ein Lamm oder die Farbe Grün symbolisiert. Auch in China ist der Frühling grün; Pfingstrose und Kirsch-, Birnen- und Mandelblüten, aber auch der grüne **Drachen**, der über den Osten wacht, symbolisieren ihn. Auch im östlichen Mittelmeerraum gilt die Mandelblüte als Symbol des Frühlings; in Westeuropa übernehmen Osterglocken und Krokusse diese Rolle. Im menschlichen Lebenszyklus repräsentiert der Frühling die Kindheit.

Sommer

Der Sommer ist die Jahreszeit, in der die Wunder der Natur ihren Höhepunkt erreichen: Die Sonne scheint warm, die Blumen sind voll erblüht und das Getreide reift. Auch der Sommer wird einem bestimmten Element zugeordnet: dem Wasser, das Leben schafft und erhält. Der Sommer wurde durch unterschiedliche Symbole repräsentiert: Bei den Griechen und Römern symbolisierte ihn Dike (oder Demeter/Ceres), die mit einer **Ähren**krone, einer Weizengarbe und einer **Sichel** dargestellt wurde. Im mittelalterlichen Europa waren der Sonnen**drache** oder der **Löwe** und die Farbe Gelb die Embleme dieser Jahreszeit. Bei den Chinesen ist die **Lotusblume** die Blume des Sommers; auch der scharlachrote **Phönix**, der den Süden bewacht, steht für diese Jahreszeit. Im menschlichen Lebenszyklus bezeichnet der Sommer die Zeit der größten Schaffenskraft.

Herbst

Der Herbst kennt noch die Wärme des Sommers, aber an kühlen Tagen liefert er schon einen Vorgeschmack auf den Winter. Er wird mit dem dritten Abschnitt im Lebenszyklus des Menschen, der Reifephase, assoziiert. In der antiken Kunst wurde er durch Hora (oder Dionysos/Bacchus) personifiziert, der **Trauben** und ein Füllhorn bei sich trägt. Im Westen wird der Herbst durch einen Hasen repräsentiert, in China durch den weißen **Tiger** oder das Einhorn, durch die Farbe Weiß, die **Chrysantheme** und den Roten Ahorn. Man kann den Herbst mit dem Feuer vergleichen, weil das **Feuer** die Vergangenheit verzehrt und auf die Wiedergeburt vorbereitet, er läßt sich aber auch auf die Erde beziehen, weil alle Lebewesen wieder auf die Erde zurückkehren.

Winter

Der Winter bildet den Abschluß des jahreszeitlichen Zyklus. Er steht für Kälte, Winterschlaf und Tod und wird auf die vierte und letzte Lebensphase des Menschen bezogen. Er symbolisiert Hoffnungslosigkeit, Verfall, Alter und die Unausweichlichkeit des Todes. In der antiken Kunst wurde der Winter durch die barhäuptige Irene verkörpert, die neben einem kahlen Baum steht, durch Boreas (den Gott des Nordwinds) oder durch Hephaistos (Vulkan). Im Westen wurde diese Jahreszeit früher durch den kaltblütigen **Salamander** symbolisiert, oft aber auch durch einen in einen Umhang gehüllten alten Mann mit gefrorenen Haaren, durch einen Hirsch oder eine Wildgans. Bei den Chinesen sind die Pflaume, der Bambus und die Kiefer Symbole des Winters, ebenso der Wächter des Nordens, die „Schwarze-Krieger"-**Schlange**, die sich um eine **Schildkröte** schlingt.

Biologische Symbole

Männlichkeit und Weiblichkeit *Oben*
In der Biologie steht das astronomische Symbol des **Mars** (oben links) für alle männlichen Erscheinungsformen des Lebens und das Symbol der **Venus** (oben rechts) für alle weiblichen. Diese Zeichen werden seit dem 18. Jahrhundert für das Männliche und das Weibliche verwendet, als der schwedische Botaniker Carl von Linné sie einführte.

Hermaphroditismus *Oben*
Hermaphroditische Lebewesen, z. B. Würmer, werden durch zwei Zeichen symbolisiert. Das erste (links) ist das astronomische Zeichen für den Planeten **Merkur**, weil dieser antike Gott (Merkur/Hermes) als männlich wie auch als weiblich galt. Im zweiten Zeichen (rechts) mischen sich das männliche und weibliche Emblem. Hermaphroditen besitzen Fortpflanzungsorgane beider Geschlechter. In der Alchemie galt Mercurius (Quecksilber) als die vollkommene Einheit von Gegensätzen, auch des männlichen und weiblichen Prinzips.

Recycling *Mitte oben*
Dieses Bildsymbol, das aus drei Pfeilen besteht, die einen ewigen Kreis bilden, ist das moderne Zeichen für die Wiederverwertung von Material, das wiederaufbereitet werden kann. Unter dem Gesichtspunkt des Umweltschutzes werden Materialien wie Papier oder Aluminium recycelt, um die natürlichen Ressourcen nicht stärker zu belasten als notwendig. Das Symbol findet sich häufig auf Erzeugnissen aus Kunststoff, Verpackungen und Papiertüten.

Ökosymbol *Unten*
Ein Kreis, der von einem waagrechten Balken durchschnitten wird, ist vermutlich das bekannteste Ökosymbol, hat aber auch noch viele andere Bedeutungen. Im **griechischen Alphabet** repräsentiert dieses Zeichen den Buchstaben *Theta* und ist das alchemistische Symbol für **Salz**. In jüngerer Zeit tauchte es auch auf Verkehrsschildern auf, die auf ein Haltegebot oder das Ende einer Straße hinweisen. Außerdem wird das Symbol in mindestens zehn naturwissenschaftlichen Symbolsystemen verwendet (z. B. in Tierklassifikationen, wo es für das **Ei** steht). Im allgemeinen steht dieses Zeichen für Absolutheit, weshalb es wohl auch als Ökosymbol gewählt wurde; in diesem Fall jedoch wird es von ähnlichen Zeichen durch eine leichte Verengung des Mittelstücks des Balkens unterschieden.

Der menschliche Körper

Augenbraue *Oben*
Augenbrauen sind ausdrucksstark und können eine Vielzahl von Emotionen bezeichnen. Sie haben vor allem in China eine symbolische Bedeutung, wo die Lohan (die Erleuchteten) Augenbrauen besitzen, die bis zum Boden reichen. Die Brauen waren für die chinesischen Frauen, die streng beaufsichtigt wurden, auch die einzige Möglichkeit zu kommunizieren; stilisierte Augenbrauen symbolisierten daher Liebe. Im Westen gilt ein Mensch, dessen Augenbrauen über der Nase zusammengewachsen sind, oft als nicht vertrauenswürdig.

Menschlicher Körper *Rechte Seite*
Der menschliche Körper repräsentierte in vielen alten Kulturen den Kosmos und das Leben und vereinte die verschiedenen Stadien der Schöpfung in sich. Die Götter wurden oft in Menschengestalt dargestellt, und die Figur des „universellen Menschen" steht für die Bestandteile des Universums: Der **Kopf** ist der Himmel, der Atem die **Luft**, der Bauch das Meer und die Beine die Erde. In China betrachtete man den menschlichen Körper als **Yin** und **Yang**, als etwas, das sich im Gleichgewicht befand. Die kosmische Zahl für den Menschen ist die **Fünf**, weil er fünf Sinne hat, je fünf Finger und Zehen an den Gliedmaßen besitzt und sich seine Größe und Breite in fünf gleiche Teile dividieren lassen; der **„kosmische Mensch"** wird daher in Form eines Pentagramms dargestellt. Der menschliche Körper ist Mikro- wie auch Makrokosmos: Er repräsentiert das Universum, aber jedes Individuum hat

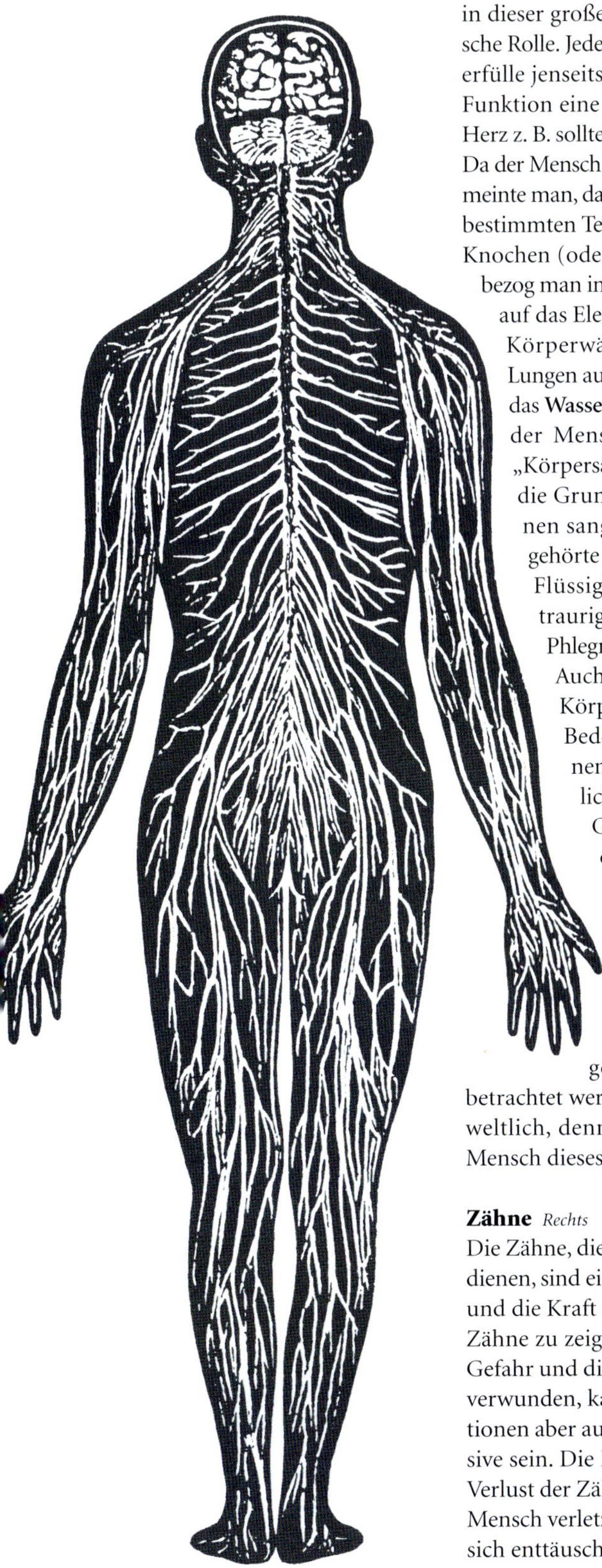

in dieser großen Ordnung seine spezifische Rolle. Jeder Körperteil, glaubte man, erfülle jenseits seiner rein biologischen Funktion eine bestimmte Aufgabe: Das Herz z. B. sollte die Gefühle beherbergen. Da der Mensch als kosmisches Wesen galt, meinte man, daß jedes **Sternzeichen** einen bestimmten Teil des Körpers regiere. Die Knochen (oder den Körper als Ganzes) bezog man im mittelalterlichen Denken auf das Element **Erde**, den Kopf (die Körperwärme) auf das **Feuer**, die Lungen auf die **Luft** und das Blut auf das **Wasser**. Außerdem glaubte man, der Mensch werde von den vier „Körpersäften" bestimmt: Blut war die Grundlage der energiegeladenen sanguinen Flüssigkeit; Galle gehörte zur feurigen, cholerischen Flüssigkeit, schwarze Galle zur traurigen, melancholischen und Phlegma zur ruhigen Flüssigkeit. Auch in China maß man allen Körperteilen eine symbolische Bedeutung bei. Viele Religionen betrachten den menschlichen Körper als einen von Gott geschaffenen „Tempel" der Seele, dessen Aufgabe darin besteht, den Willen Gottes auszuführen und eine Verbindung zwischen Himmel und Erde herzustellen. Obwohl der menschliche Körper als göttliche Schöpfung betrachtet werden kann, ist er auch sehr weltlich, denn häufig mißbraucht der Mensch dieses göttliche Geschenk.

Zähne *Rechts*

Die Zähne, die zum Kauen der Nahrung dienen, sind ein Symbol für Aggressivität und die Kraft der Tiere. „Jemandem die Zähne zu zeigen" bedeutet Bedrohung, Gefahr und die Absicht, den anderen zu verwunden, kann in bestimmten Situationen aber auch ein Zeichen für Defensive sein. Die Psychoanalyse deutet den Verlust der Zähne dahingehend, daß ein Mensch verletzbar und schutzlos ist und sich enttäuscht und hilflos fühlt.

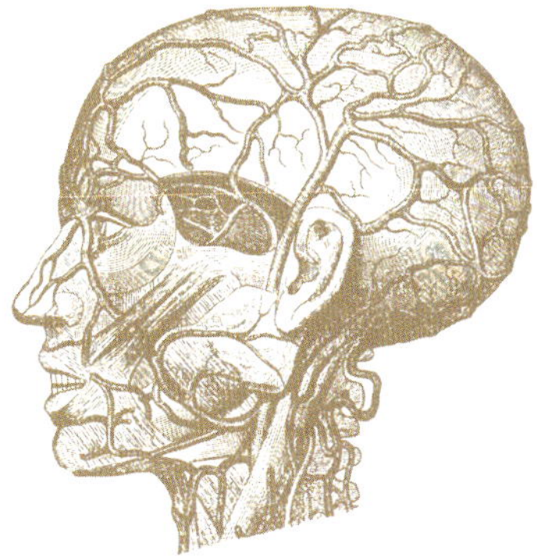

Kopf *Oben*

In den meisten Kulturen symbolisiert der Kopf den wichtigsten Teil des menschlichen Körpers und steht für die Lebenskraft und das höhere Selbst, denn er beinhaltet das Gehirn, das Werkzeug des Verstandes und der sozialen Fähigkeiten, die den Menschen vom Tier unterscheiden. Genauso wichtig sind die Augen, die Nase, die Ohren und der Mund, die für das Sehen, Riechen, Hören und Sprechen zuständig sind. Wegen der herausragenden Bedeutung dieses Körperteils glaubten die Kopfjäger, durch den Besitz der Häupter ihrer Opfer würde auch deren Lebenskraft auf sie übergehen. Zeichen der Autorität und Herrschaft, wie z. B. **Kronen**, werden bezeichnenderweise auf dem Kopf getragen, was die Bedeutung dieses Körperteils unterstreicht. Den Kopf zu beugen bedeutet Unterwerfung unter einen Höherrangigen, sich den Kopf scheren zu lassen ist ein Zeichen der Buße. Da der Kopf das Verhalten des Körpers steuert, verband man ihn im Mittelalter mit dem Element **Feuer**, denn beide können sowohl schöpferisch als auch zerstörerisch sein. Der Kopf ist daher ein Symbol des Lebens, der Seele, der Weisheit und der Herrschaft.

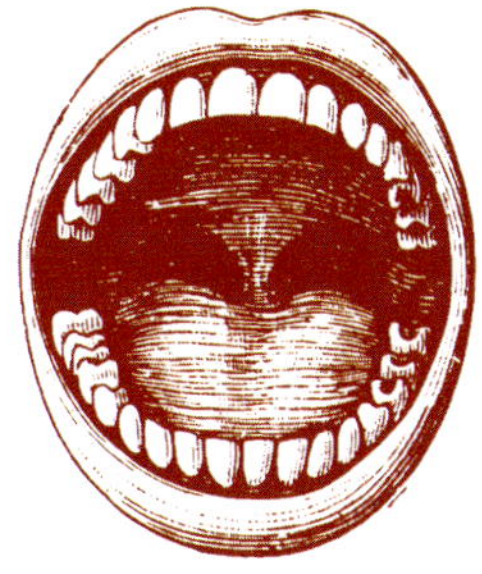

Wilde Tiere

Löwe *Oben*
Der majestätische Löwe gilt als König der Tiere. Viele Königshäuser schmücken sich mit ihm. Dem Löwen werden viele Tugenden zugeschrieben, wie Kraft, Siegeswillen, Tapferkeit, **Weisheit**, Stolz, Autorität und Mut. Aufgrund seiner eindrucksvollen Erscheinung, seiner Mähne und des goldfarbenen Fells ist er ein altes Symbol für die **Sonne** und verkörpert die Kraft der Erde. Er gilt auch als Feind des **Adlers**. Die Löwin dagegen repräsentiert den **Mond**, Weiblichkeit und Mutterschaft. In der ägyptischen Kunst verkörpern zwei Löwen, die Rücken an Rücken sitzen, den Sonnenauf- und -untergang, Vergangenheit und Zukunft; der Pharao wurde häufig in Löwengestalt dargestellt. Als Fruchtbarkeitssymbol zog der Löwe in der Antike die Wagen von Cybele und Hera (Juno) und war Dionysos (Bacchus) und Aphrodite (Venus) geweiht. Herkules tötete den nemeischen Löwen. Weitere legendäre Löwen sind jene von Androkles, Daniel und des hl. Hieronymus. Im Hinduismus ist der Löwe eine Inkarnation Vishnus und das Reittier von Durga (der „Großen Mutter"). Für die Buddhisten ist er der Verteidiger der Gesetze, und **Buddha** sitzt auf einem Löwenthron. In der christlichen Tradition personifiziert der Löwe Gott. Der geflügelte Löwe ist das Emblem des hl. Markus (und seiner Stadt Venedig). Er kann jedoch auch den Teufel verkörpern. Die Rastafari erhoben den Löwen zum Symbol des Stammes Juda. Weil man oft glaubte, der Löwe werde tot geboren und erst durch den Atem seines Vaters zum Leben erweckt, steht er auch für die Wiederauferstehung. Da er scheinbar nie die Augen schließt, steht er auch für Wachsamkeit. Als wildes, ungebändigtes Tier steht er für Ausschweifungen. In orientalischen Kulturen bietet er Schutz vor Dämonen. In der **Alchemie** verkörpert der rote Löwe Schwefel und der grüne Löwe die Materie. In der **Wappenkunst** ist er das beliebteste Tier und steht für Macht, Männlichkeit und Führungskraft. Das von der Sonne regierte Sternzeichen Löwe ist feurig und maskulin.

Tiger *Oben*
Die Chinesen betrachten den Tiger als König der Tiere. Auch in anderen Teilen Asiens hat er eine große symbolische Bedeutung; er wird mit tierischer Energie, Kraft, Wildheit und Schutz assoziiert. Der Tiger beschützt Gräber und war in China Wächter der Jagd und später der Landwirtschaft. Der weiße Tiger besitzt **Yin**-Attribute und steht gegen den Drachen. Da er im Dunkeln sehen kann, repräsentiert er Helligkeit und den Neumond. Tiger besitzen jedoch auch **Yang** und verkörpern Krieg und Tapferkeit. Sie sind das Zeichen des Gottes des Wohlstands und der Spieler, weil sie auch über Geld wachen. Fünf mythische Tiger schützen vor dem Chaos: der rote (**Winter** und **Wasser**), der blaue (Frühling und Vegetation), der weiße (**Herbst** und Metalle) und der ranghöchste, gelbe Tiger (**Sonne**, Zentrum und Kaiser). Für Buddhisten symbolisiert der Tiger, der einen Weg durch den Dschungel findet, das spirituelle Ringen des Menschen, während er im chinesischen Buddhismus eines der drei Sinnlosen Wesen ist und Zorn bedeutet. Der Tiger ist das dritte Zeichen des **chinesischen Tierkreises** und steht für Mut, Begeisterung und Großzügigkeit, aber auch Rebellion, Rücksichtslosigkeit und Unberechenbarkeit. Für die Hindus repräsentiert der Tiger den Verlust der Kontrolle. Die Götter **Shiva** und Durga reiten auf Tigern, als sie den Drachen töten, daher kann er auch ein Symbol für Krieger sein.

Bär *Unten*
Der Bär steht in erster Linie für Tapferkeit und Stärke und ist ein beliebtes Wappentier in Europa. Er ist das Nationalemblem Rußlands und der Schweizer Stadt Bern. Sibirische Völker betrachten den Bären als Lehrer der Schamanen und als ihren mythischen Vorfahren. Einige amerikanische und nordasiatische Stämme pflegen einen Bärenkult, um die Seelen gejagter Bären zu befrieden. Weil er einen Winterschlaf hält, verkörpert der Bär in einigen Kulturen auch die Wiederauferstehung. Ferner ist er mit dem **Mond** verbunden und war der griechischen Mondgöttin Artemis (**Diana**) geweiht. Die keltische Mondgöttin Berne wurde durch einen Bären dargestellt, ebenso **Thor** in der nordischen Mythologie, wo auch die Bären Atli und Atla Männlichkeit bzw. Weiblichkeit symbolisierten. Die Nymphe Callisto und ihr Sohn wurden von Hera (Juno) in die Konstellationen Großer und Kleiner Bär verwandelt. Im Christentum ist der Bär ein negatives Tier, das einen schlechten Charakter, Grausamkeit, Rohheit, **Gier** und den **Teufel** verkörpert. Da der Bär, wie man glaubte, erst durch das Lecken seiner Mutter Gestalt annimmt, symbo-

lisiert er auch die Bekehrung der Heiden und die Jungfrauengeburt. Dem Bärenfett wurden Heilkräfte zugeschrieben. In der Psychoanalyse repräsentiert der Bär die Gefahren des **Unterbewußtseins**. Der Grizzly auf dem Staatssiegel Kaliforniens bedeutet Entschlossenheit.

Jaguar *Oben*
Der Jaguar hat bei den Indianerstämmen Mittelamerikas, die von den Maya und den Azteken abstammen, den größten Symbolwert. Im Glauben der Maya war der Jaguar der Herr der Tiere, ein Wesen aus der Unterwelt, das die Geheimnisse der Erde kennt und die Seelen der Verstorbenen geleitet. Seine reflektierenden Augen galten als ein Weg in die Unterwelt und sollten dem Menschen, der in sie hineinblickte, die Zukunft enthüllen. Die aztekische Erdgöttin wurde als Schwangere in den Klauen eines Jaguars dargestellt, und man glaubte, Jaguare würden über die vier Pfade der Welt wachen. Für die Tolteken repräsentierte der Jaguar den **Mond** (aber auch **Donner** und **Regen**), und das Hereinbrechen der Dämmerung wurde als ein Jaguar, der die Sonne verschlang, dargestellt. Der Jaguar, dessen geflecktes Fell dem Sternenhimmel ähnelt, wurde mit dem aztekischen Kriegsgott Tezcatlipoca assoziiert, der diese Gestalt annahm, nachdem er auf die Erde gestürzt war. In den heutigen schamanistischen Kulturen Zentralamerikas gilt der Jaguar (der dem Menschen Feuer und Jagd brachte) als Hauptratgeber des **Schamanen**, der seine Gestalt annehmen kann. In Westeuropa ist der Jaguar vor allem ein Begriff für den gleichnamigen Sportwagen, der an die Schnelligkeit, die Anmut und die Kraft dieser Wildkatze erinnern soll.

Elefant *Unten*
Die größte symbolische Bedeutung hat der Elefant in Afrika und Asien, seinen beiden Heimatkontinenten. Dort verkörpert er Stärke, Königtum, Würde, Geduld, **Weisheit**, langes Leben und ist ein **Glückssymbol**. In manchen Kulturen gilt der Elefant als ein kosmisches Tier, das die gesamte Welt auf seinem Rücken trägt. Da er oft königlichen Majestäten als bevorzugtes Reittier diente, repräsentiert der Elefant Status und Macht. Aufgrund seiner langen Lebenszeit steht er auch für Langlebigkeit und ein gutes Gedächtnis („Ein Elefant vergißt nie."). Der weiße Elefant ist im Buddhismus heilig, weil **Buddha** dessen Gestalt annahm, um in die Gebärmutter seiner Mutter Maya zu gelangen. Der Elefant hat Buddhas Geduld und Weisheit über-

nommen und ist das Juwel des Gesetzes. Der Hindu-Gott **Ganesha** besitzt den Kopf eines Elefanten, was seine Klugheit zum Ausdruck bringt, und der Elefant Airavata ist das Reittier Indras. In der christlichen Tradition repräsentiert der Elefant die Keuschheit und die Mäßigung und ist auch ein Symbol dafür, wie Jesus Christus die **Schlange** (den Satan) zertritt. In Thailand bezeichnet man mit dem Ausdruck „weißer Elefant" ein sinnloses Unterfangen. Seit 1874 in der Zeitschrift *Harper's Weekly* eine Karikatur erschien, in der ein Elefant Inflation und Chaos in den Boden stampfte, ist dieses Tier das Emblem der **Republikanischen Partei** der USA.

Kamel *Oben*
In vielen Kulturen steht das Kamel für Arroganz, Starrsinn, schlechte Laune und Faulheit, doch in den Ländern, in denen man es als Lasttier einsetzt, hat es eine positive Bedeutung. In Nordafrika z. B. verkörpert es Genügsamkeit (und im christlichen Sinne die Tugend der **Mäßigung**), weil es **Wasser** in seinem Höcker speichert und sparsam mit seinen Vorräten umgeht. Weil es in die Knie geht, wenn ihm seine Last aufgeladen wird, gilt es im Christentum als ein Wesen, das vor Gott kniet und dadurch Demut und Gehorsam zum Ausdruck bringt. Weil es das Reittier der Weisen aus dem Morgenland war, ist es ein Symbol der Würde, aber auch der Ausdauer. Johannes der Täufer soll einen Umhang aus Kamelhaaren getragen haben. Das persische Zend-Avesta spricht von einem fliegenden Kamel (Drachenschlange), das der Schlange im Garten Eden entspricht. Das Kamel soll dem Islam gewogen sein, weil Mohammed auf dem Kamel Al Kaswa von Mekka nach Koba floh; sein Kamel Al Adha soll ihn mit vier großen Sätzen nach Jerusalem gebracht haben. In Rom repräsentierte das Kamel Arabien.

Affe *Oben*
Da der Affe der nächste Verwandte des Menschen ist und als sehr intelligent gilt, wird ihm sowohl Respekt als auch Mißtrauen entgegengebracht. Er repräsentiert Intelligenz, Geselligkeit und Schläue,

aber auch Niedertracht, **Gier** und Wollust. In orientalischen Kulturen symbolisiert der schnatternde Affe Unruhe, aber wenn er gezähmt ist, Intelligenz und Loyalität. Die drei schlauen Affen, die nichts Böses sehen, hören oder sagen, verkörpern die Diszipliniertheit des Geistes. **Buddha** wurde als Affe inkarniert, aber der Affe gehört auch zu den drei Sinnlosen Wesen, die Gier symbolisieren. In China versinnbildlicht der Affe Gesundheit, Erfolg und Schutz (aber auch Verschlagenheit, Häßlichkeit und Falschheit). Der Affe ist das neunte Zeichen des **chinesischen Tierkreises** und steht für Phantasie und die niedere Natur des Menschen. Im Hinduismus steht der Affengott Hanuman für Tapferkeit, Schnelligkeit, Schläue und Macht und kann Feuer in geistige Energie umwandeln. Im christlichen Glauben symbolisiert der Affe die Sünden der Wollust, der Gier, der Bosheit, der Trunkenheit, der Faulheit und der Eitelkeit. In der christlichen Ikonographie wurde der **Satan** manchmal als Affe dargestellt; ein angeketteter Affe verkörperte den Sieg über den Satan, einer mit einem **Apfel** im Mund den Herbst.

Hirsch *Oben*
Der Hirsch ist ein Symbol für Leben, **Weisheit** und Manneskraft. Wegen seines gegabelten Geweihs verglich man ihn in vielen Kulturen mit dem **Lebensbaum**. Da sich sein Geweih jedes Jahr erneuert, steht er für die Regeneration; wegen seiner Form und Größe wird das Geweih auch mit den Sonnenstrahlen in Verbindung gebracht. In der keltischen Mythologie führte der Hirsch die Seelen durch die Dunkelheit und war das Emblem der Kriegs- und Jagdgötter. In Skandinavien verkörpern die vier Hirsche von Yggdrasil die vier Winde. Wegen seines Brunftverhaltens ist er für die Chinesen der Inbegriff der Manneskraft. Der Hirsch war der Jagdgöttin Artemis (**Diana**) geweiht und symbolisierte das Leben. In der christlichen Tradition repräsentiert er Reinheit, Einsamkeit und als Gegenspieler der **Schlange** (**Satans**) Christus. Schamanen treten häufig im Hirschgewand auf, um sich der Weisheit dieses Tieres zu bedienen. Auch im Buddhismus verkörpert der goldene Hirsch Wissen.

Wolf *Unten*
Der Wolf repräsentiert sowohl Grausamkeit, Wildheit, Habsucht, die Todsünden Völlerei und Begehrlichkeit als auch Mutterliebe und Tapferkeit – letzteres geht auf die Wölfin zurück, die Romulus und Remus, die Begründer Roms, säugte. Heute ist der Wolf Symbol der Stadt Rom. Da er bei Nacht sehr gut sieht, wurde er zu einem Symbol des Lichts und Apollo und Ares (Mars), dem Kriegsgott, zugeordnet. Als Mondwesen identifizierte man ihn in der Antike auch mit der Unterwelt. In China bewacht ein heiliger Wolf den Palast des Himmels, während er in der Mongolei als Vorfahr Dschingis Khans gilt. Im Hinduismus dagegen ist er das Reittier furchteinflößender Göttinnen und ein Zeichen für die Nacht. In der nordischen Mythologie ist der kosmische Wolf Fenris in den Eingeweiden der Erde eingesperrt, soll jedoch beim Untergang der Welt entweichen und die Sonne verschlingen. Auch die Kelten glaubten, daß der Wolf jeden Abend die Sonne fraß. Der Wolf kann den Sieg symbolisieren, wenn er von Odin (oder den Walküren) geritten wird, obwohl Odins wölfische Gefährten Sköll und Hati Zurückweisung und Haß repräsentieren. Die Indianer betrachten den Wolf als einen freundlichen, spirituellen Führer. Da der Wolf ein Raubtier ist, glaubten die Christen, er würde verlorene „Schafe" (Seelen) fressen, aber er ist auch Emblem von Franz von Assisi, der den Wolf Gubbio zähmte. Im Mittelalter galt der Wolf als ein Geschöpf **Satans**, auf dem die **Hexen** ritten. Die Vorstellung des **Werwolfs** (bei Tag Mensch, bei Nacht reißende Bestie) verweist auf die Gewalt, die oft hinter vordergründigem Frieden lauert.

Kojote *Oben*
Dem schlauen Kojoten wird von den indianischen Kulturen Mißtrauen, aber auch Respekt entgegengebracht. Für manche Stämme ist der nordamerikanische Präriewolf der Inbegriff des Bösen. Als Mondwesen bringt er Überschwemmungen, harte Winter und **Tod**. Westlich der Rocky Mountains jedoch sieht man den Kojoten weniger negativ, betrachtet ihn als Herrn der Tiere und weist ihm die Rolle eines Antihelden und **Gauners** zu – er ist ein Unruhestifter, gelegentlich aber auch ein Freund der Menschen und der Schöpfer der Weltordnung. Bei den Azteken wird Quetzalcoatl, der Schöpfergott, bei seinem Sieg über den Herrscher der Unterwelt, Mictlantecuhtli, durch zwei Kojoten dargestellt.

Fuchs *Oben*
In Westeuropa symbolisiert der Fuchs Schläue und Scheinheiligkeit, in einigen nordamerikanischen Kulturen jedoch verwandelt sich seine Gerissenheit in **Weisheit**. In Asien repräsentiert er langes Leben, und in Japan gilt er als **Regen**geist und Bote von Inari. Ein schwarzer Fuchs bedeutet Glück, ein weißer Unglück, und drei Füchse bedeuten eine Katastrophe. Die Chinesen betrachten den Fuchs mit Argwohn und glauben, er könne Menschengestalt annehmen (meist die eines schönen jungen Mädchens), aber auch die Gestalt anderer Lebewesen; die Geister der Toten können Füchse werden. Der Fuchs der Antike stahl **Trauben** und wurde daher mit Dionysos (Bacchus) in Verbindung gebracht, dem Schutzherrn des Weins; in der christlichen Analogie assoziierte man diese Gewohnheit mit Ketzertum. Traditionell verkörpert der Fuchs Täuschung, Ungerechtigkeit, Gier und Wollust; weil er sich totstellt, um sein Opfer zu täuschen, verbindet man ihn auch mit **Satan**. Bei manchen nordamerikanischen Indianerstämmen galt der Fuchs als Verkörperung von Laszivität und als **Gauner**; Gleiches gilt für die karibische Figur des Br'er-Fuchses.

Kaninchen *Rechts oben*
Als Nachtwesen repräsentieren Kaninchen und Hasen den **Mond** und damit auch Tod und Wiedergeburt. Hasen und Kaninchen teilen auch die meisten anderen symbolischen Deutungen. Da sie sich stark vermehren, stehen sie für Fruchtbarkeit und Glück. Der Hase, der als flinker Bote von Hermes (**Merkur**) galt, war auch den Liebesgöttinnen Aphrodite (Venus) und Eros (Cupido) geweiht. In der nordischen Mythologie war der Hase das Emblem von Freya und der Mondgöttin Holda. Die hasenköpfige sächsische Frühlingsgöttin Eostre ist der Ursprung des Osterhasen, und die Ostereier stehen für die Erneuerung des Lebens. Im Juden- und im Christentum assoziierte man diese Fruchtbarkeit mit Unreinheit und Lasterhaftigkeit. Im Christentum wurde der Hase wegen seiner Schnelligkeit auch zu einem Symbol für das Vergehen des Lebens und für Gewissenhaftigkeit. Einige Indianerstämme betrachten den Fuchs als Weltbaumeister; in Westafrika und der Karibik kann er auch die Eigenschaften des Schwindlers repräsentieren. Das Kaninchen war ein Zeichen der chinesischen Kaiser und verkörperte durch seine Verbindung mit dem Mond langes Leben. Der weiße Hase, der Beschützer der Tiere, steht für Göttlichkeit, der rote und schwarze repräsentieren Glück und Wohlstand. Der Hase des **chinesischen Horoskops** steht für das Weibliche und Tugendhafte. Für die Buddhisten symbolisiert der Hase Selbstaufopferung, denn ein Hase bot sich **Buddha** als Nahrung an, der ihn zum Dank dafür in den Mond stellte. Wegen ihrer Schreckhaftigkeit wurden Hasen zum Inbegriff für Ängstlichkeit, manchmal auch Feigheit. Aufgrund ihrer beschützenden Fähigkeit galten Hasen und Kaninchen im Mittelalter als magische Tiere: Eine Hasenpfote bei sich zu tragen sollte vor dem Bösen schützen und Glück bringen, aber der Hase konnte auch ein **Familiar** der Hexen sein. Im Westen symbolisiert er Verrücktheit.

Maus *Oben*
Die Maus, ein anscheinend harmloses Symbol für Furcht und Demut, kann aber auch Heuchelei (im Judentum) und Zerstörung (im Christentum) repräsentieren. In Ägypten galt die Spitzmaus als heilig, während in Rom weiße Mäuse Glück symbolisierten und Jupiter (**Zeus**) und Apollo zugeordnet waren. Als Nagetier wurde die Maus für die Christen zum Inbegriff des Zerstörerischen (in manchen Darstellungen nagt sie am **Baum des Lebens**) und daher des **Teufels**. „Mäuseplagen" galten als eine Strafe Gottes. In westeuropäischen Märchen tauchten Mäuse oft als Personifikation von **Hexen** auf, weiße Mäuse aber konnten auch die Seelen ungeborener Kinder symbolisieren.

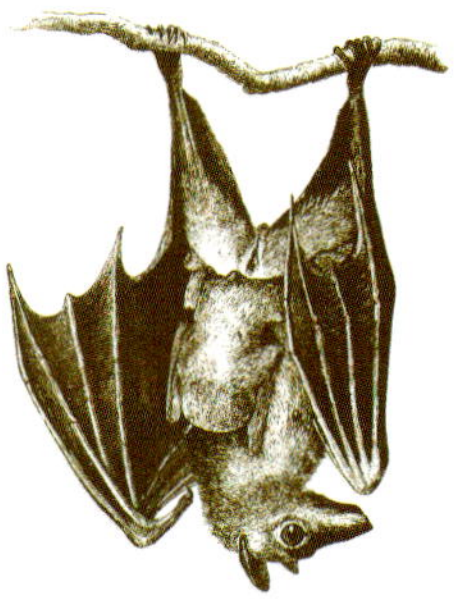

Fledermaus *Oben*
Die nachtaktive Fledermaus gilt als Werkzeug der Kräfte der Finsternis, des Todes und des Chaos. Der mausähnliche Körper mit den schwarzen Flügeln sorgte allgemein für Unbehagen, ebenso ihre Gewohnheit, mit dem Kopf nach unten zu schlafen. Die Fledermaus stößt plötzlich herab und steht in Asien deshalb für einen rastlosen Geist, aber auch für Unwissenheit. Doch da sie in der Nacht sehen kann, repräsentiert sie in manchen afrikanischen Kulturen Intelligenz und die Seelen der Toten. In Europa galten Fledermäuse im Mittelalter als **Familiare** der **Hexen**; der **Satan** wurde mit Fledermausflügeln dargestellt. Fledermäusen wurde nachgesagt, sich vom Blut von Kindern zu ernähren. Als Nachttier symbolisiert die Fledermaus auch Melancholie, heimlichen Neid und Heuchelei. In China dagegen steht die Fledermaus für langes Leben und ist ein Glückssymbol, weil die Wörter für „Fledermaus" und „Glück" gleich ausgesprochen werden *(fu)*. In Ägypten galten Fledermausköpfe einst als Schutzamulette. Weil sie in Höhlen lebt (die als Wege ins Jenseits gelten), symbolisiert die Fledermaus bei einigen Indianerstämmen Unsterblichkeit und Wiedergeburt.

Ratte *Mitte oben*
Ratten werden traditionell mit Argwohn betrachtet und gelten als opportunistische Wesen, die das Unglück der Menschen ausnützen, sinkende Schiffe verlassen und im Gefolge von Tod und Verfall auftreten. Wie die Nagetiere verbindet man sie mit Zerstörung. Doch in Japan ist die weiße Ratte eine Botin des Gottes des Glücks und des Wohlstands, und im Hinduismus nutzt der elefantenköpfige Gott Ganesha, der Zielstrebigkeit und Besonnenheit repräsentiert, eine Ratte als Reittier. In China ist die Ratte das erste Tier im Kalender und steht für Glück und Wohlstand, wird aber auch mit Geiz assoziiert und gilt als Überträgerin der Pest (ebenso in Ägypten und Westeuropa). Aufgrund ihrer Gewohnheit, von unheilvollen Plätzen zu fliehen, wurde sie zu einem Tier der Vorahnung und der **Weisheit**: In Rom galt eine weiße Ratte als Glücksbringerin. In der christlichen Bilderwelt ist die Ratte eine erdhafte Kreatur, die mit dem **Teufel**, mit **Hexen** und anderen dunklen Kräften in Zusammenhang steht, ist aber auch das Emblem von St. Fina, der in einem rattenverseuchten Dachgeschoß lebte. In der Renaissance stellte man Tag und Nacht als Ratten dar – eine schwarze und eine weiße –, die das unaufhaltsame Vergehen der Zeit versinnbildlichten. Im Zweiten Weltkrieg wählten sich die britischen Soldaten in Nordafrika die flinke Wüstenratte zu ihrem Emblem; im Golfkrieg 1991 wurde dieses Maskottchen wiederbelebt.

Eichhörnchen *Rechts oben*
Da es für die Wintermonate einen Vorrat anlegt, steht das Eichhörnchen im Symbolismus für den Hamsterer. In der nordischen Mythologie taucht das boshafte rote Eichhörnchen auf, das in den Zweigen des Weltenbaums Yggdrasil lebt und eine Auseinandersetzung zwischen dem Adler (Symbol der Sonne) und der erdhaften Schlange anzettelt. Dieses Eichhörnchen war **Thor**, dem Donner- und Feuergott, geweiht, während ein anderes Eichhörnchen, das „Ratatosk", **Regen** und Schnee bringen sollte. In Irland war das Eichhörnchen das Emblem der keltischen Göttin Mebd. Bis zur Einführung des grauen Eichhörnchens war die einheimische rote Spezies überall in Europa verbreitet und wurde zu einem Symbol des Feuers. Im Christentum führte diese

Assoziation in Verbindung mit seiner Behendigkeit dazu, daß man das Eichhörnchen mit dem **Teufel** verband, während sein Trieb, Futter zu horten, zu einem Symbol für Geiz wurde. In Japan und in Mittel- und Südamerika (wo man es den Maya-Göttern opferte) bedeutet das Eichhörnchen Fruchtbarkeit.

Igel *Unten*
Weil der Igel sich zu einer stacheligen Kugel zusammenrollt, wenn er sich bedroht fühlt, steht er für Selbstverteidigung. In früheren Kulturen jedoch galt der Igel aufgrund seiner runden Gestalt und seines defensiven Äußeren als Symbol großer Muttergöttinnen wie der babylonischen Ischtar. In anderen Kulturen betrachtete man ihn wegen seiner scharfen Stacheln manchmal als Sonnensymbol, und in der Bilderwelt der Renaissance assoziierte man ihn mit dem Tastsinn. In der christlichen Deutung wird dieser gierige Räuber mit Habsucht, Völlerei und Zorn verbunden und in Beziehung zum **Teufel** gesetzt, der die Seelen der Menschen stiehlt. Als Raubtier, das Larven und Würmer frißt, galt er andererseits auch als Feind böser erdhafter Kräfte. Wie viele andere Tiere soll er das Wetter vorhersagen und besonders sensibel auf Veränderungen der Windrichtung reagieren. Nach westlichem Aberglauben sollen **Hexen** die Gestalt von Igeln annehmen, um **Kühe** trockenzumelken. In Asien dagegen symbolisiert der Igel Wohlstand.

Haustiere

Stier/Ochse *Oben*
Der Stier ist seit jeher das Symbol für Männlichkeit und Zeugungsfähigkeit. Sein Symbolwert kann jedoch zweideutig sein: Durch seine Vitalität und Fruchtbarkeit wird er mit der **Sonne** und der Auferstehung assoziiert, aber seine sichelförmigen Hörner können auch Mondgottheiten und den Tod repräsentieren. In Ägypten wurde der Apis-Stier als Symbol der Schöpfung verehrt und häufig mit der Sonnenscheibe **Re** zwischen seinen Hörnern dargestellt. Im Mithras-Kult und in Rom wurde jährlich ein Stier geopfert, denn sein Blut sollte die Erde befruchten. Der Stier war **Zeus** geweiht, denn in der griechischen Mythologie nahm dieser Gott die Gestalt eines weißen Stiers an, um Europa zu verführen; ihr Sohn Minos (der Hüter des **Minotaurus**) wurde König von Kreta. Der Stier war außerdem ein Emblem von Dionysos (Bacchus), Aphrodite (Venus) und Poseidon (Neptun). In manchen Kulturen war der Stier wegen seines dröhnenden Gebrülls das Tier des Donnergotts, wie z. B. von **Thor**. Für die Hindus ist Agni der mächtige Stier; Nandin ist das Reittier von **Shiva**, und Indra wie Ruda können seine Gestalt annehmen. Die Juden nennen Jahwe den Stier Israels. In der westlichen Tradition mischt sich die Kraft des Stiers mit Brutalität, Grausamkeit und Wollust. Er ist ein beliebtes Wappensymbol und steht für Mut und Wildheit. Der Ochse, der ebenso wie der Stier Kraft repräsentiert, ist mit einer weniger zweideutigen Symbolik ausgestattet: Er verkörpert die Landwirtschaft, Geduld, Keuschheit und (im Zusammenhang mit seinem Joch) Selbstaufopferung. Für die Christen symbolisiert er daher Jesus, und der geflügelte Ochse ist das Emblem des hl. Lukas. Der Ochse hat, ebenso wie der Wasserbüffel, eine besondere Bedeutung im Taoismus (wo er gezähmt und von Laotse geritten wird) und im Buddhismus (wo er das Zeichen von Yama ist) als Symbol für das Ich. Er ist das zweite Zeichen des **chinesischen Tierkreises** und steht für Ausgeglichenheit und Ausdauer.

Kuh *Unten*
Als Milchlieferantin ist die Kuh ein universelles Symbol für Mütterlichkeit, Fruchtbarkeit, Ernährung und Fülle. Da ihre geschwungenen Hörner an den Halb**mond** erinnern, symbolisiert sie auch die Muttergöttinnen und ist eine Repräsentantin der Mutter Erde. In Ägypten war sie Isis und Hathor geweiht, den Müttern der Götter, aber auch Nut, der „Himmelskuh“, deren Beine die vier Teile der Erde repräsentieren. In der nordischen Mythologie leckte die Urkuh – die Ernährerin – das Eis und erzeugte so den ersten Menschen. Bei den Hindus ist sie ein heiliges Tier und darf nicht getötet werden; die Milch dieser „Kuh des Überflusses“ soll eine Milchstraße bilden, und in Verbindung mit dem himmlischen Stier verkörpert sie die kosmische Macht der Frau. Nandini ist die Kuh, die Wünsche wahr werden läßt; die Erdmutter Aditi kann ihre Gestalt annehmen. Die Beine der heiligen Kuh stehen für die vier Kasten Indiens.

Schwein/Eber *Oben*
Das Schwein wird seit langem mit den negativen Eigenschaften Unreinheit, Unwissenheit und **Gier** verbunden. In der Antike jedoch galt das Schwein als Fruchtbarkeitssymbol, und weil es die Erde aufbricht, war es in Ägypten der **Isis** und in Griechenland und Rom Ceres (Demeter) geweiht, den Göttinnen der Landwirtschaft. Bei den Indianern gilt es als Regenbringer, der das Land befruchtet. In der keltischen Welt war das Schwein sowohl mit der Schweinegöttin Keridwin als auch mit der lunaren Fruchtbarkeitsgöttin Phaea verbunden; außerdem ernährte es die Götter. Für die Hindus verkörpert das Schwein Vajravarahi, den weiblichen Aspekt Vishnus. Das schwarze Schwein ist dagegen ein unheilbringendes Wesen und war in Ägypten mit Seth verbunden; im Buddhismus verkörpert es Unwissenheit, eine der drei Illusionen, die den Menschen daran hindern, das Nirwana zu erlangen. Moslimen und Juden ist der Verzehr von Schweinefleisch verboten, weil das Tier als unrein gilt. Die Christen betrachten es als niederes, rohes Tier, das die Sünden des Fleisches repräsentiert, insbesondere die Völlerei; ferner stand es für den **Teufel**, weil die fünf Flecken an seinen Vorderbeinen das Zeichen des Teufels waren. Das Schwein ist das zwölfte Zeichen des **chinesischen Tierkreises** und steht für Ehrlichkeit. Verwandt mit dem Schwein ist der Eber, der für Griechen, Kelten und Japaner Kraft und Kampfeslust verkörperte. Die Hindugötter Rudra und Vishnu sind himmlische Eber. In der westlichen Tradition aber steht der Eber für Grausamkeit und die Todsünde der Wollust. In manchen Darstellungen wird er von der personifizierten Keuschheit niedergetreten.

Pferd *Oben*

Das Pferd gilt traditionell als edles Tier und verkörpert Mut, Anmut und Schnelligkeit, im Westen aber auch Männlichkeit und im Osten **Feuer** und den Himmel. Früher wurde es als erdhaftes Geschöpf betrachtet und mit dem **Wasser** und dem **Mond** assoziiert, die **Tod** symbolisieren. Zudem gilt es als Führer in die Unterwelt. In vielen alten Kulturen galt das Pferd als intelligentes Tier, das Kraft und Verstand mit der Macht der Weissagung und Magie verband, und wurde dadurch zum bedeutendsten Opfertier. Seine Farbe spielt eine wichtige Rolle bei der Deutung seines Symbolgehalts: Das weiße Pferd wird auf die Sonne bezogen, kann aber auch das Meer und den Mond repräsentieren; das schwarze Pferd dagegen verweist auf Tod und Zerstörung. Das Pferd der Antike war ein Omen für Krieg und Ares (Mars), Hades (Pluto) und Poseidon (Neptun) geweiht. In Gestalt des Pegasus, des geflügelten Pferdes, kann das Tier auch einen Götterboten darstellen. In der nordischen Glaubenswelt war das Pferd Odin zugeordnet, dessen achtbeinige Stute Sleipnir hieß. Bei den Kelten war es das Reittier des Sonnengottes und mit der Fruchtbarkeitsgöttin Epona verbunden. Ein Schimmel war das Emblem der Sachsen und erschien später auch im Wappen des Hauses Hannover. Die Hindus setzen das Pferd mit Varuna und damit dem Kosmos gleich; Vishnus letzte Inkarnation soll das weiße Pferd Kalki sein. Im chinesischen Buddhismus trägt ein geflügeltes Pferd das Buch des Gesetzes. Die Japaner glauben, daß Bato Kwannon, die Göttin der Gnade, Pferdegestalt annehmen kann. Im Islam wurde Mohammed von seinem Roß Borak in den Himmel getragen, daher steht das Pferd für Glück. Die Christen betrachten das Pferd als Symbol für Mut, Großzügigkeit und die Schnelligkeit des Lebens. Die vier Pferde der Apokalypse sind weiß (Pest), rot (Krieg), schwarz (Hungersnot) und bleich (Tod). Das Pferd ist das siebte Zeichen des **chinesischen Tierkreises**, entspricht den Zwillingen und repräsentiert praktisches Denken und Liebe.

Esel *Unten*

Der Esel ist mit widersprüchlichen Symbolgehalten ausgestattet und steht für Gefahr, Armut, Widerborstigkeit, Faulheit und Dummheit, aber auch für Männlichkeit, Geduld, Mut, Sanftheit und Freundlichkeit. In Ägypten repräsentierte der rote Esel die Gefahren der Unterwelt und war das Emblem von Seth. Obwohl der Esel in Griechenland und Rom als Inbegriff von Dummheit und Sturheit galt, stand er auch für die männliche Zeugungskraft und war daher Dionysos (Bacchus) und dem Fruchtbarkeitsgott Priapos geweiht, aber auch dem Saturn (Kronos). Die Christen stellten den Esel oft als heidnisches Symbol dar, aber weil **Maria** auf einem Esel nach Bethlehem ritt und Jesus auf einem Esel in Jerusalem einzog, repräsentiert das Tier auch Sanftheit und Demut. Der sprechende Esel von Balaam steht für die Kommunikation mit Gott. Weil er ein Opfertier war, kann der Esel auch den Tod symbolisieren; da er schwere Lasten befördert, ist er zudem Sinnbild für die Armen. In China ist er ein eindeutiges Symbol für Dummheit, im Judentum für Halsstarrigkeit. Seit der US-Präsident Andrew Jackson 1828 in einer humorvollen Anspielung von einem Esel sprach, ist dieses Tier das Emblem der **Demokratischen Partei der USA**.

Ziege *Oben*

Die Ziege hat ambivalente Bedeutungen. In manchen Kulturen dient sie noch als Opfertier und kann Vitalität verkörpern. Im antiken Griechenland wurde sie **Zeus**, Pan und Artemis geopfert; im Hinduismus repräsentiert sie das höhere Selbst; bei den nordischen Völkern wurde **Thors** Wagen von Ziegen (oder **Widdern**) gezogen. In der Bibel werden Ungläubige „Ziegen" genannt, und die Sünden der Welt lädt man auf dem Kopf einer Ziege ab (daher „Sündenbock"). Da die Ziege auch Begierde und Wollust ausdrückt, ist sie mit dem **Teufel** verbunden, der oft in Ziegengestalt dargestellt wird.

Widder *Oben*

Der wilde, energische Widder verkörpert Aggressivität und ist ein Symbol für männliche Stärke und Fruchtbarkeit. Seine Männlichkeit und seine kraftvollen Hörner (die an Sonnenstrahlen und den **Blitz** erinnern) machten ihn in vielen Kulturen zu einem Symbol der Sonnengötter. Die ägyptischen Schöpfungsgötter Amun-Re und Khnemu-Re wurden mit Widderköpfen dargestellt und der phönizische Gott Baal mit Widderhörnern. Der Widder der Antike war **Zeus** (Jupiter),

Hermes, Dionysos (Bacchus) und Pan geweiht. Der Hindu-Gott Agni reitet auf einem Widder als Sinnbild des heiligen Feuers. Die Kelten verbanden den Widder mit Krieg und Fruchtbarkeit. Die gallische Gottheit Benin wurde als Widder dargestellt, und Widder (oder **Ziegen**) zogen den Wagen des nordischen Gottes **Thor**. In der Antike war der Widder ein häufiges Opfertier, weil man glaubte, sich durch das Vergießen seines Blutes seine Eigenschaften aneignen zu können. In der Bibel wird der Widder, der sich mit den Hörnern in einem Dornbusch verfangen hat, von Abraham anstatt seines Sohnes **Isaak** geopfert; im Judentum erinnert man durch das Blasen des **Shofar**-Horns daran. Auch der gekreuzigte Christus mit der **Dornenkrone** läßt sich auf den Widder beziehen. Das Tierkreiszeichen Widder symbolisiert Frühling und Regeneration.

Schaf *Oben*

Als zutrauliches Geschöpf symbolisiert das Schaf Blindheit und Dummheit; in religiösem Kontext sind diese Eigenschaften jedoch nicht negativ, denn sie stehen für den unerschütterlichen Glauben. Das Lamm (ein beliebtes Opfertier) repräsentiert Reinheit, Unschuld, Sanftmut und Märtyrertum. Im Christentum ist es daher das **Lamm Gottes** *(Agnus Dei)*, das die Sünden der Welt auf sich nimmt. Das Lamm kann leidend, triumphierend oder als Verkünder der Apokalypse dargestellt werden. Andererseits läßt sich Christus aber auch als der Gute Hirte zeichnen, der seine Herde (Apostel und Gläubige) um sich schart. Der **Teufel** ist machtlos gegen das makellose Lamm, das auch das Symbol für Johannes den Täufer ist. In der jüdischen Tradition erinnert das Vergießen von Lammblut beim Passah-Fest an die Errettung der Juden und steht für Gehorsam gegenüber Gott und dem kommenden Messias. Das Schaf ist das achte Zeichen des **chinesischen Tierkreises** und symbolisiert die künstlerische Begabung und Harmonie.

Hund *Unten*

Der Hund gilt als der beste Freund des Menschen, denn Hunde stehen für Ergebenheit, Wachsamkeit und Mut. Die Kelten schrieben ihnen heilende Fähigkeiten zu, ebenso die Griechen, die sie mit Äskulap verbanden. Verläßlichkeit ist die hervorstechendste Eigenschaft des Hundes; Ägypter und Griechen glaubten sogar, er folge dem Menschen in das Leben nach dem Tode. Der Hund (Sirius) war dem Götterboten Hermes (Merkur) und der Jagdgöttin Artemis (**Diana**) geweiht und begleitete auch Hekate (Krieg) und Orion. Viele Kulturen betrachteten Hunde als Mittler zum Reich der Toten. Deshalb hat der ägyptische Gott Anubis einen Schakalkopf – auch **Cerberus** wird als dreiköpfiger Hund dargestellt. Die Hunde des Hades repräsentieren Dunkelheit und Gefahr, während in der nordischen Mythologie der Hund Garmr über die Unterwelt wacht. Manche afrikanische Stämme betrachten den klugen Hund als Vater der Zivilisation und Überbringer des Feuers. Im Hinduismus verbindet man ihn mit Yama und Indra. Bei Juden und Muslimen dagegen gilt der Hund als unrein. Canis Major ist der Hundestern; der Hund ist das elfte Zeichen des **chinesischen Tierkreises** und steht für Idealismus. In China repräsentiert der Hund sowohl **Yin** (Katastrophen, Meteore und Sonnenfinsternis) als auch **Yang** (Schutz).

Katze *Oben*

Die Katze, die der ägyptischen Göttin Bastet geweiht war, wurde im Mittelalter (als sie als **Familiar** der **Hexen** galt) mit negativen Symbolen besetzt – wenngleich in manchen Ländern eine schwarze Katze als **Glücksbringer** gilt. Aufgrund ihrer vermeintlichen Verbindung mit dem **Teufel** galt die Katze im Westen als grausames, falsches und schlechtes Geschöpf. Weibliche Katzen galten als promiskuitiv und wurden zum Inbegriff für wollüstige Frauen; ihre „neun Leben“ erweckten Argwohn. Die Kelten opferten Katzen, und die Buddhisten betrachten die Katze als verflucht, weil sie beim Tod Buddhas nicht geweint hatte. In anderen Kulturen jedoch genoß die Katze Ansehen: Wegen ihres unabhängigen Wesens wurde sie in Rom der Freiheitsgöttin zugeordnet, war der Mondgöttin **Diana** (Artemis) geweiht und wurde zu einem Symbol für Häuslichkeit. Die Katze zog den Wagen der nordischen Fruchtbarkeitsgöttin Freya. Die Muslime verehren die Katze, weil sie Mohammed vor einer Schlange rettete, und das „M“-förmige Mal auf der Stirn vieler Katzen gilt als Abdruck der Finger des Propheten. Im Westen stellt man die Katze manchmal in Zusammenhang mit dem Hasen, dem vierten Zeichen des **chinesischen Tierkreises**.

Reptilien und Meerestiere

Schlange *Oben*
Die Schlange ist ein universelles Symbol mit komplexen und widersprüchlichen Bedeutungen. Weil sie sich häutet, steht sie in alten Kulturen für Unsterblichkeit und wurde daher mit Äskulap assoziiert, dem römischen Gott des Heilens, aber auch mit Hindu-Göttern. Die Kundalini-Schlange, die, wie man in der indischen Kultur glaubt, am Fuße des menschlichen Rückgrats lebt, verkörpert kosmische Energie und das Leben. Bei den Griechen, Römern und Ägyptern galt sie als Schutzgeist. Weil sie bei der Versuchung Evas eine wichtige Rolle spielte und den Sündenfall auslöste, galt die Schlange als verschlagen und heimtückisch und wurde zur Personifikation des **Teufels** und der Sünde. Ihre Fortbewegungsart, die schuppige Haut und die gespaltene Zunge riefen Angst hervor, während ihre lidlosen Augen mit Aufmerksamkeit und Weisheit verbunden wurden. Weil sie aus einem Ei schlüpft, wird die Schlange manchmal als androgyn betrachtet, außerdem gilt sie als erdhaftes Wesen und teilt den Symbolismus des **Drachen**. Wegen ihrer Gestalt wurde sie zu einem phallischen Fruchtbarkeitssymbol. Zusammengerollt symbolisiert sie dynamisches Potential.

Krokodil/Alligator *Rechts*
Krokodile symbolisieren Tod und Zerstörung ebenso wie Leben und Erneuerung. Bei einigen amerikanischen Indianerstämmen gilt es als Weltbaumeister oder als kosmisches Wesen, das die Welt auf seinem Rücken trägt. In Ägypten war das Krokodil mit einem besonders komplexen Symbolismus behaftet und so bedeutsam, daß es sogar das gesamte Land repräsentieren konnte. Da es aus dem Wasser geboren war, wie man annahm, verkörperte es die böse erdhafte und solare Gottheit Sobek, konnte aber auch die Gestalt des Erdgottes Geb darstellen, der die Lebenskraft symbolisierte. Auf der anderen Seite versinnbildlichte das Krokodil Wildheit und Unordnung und war dem Gott Seth zugeordnet, der Personifikation des Bösen. Das hybride Krokodil Ammit (das manchmal mit Serapis gleichgesetzt wurde) verzehrte nach dem Gericht des Osiris die Herzen der Sünder, und manchmal wurden auch die Toten als Krokodile dargestellt. Da man glaubte, es habe keine Zunge, wurde das Krokodil in der Antike zum Symbol der Verschwiegenheit. Der biblische **Leviathan** war mit dem Krokodil verbunden, und im Christentum teilt es die Symbolbedeutung des **Drachen** als Wächter des Wissens, repräsentiert aber auch Falschheit, weil es „Krokodilstränen" vergießt, um seine arglosen Opfer dazu zu verleiten, sich zu nähern.

Eidechse *Rechts oben*
Die kaltblütige Eidechse wärmt sich in der **Sonne**, und deshalb assoziiert man sie mit Sonne und Licht. In einigen Religionen steht sie auch für die Suche nach geistiger Erleuchtung. In Griechenland

opferte sie sich Apollo, dem Sonnengott, um in das ewige Licht zu gelangen; diese Symbolik hat sie auch im Christentum. Außerdem glaubte man, die Eidechse erneuere hin und wieder ihre Sehkraft, indem sie in die Sonne schaue, und wurde dadurch zu einem Symbol für die Erneuerung des Glaubens. Da sie sich häutet, ist die Eidechse ein Symbol für Wiedergeburt. Auch von ihr glaubte man, sie besäße keine Zunge, und so stand sie, wie das Krokodil, für Verschwiegenheit. In Ägypten und Griechenland symbolisierte sie **Weisheit** und Glück und war Serapis und Hermes (Merkur) geweiht. In nichteuropäischen Ländern jedoch assoziierte man sie mit Naturkatastrophen. In einigen afrikanischen Kulturen galt sie als Herrin der Verwandlung in das Böse. Im Christentum wird sie wie die **Schlange** mit dem **Teufel** assoziiert. In Polynesien dagegen gilt die Eidechse als Gott; bei den Maori ist sie die Baumeisterin der Welt, bei den australischen Aborigines ist die Eidechse Tarrotarro die Schöpferin der Geschlechter. Der mythische **Salamander** wurde üblicherweise in Gestalt einer Eidechse dargestellt.

Schildkröte *Oben*
Die Schildkröte ist bei den Indianern Nordamerikas und in Südasien von großer Symbolkraft. Dort glaubt man, sie trage die Welt oder repräsentiere den Kosmos – ihr Rückenschild ist der Himmel, ihr Körper die Erde, ihr Bauchpanzer das Wasser oder die Unterwelt. Bei den Hindus trägt die Schildkröte Chukwa den **Elefanten**, der die Welt stützt, auf dem Rücken. Daher stellte man Schildkröten in der Architektur oft als Karyatiden (Stützpfeiler) des Universums dar. Die Schildkröte war eine Inkarnation Vishnus, aber auch Kasyapa, der Nordstern. Vor allem in China und Japan gilt sie als Symbol für langes Leben, Unzerstörbarkeit und Unsterblichkeit. In China kann sie **Yin** und damit ein Symbol für **Wasser** sein, aber auch **Yang** und der Schwarze Krieger. Die Zeichnung ihres Schildes deutete man als Karte der Sternbilder oder als heilige Schrift; daher ist sie auch ein Symbol für **Weisheit** und für Meditation (aufgrund ihrer Gewohnheit, sich in den Panzer zurückzuziehen). Bei den nordamerikanischen Indianern, in Westafrika und der Karibik wird sie als **Schwindlerin** angesehen. Als Land- und Wassertier repräsentiert die Schildkröte Wasser und Weiblichkeit; die Schildkröte der Antike war ein Fruchtbarkeitssymbol und Aphrodite (**Venus**) geweiht. Im Christentum dagegen gilt die Schildkröte manchmal als dämonisches Geschöpf, das für Dunkelheit steht, aber auch als Symbol für Häuslichkeit.

Frosch *Oben*
In vielen Kulturen gilt der Frosch als Widerpart der bösartigen **Kröte**; er repräsentiert einerseits **Glück**, Fruchtbarkeit und Auferstehung, andererseits aber auch Ketzerei und Sünde. Weil er Laich ablegt, ist er ein Fruchbarkeitssymbol und war der froschköpfigen Heket geweiht, der ägyptischen Göttin der Geburt (und auch der Aphrodite bzw. Venus). Der grüne Frosch symbolisierte die Überflutungen durch den Nil. Für die Kelten war der Frosch der Herr der Erde und verkörperte die heilende Kraft des **Wassers**. Wegen seiner drei Entwicklungsphasen wurde er zu einem Symbol für die Wiederauferstehung. In China ist der Frosch ein Yin-Geschöpf und soll **Regen** bringen, ebenso bei den Indianern. Die Hindus glaubten, daß ein großer Frosch die Welt stützte. Die frühen Christen betrachteten den Frosch als Symbol der Auferstehung, aber auch als Verkörperung des Bösen sowie von Neid und **Gier**.

Seepferd *Unten*
In den mediterranen Kulturen der antiken Welt Griechenlands und Roms glaubte man, Seepferde würden die Wagen der Meeresgötter ziehen. Sie wurden dem Meeresgott **Neptun** (Poseidon) zugeordnet und symbolisierten daher auch die Kraft des **Wassers**. Seepferde geleiteten außerdem die Toten sicher durch die Unterwelt. Das hier mit einer Najade (Wassernymphe) dargestellte Seepferd stammt aus einer griechischen Legende. Für die Fischer symbolisieren Seepferde **Glück**, außerdem sollen sie gegen Fieber schützen. Aufgrund ihrer Gestalt betrachteten die Chinesen sie als die kleinen Söhne der **Drachen**.

Wal *Links unten*
Der Wal war ein Symbol der Macht und der regenerativen Kraft des Meeres, doch nachdem er den biblischen Jonas verschlungen hatte, assoziierte man ihn mit dem Tod und dem Bauch der Hölle. In diesem Zusammenhang kann er jedoch auch die Auferstehung symbolisieren, weil er Jonas wieder freiließ, als dieser nach drei Tagen seinen Glauben wiedergefunden hatte. Bei den Inuit (Eskimos) ist der Wal ein **Gauner**. Da frühe Seefahrer oft von den breiten Walrücken irritiert wurden und auf ihnen zu landen versuchten, brachte man diese Tiere mit Täuschung und List in Verbindung. Der Wal kann aber auch ein kosmisches Symbol sein, als Stützpfeiler des Universums (in arabischen und slawischen Ländern und Rußland) oder als Sinnbild der Welt bzw. des **Körpers** und des Grabes.

Delphin *Oben*
Der Delphin steht für Rettung, Schnelligkeit, **Liebe** und Wachsamkeit. Da er so freundlich zu den Menschen ist, glaubte man, er sei einst selbst ein Mensch gewesen. In der Antike galt er als König der Meerestiere, symbolisierte die Macht des Meeres und zog den Wagen Poseidons (Neptuns). Zudem war er die „Frau des Meeres" und Aphrodite (**Venus**) sowie der babylonischen Ischtar und der ägyptischen Isis geweiht. In Delphi wurde er dem Sonnengott Apollo zugeordnet, der Delphin *(delphis)* kann aber auch den Schoß der Frau *(delphys)* verkörpern. Häufig wird er in Verbindung mit einem Anker dargestellt, der für Ruhe sorgt, und repräsentiert dadurch Besonnenheit. Er symbolisiert den ans **Kreuz** geschlagenen Jesus Christus, wenn er auf einem Anker oder von einem **Dreizack** durchstochen gezeigt wird; mit einem Schiff verkörpert er die christliche Kirche. Da er Seeleute vor dem Ertrinken rettete und die Toten durch die Wasser des Todes leitete, symbolisierte er Jesus, den Erlöser. Der Delphin wurde mit dem Wal gleichgesetzt, der Jonas verschlungen und wieder freigegeben hatte, weshalb er für die Wiedergeburt steht. Bei den Indianern kann er ein Götterbote und eine Verkörperung des Großen Geistes sein.

Fisch *Unten*
Diese Meereslebewesen sind ein machtvolles Symbol für die Christenheit, repräsentieren aber auch die männliche Fruchtbarkeit und stehen für Mondgottheiten. Da die Tiefe des Meeres das Unbewußte symbolisiert, kann der Fisch Kreativität und Inspiration verkörpern. Außerdem kann er weibliche Fruchtbarkeit repräsentieren. Fische waren dem babylonischen Gott Ea-Oannes und Ischtar geweiht. In Ägypten galt der Fisch als Phallus von **Osiris** und wurde außerdem Isis und Hathor zugeordnet. In der griechisch-römischen Tradition waren Fische Attribute der Liebesgöttin Aphrodite (**Venus**) und von Poseidon (**Neptun**), des Gottes der Tiefe. Die Kelten verbanden vor allem den Lachs und die Forelle mit heiligen Quellen und göttlichem Wissen. Für die Buddhisten verkörpert der Fisch die Freiheit des Geistes und des Glaubens, denn wie Christus betätigte sich auch **Buddha** als Menschenfischer. Für die Juden ist der Fisch himmlische Nahrung und repräsentiert die Gläubigen, die in den Wassern der Thora schwimmen. Die Hindu-Götter Varuna und Vishnu können Fischgestalt annehmen – der Fisch war die erste Inkarnation Vishnus als Retter der Menschheit vor den Fluten, und Varuna ist die goldene Wassergottheit. In China verkörpert der Fisch Überfluß und ist ein Emblem für Kwanyin, die Göttin der Milde, und die Tang-Dynastie. Das Tierkreiszeichen Fische repräsentiert menschliche Konflikte, das Wasser und die jenseitige Welt.

Karpfen *Oben*
Der Karpfen hat in westlichen Kulturen nur geringe Bedeutung, in Asien aber ist er Symbol für **Liebe**, Mut, Würde und **Glück**. In Japan repräsentiert der Karpfen die würdige Annahme des Schicksals und verkörpert Glück, weil er sehr lange lebt. Das japanische Wort für „Karpfen" wird genauso ausgesprochen wie „Liebe". Da er alle Widerstände überwindet, wenn er flußaufwärts zu seinen Laichplätzen schwimmt, steht der Karpfen für Ausdauer und war bei den Samurai ein Symbol für Mut. Der chinesische Karpfen teilt viele dieser Bedeutungen, steht aber darüber hinaus auch für Beharrlichkeit und Erfolg, weil er die Stromschnellen hochspringen und sich in den wissenden **Drachen** verwandeln kann.

Seestern *Oben*
Der Seestern teilt wegen seiner Form in vielerlei Hinsicht die Symbolik des **Sterns**. In der christlichen Ikonographie repräsentiert er die **Jungfrau Maria** (*Stella Maris*, den „Stern des Meeres"), die für sichere Fahrt über die stürmische See sorgt und daher ein Leuchtturm der Erlösung auf den gefährlichen Wassern der Welt ist. Diese Bedeutung wird ausgedehnt auf den Heiligen Geist, auf Mildtätigkeit und den christlichen Glauben. Weil er im Meer lebt und nicht ertrinkt, verkörpert der Seestern auch die reine, unauslöschliche **Liebe**.

Weichtiere

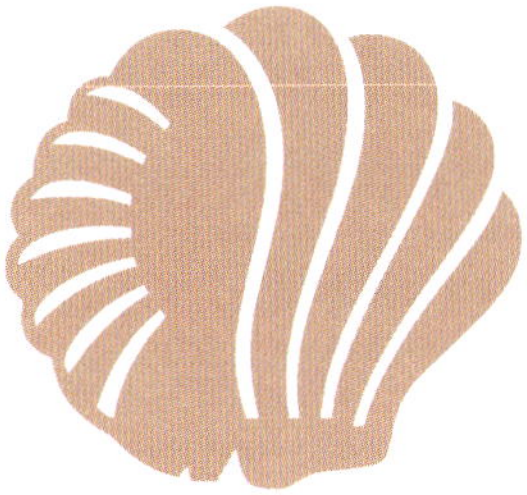

Muschel *Oben*
Sie ist ein universelles weibliches Symbol für Geburt, Leben, Auferstehung, **Liebe** und **Glück**. Wegen ihrer harten Schale, die das Leben schützt (und Perlen enthält) symbolisiert sie den Schoß der Frau und Fruchtbarkeit, ist als Wassergeschöpf dem **Mond** zugeordnet und wird auf die Jungfräulichkeit bezogen. In der antiken Mythologie wird die Liebesgöttin Aphrodite (**Venus**) aus Schaum geboren und auf einer Kammuschel an Land gebracht, ebenso die Hindugöttin Lakshmi. Im Christentum steht die Muschel für Auferstehung, aber auch für die Taufe. Im Mittelalter symbolisierte die Kammuschel eine Pilgerfahrt, besonders jene des hl. Jakob nach Santiago de Compostela in Spanien. Jakob wurde der Schutzherr der Pilger und sein Zeichen die Kammuschel. Auch der Schutzengel Raphael wurde mit einer Kammuschel dargestellt. Weil man glaubte, sie werde durch Tau befruchtet, konnte die Muschel auch die **Jungfrau Maria** repräsentieren, die Mutter Jesu, der „heiligen Perle". Im Buddhismus und Hinduismus war die Meeresschnecke von besonderer Bedeutung, weil ihr Ruf die Gläubigen weckte. Die Muschel gehört zu den Acht Symbolen Guter Vorzeichen in China und steht für eine erfolgreiche Reise.

Schnecke *Rechts*
Die Schnecke ist ein Symbol für Geburt und Erneuerung, aber auch für Langsamkeit. Das Gehäuse, in das sie sich zurückzieht, symbolisiert Wiedergeburt, kann aber auch das Zu- und Abnehmen des **Mondes** versinnbildlichen. Durch ihr spiralförmiges Gehäuse repräsentiert sie die dynamischen und kosmischen Bezüge dieser geometrischen Form, symbolisiert aber auch das Labyrinth. Indianische Windgötter nehmen ihre Gestalt an, weil der Wind bis in ihr Gehäuse vordringen kann. Die Maya und Azteken assoziierten die Schnecke zum Beispiel mit der mexikanischen Mondgöttin Tecciztecatl. Im Christentum steht die Schnecke als Symbol für Langsamkeit und Sündhaftigkeit, weil sie schleimige Nahrung zu sich nimmt.

Krake *Unten*
Der Krake ist vor allem in den Mittelmeerländern ein weitverbreitetes Symbol und wurde insbesondere in der minoischen und mykenischen Kunst als Motiv verwendet. Seine acht spiralförmigen Arme erinnern an die Entfaltung der Schöpfung, eine Symbolbedeutung, die er mit der **Spirale**, dem **Drachen** und der **Spinne** teilt. Doch diese positive Bedeutung stand oft im Widerspruch zu der Vorstellung, daß er den **Teufel** und die Hölle repräsentiert, weil er schwarze Tinte verspritzt. Als Meeresgeschöpf symbolisiert er **Wasser** und **Mond**, aber auch **Donner** und **Regen**. Er läßt sich auf das Sternzeichen **Krebs** und die Sommersonnenwende beziehen.

Vögel

Adler *Rechts*
Wegen seiner majestätischen Erscheinung und seiner scharfen Augen ist der Adler ein universelles Symbol und repräsentiert den Himmelsgott. Zudem steht er für Mut, Sieg und Macht, Größe, **Donner** und Sturm. Bei den Griechen und Römern war er der Träger des Blitzes für **Zeus** (Jupiter) und repräsentierte auf den Bannern der römischen Legionen das siegreiche römische Imperium. Im Christentum symbolisiert der Adler die Allmacht Gottes, den Glauben, Johannes den Täufer und die Himmelfahrt Jesu. Der Adler besitzt denselben Symbolgehalt wie der **Phönix**, weil er sich alle zehn Jahre erneuerte, indem er in die **Sonne** flog und anschließend dreimal ins Meer tauchte. Daher wurde er zu einem Symbol für Wiedergeburt und die Taufe. Eine **Schlange** im Schnabel des Adlers symbolisiert den Sieg Christi über den **Satan**. Das adlerförmige Pult mit der Bibel versinnbildlicht die Inspiration durch die Evangelien. Häufig wird der Adler als Sonnenemblem im Kampf mit Schlangen (den erdhaften Kräften) dargestellt oder in der siegreichen Auseinandersetzung mit einem **Stier** oder **Löwen**, was den Triumph des Spirituellen über das Irdische zum Ausdruck bringt. Bei den Indianern symbolisieren die Federn des Adlers die Sonnenstrahlen; der Adler steht für den Tag und ist ein Bote zwischen den Göttern und den Menschen. Als König der Vögel ist der Adler das Emblem der Monarchen und wurde zum beliebten Wappensymbol. Außerdem repräsentierte er das Heilige Römische Reich und das Imperium Napoleons. Der Doppelkopfadler des Byzantinischen Reichs und des Zarenreiches ist aus dem hethitischen Symbol der Zwillingsgötter abgeleitet, die Macht und Allwissenheit repräsentierten. Viele Staaten wählten den Adler als Nationalemblem, zum Beispiel die USA. Er hat eine ambivalente Bedeutung, wenn er mit den sieben Todsünden und den vier Kardinaltugenden assoziiert wird, und symbolisiert Stolz und Gerechtigkeit.

Eule *Unten*
Obwohl die Eule **Athene** zugeordnet war, der griechischen Göttin der **Weisheit**, ist sie in den meisten Kulturen mit negativen Deutungen verbunden. In Ägypten und im Christentum repräsentierte dieser nachtaktive Vogel Tod, Unglück und geistige Dunkelheit. Die Kelten betrachteten die Eule zwar als heilig, verbanden sie jedoch als „Leichenvogel" mit der Unterwelt. Im Hinduismus war sie die Botin des vedischen Totengottes Yama. Afrikanische und australische Ureinwohner betrachten die Eule als Botin von Zauberern, und im mittelalterlichen Europa glaubte man, **Hexen** könnten sich in Eulen verwandeln. Bei den nordamerikanischen Indianern hat sie eine ähnliche Bedeutung, kann aber auch Weisheit symbolisieren. In China und Japan galt sie als Kindesentführerin und verkörperte daher Verbrechen und undankbaren Nachwuchs. In der hebräischen Tradition symbolisiert die Eule Blindheit und gilt als unrein. Für besonders dämonisch hielt man die Schleiereule (hier abgebildet) und den Uhu. Die Kreischeule dagegen spielt manchmal eine positive Rolle, wenn sie Jäger vor Gefahren warnt.

Falke *Unten*
Der Falke (hier ein Rundschwanzsperber) und andere Raubvögel repräsentieren einerseits das Böse und den **Tod**, stehen aber auch für das Sonnenlicht und teilen diese Bedeutung mit dem **Adler**. In Ägypten war der Falke, der König der Vögel, ein heiliges, königliches Tier, weil er den allessehenden **Horus** verkörperte, den Himmels- oder Sonnengott **Re**. Er und andere ägyptische Götter werden oft mit

einem Falkenkopf dargestellt. Bei den frühen Christen jedoch stand der Falke für das Böse, während ein gezähmter Falke die bekehrten Heiden repräsentierte und ein Falke mit Haube die Hoffnung auf Erleuchtung ausdrückte. In der antiken Mythologie war der Falke ein Bote Apollos und der Zauberin Circe geweiht. Bei den Kelten galt der Falke als Siegessymbol. Der nordische Gott Odin nahm manchmal die Gestalt dieses Vogels an, der Freya zugeordnet wurde. Im Hinduismus war der Falke Gayatri das Fortbewegungsmittel von Indra und brachte den Göttertrunk Soma vom Himmel. In China symbolisierte er die **Sonne**, aber auch den Krieg. In Polynesien gilt der Falke als prophetischer Vogel mit magischen Heilkräften.

Rabe *Unten*

Der Rabe ist (wie die Krähe) mit einem ambivalenten Symbolismus besetzt: Zwar wird er wie die meisten Vögel auf die Sonne bezogen, wegen seiner schwarzen Federn gilt er jedoch oft als Inbegriff des Bösen. Weil er intelligent ist und sprechen kann, schrieb man ihm häufig prophetische Gaben und Weisheit zu. Bei einigen Indianerstämmen gilt er als Baumeister der Welt, als **Gauner** oder als Bote des Großen Geistes. Die Ägypter betrachteten ihn als destruktiven Vogel, ebenso die Juden, die glaubten, er hacke den Toten die Augen aus. Als Heiliger Rabe war er in der keltischen Mythologie ein Symbol für Krieg, Fruchtbarkeit und Prophetie; doch als Rabe der Schlacht und als Göttin Badb brachte er Unglück. Die nordischen Kulturen dagegen glaubten, auf den Schultern Odins (Wotans) säßen zwei

Raben: Hugin („Denken") und Munin („Gedächtnis"), die als Augen des Gottes wirkten. Der Rabe ist das Emblem der Wikinger und der Dänen. In der antiken Tradition assoziierte man den Raben mit langem Leben, Fruchtbarkeit, Hoffnung und der Sonne, aber er stand auch für den **Tod**. Er war ein Bote Apollos und einst weiß, bevor er vor Zorn schwarz wurde. In China lebt ein dreibeiniger Rabe in der Sonne, der ihre drei Stadien verkörpert: Aufgang, Mittag und Untergang. Für die Japaner ist er ein Götterbote. Die Christen bezogen ihn auf den **Teufel** und die Sünde, er kann jedoch auch Einsamkeit repräsentieren. Da er Elias Essen brachte, verkörpert er auch die Vorsehung Gottes und die Hoffnung. Noah schickte von seiner Arche einen weißen Raben aus, der schwarz wurde, als er erfolglos zurückkehrte. Die Alchemisten assoziierten ihn mit dem Sterben der Welt. Er repräsentiert ferner die Todsünde der Völlerei. Wenn der Rabe sein Nest verließ, war Unheil im Anzug – daher stammt auch der Mythos, daß England fallen wird, wenn die Raben dem Londoner Tower den Rücken kehren.

Krähe *Oben*

Die Bedeutung der Krähe entspricht weitgehend jener des Raben, und viele Kulturen unterscheiden nicht zwischen den beiden Vögeln. Daher ist sie ein Symbol für **Tod** und Unglück, kann aber auch auf die **Sonne** bezogen werden. Bei den Ägyptern symbolisierte ein Krähenpaar die Monogamie. In der griechischen Mythologie nahm Apollo die Gestalt einer Krähe an, als er vor Typhon floh, und daher war dieser Vogel ihm und Athene geweiht. Die keltische Heldin Branwen wurde als weiße Krähe dargestellt. Nach allgemeinem Glauben können sich Feen in Krähen verwandeln und Unglück bringen. Für die Indianer ist die Krähe ein Totemtier, das das heilige Gesetz bewahrt und Wandel repräsentieren kann; wie der Rabe kann sie ein **Gauner** und eine Botin der geistigen Welt sein.

Geier *Rechts oben*

Als Aasfresser und wegen seiner ungepflegten Erscheinung ist der Geier heute allgemein schlecht angesehen. Für die Ägypter jedoch war er das „Huhn des Pharaos" und symbolisierte die Mutterschaft: Geier galten als weiblich und fütterten ihre Jungen mit ihrem eigenen Blut (was man später auch vom **Pelikan** glaubte). Daher war er Mut geweiht, der Göttin der Mütterlichkeit, und **Isis**, die auch einmal seine Gestalt annahm. Auch Hathor wurde gelegentlich als Geier dargestellt. Der Geier verkörperte das weibliche, der Skarabäus das männliche Prinzip. In Griechenland und Rom war der Geier Ares (Mars), Apollo und Herkules geweiht (der den Geier tötete, der Prometheus die Leber herausgerissen hatte). Außerdem war er das Reittier von Kronos (Saturn). Wie das Horn des **Einhorns** sollten die Krallen des Geiers Gift aufspüren können, wie man im Mittelalter glaubte. Naheliegenderweise wird der Geier oft mit dem **Tod** assoziiert. Weil er Leichen säubert, bezogen ihn die nordamerikanischen Indianer auf das reinigende **Feuer** und die **Sonne**, während man in Afrika glaubte, er kenne das Geheimnis der Transformation, weil er Tote in lebendes Fleisch verwandeln könne. Im Christentum kann der Geier die **Jungfrau Maria** symbolisieren, wofür die Annahme verantwortlich ist, die Eier des Vogels würden durch den Ostwind befruchtet werden.

Taube *Unten*

Im Christentum z. B. symbolisiert die Taube Frieden, hat aber auch noch viele andere Bedeutungen. Nach slawischer Tradition verwandelt sich die Seele beim Tod in eine Taube; im Hinduismus und anderen Religionen symbolisiert die Taube den Geist. Der Heilige Geist der Christen wird häufig als Taube dargestellt, ebenso die Apostel. In der Antike war die Taube **Athene** (Minerva) geweiht und repräsentierte die Erneuerung des Lebens, wurde aber auch mit **Zeus** (Jupiter) – der von Tauben gefüttert wurde – und Aphrodite (**Venus**) verbunden. Die Ägypter betrachteten sie als Verkörperung der

Unschuld und glaubten, sie sitze auf dem **Lebensbaum**. Der Islam verehrt sie als Beschützerin Mohammeds. Während sie in China langes Leben und Ordnung symbolisiert, ist sie in Japan mit dem Kriegsgott Hachiman verbunden. Früher war die Taube der einzige Vogel, den die Juden zur rituellen Reinigung nach einer Geburt opfern durften. Sie kann zudem Israel symbolisieren. Ferner wurde die Taube Fruchtbarkeitsgöttinnen wie Ischtar und Astarte zugeordnet. Heute repräsentieren Turteltauben die Liebe. In Verbindung mit den Kardinaltugenden steht die Taube für Mäßigung. *Siehe auch* **Taube** *und* **Ölbaumzweig** *unter Heilige Symbole.*

Pfau *Oben*

Aufgrund seines prachtvollen Federkleids wurde der Pfau mit einer Vielzahl von Bedeutungen belegt. Wegen seiner stattlichen Erscheinung assoziierte man ihn oft mit dem Königtum, und z. B. bei den Babyloniern und den Persern (die glaubten, daß zwei Tauben den **Lebensbaum** bewachten) saßen die Könige auf einem Pfauenthron. Pfaue waren das Emblem römischer Kaiserinnen und Prinzessinnen. Bei den Griechen und Römern besaß der Pfau einen weitergehenden Symbolgehalt. Der Vogelgott Phaon wurde auf den Pfau bezogen. Hera (Juno), der dieser Vogel geweiht ist, erschuf den Pfau aus dem Leichnam des Riesen Argus und setzte dessen hundert Augen in seinen Schweif (der das Himmelsgewölbe und die „Augen" der Sterne repräsentiert). Seit jeher assoziiert man die ausgeprägte Zeichnung der Pfauenfedern mit Augen; im Christentum stehen sie für die „allessehende" Kirche. Da der Pfau seine Federn abwirft und erneuert, kann er die Auferstehung versinnbildlichen, und da man glaubte, er könne nicht sterben, symbolisierte er Unsterblichkeit. Im Pantheon der Hindus ist der Pfau das Reittier von Lakshmi, Brahma und Kama und ist Sarasvati geweiht. Der Islam beschreibt das Pfauenauge als das „Auge des Herzens" und assoziiert es mit der **Sonne**, dem **Mond** und den **Sternen**. Die Buddhisten betrachten es als Symbol für das **Rad** des Lebens und die Sonne. Es war das Emblem von Avalokitesvara und des Amitabha-Buddha, wurde aber auch mit Kwan-yin und Kwannon, den chinesisch-japanischen Göttinnen der Gnade, verbunden. Der Pfau, der Wachsamkeit repräsentiert (und der vor Kummer umkommen soll, wenn sein Partner stirbt), war in China heilig, wo seine Feder zum Emblem der Ming-Dynastie wurde und hohen Rang symbolisierte. Der Pfau hat aber auch negative Bedeutungen: Seine Gewohnheit, sich zur Schau zu stellen, verweist auf die Todsünden Stolz *(Superbia)* und Eitelkeit. Im Hinduismus besitzt der Pfau das Kleid eines Engels, die Stimme des Teufels und den Gang eines Diebes, und wenn er seine häßlichen Füße sieht, so heißt es, soll er schreien.

Dodo *Oben*

Das inzwischen ausgestorbene Tier war ein flugunfähiger Vogel auf Mauritius. Er ist ein Symbol für die Ausrottung vieler Tiere durch den Menschen und erinnert an unsere Verpflichtung, respektvoll mit der Natur umzugehen. Der englische Ausdruck „Tot wie ein Dodo" bezieht sich auf einen konservativen Menschen oder auf etwas, das sich überlebt hat.

Strauß/Emu *Oben*

Aufgrund seiner Gewohnheit, den Kopf in den Sand zu stecken, symbolisiert der Strauß heute Dummheit und den vergeblichen Versuch, unbequemen Wahrheiten auszuweichen. Historisch hat er jedoch wesentlich positivere Bedeutungen. Seine Federn waren in Ägypten ein wichtiges Symbol für **Gerechtigkeit** und Wahrheit, wurden dazu verwendet, die Seelen der Toten in der Unterwelt zu wiegen, und symbolisierten Ma'at, die Göttin der Gerechtigkeit. In der Antike und im Mittelalter schrieb man viele unübliche Praktiken irrtümlich dem Strauß zu: Er sollte seine Eier durch Anstarren ausbrüten, weshalb sie zu einem Symbol für Meditation wurden. Einer anderen Theorie zufolge brütete die Hitze der Sonne seine Eier aus, die daher in vielen Kulturen als ein Symbol der Schöpfung galten. In Babylonien symbolisierten sie die böse Göttin Tiamat, die vom Kriegsgott Marduk erschlagen wurde. Bei einigen afrikanischen Stämmen repräsentierte der Strauß Licht, **Wasser** und magische Kraft. Der Emu (hier ist ein australischer Emu abgebildet) hat im wesentlichen dieselben symbolischen Bedeutungen wie der Strauß.

Schwan *Oben*

Der graziöse Schwan ist mit einer Vielzahl positiver Bedeutungen besetzt und repräsentiert Licht, Leben, Anmut, Reinheit, **Liebe**, Einsamkeit, Poesie, Musik und Aufrichtigkeit. In manchen Kulturen dagegen steht er für die Täuschung, weil sein weißes Federkleid schwarzes Fleisch bedeckt. Wegen des runden Körpers und des langen Halses verkörpern Schwäne Männlichkeit wie Weiblichkeit, aber auch **Wasser** und **Feuer** und durch die Vereinigung dieser Eigenschaften Vollkommenheit. In der nordischen Kultur gilt der Schwan als Inbegriff weiblicher Schönheit (häufig nahmen die Walküren seine Gestalt an). Der Überlieferung zufolge sang der Schwan nur, wenn er sterben mußte, daher kündet sein Gesang vom **Tod** (das letzte Werk eines Künstlers bezeichnet man als Schwanengesang). In der Antike war der Schwan Apollo, dem Gott der Musik, geweiht und symbolisierte männliche Fruchtbarkeit und die Sonne. **Zeus** (Jupiter) nahm Schwanengestalt an, um Leda zu verführen, weshalb der Schwan als Symbol der Liebe gilt. Der Schwan war der Liebesgöttin Aphrodite (**Venus**) zugeordnet und symbolisierte Keuschheit. Im Christentum kann er die **Jungfrau Maria** repräsentieren. Die Kelten betrachteten Schwäne als wohlwollende Sonnengötter mit goldenen oder silbernen Ketten um den Hals. Bei den Indianern führt der Schwan den Befehl des Großen Geistes aus und kann die vier Winde herbeirufen. Im Orient symbolisiert er die Sonne, Anmut, Erhabenheit und Mut. Für die Hindus war der Schwan der Hamsa-Vogel und repräsentierte die vollkommene Einheit und den Atem des Geistes. Ferner diente er Brahma als Reittier und legte das Kosmische Ei. Die Gans teilt viele Bedeutungen des Schwans.

Storch *Unten*

Heute verbindet man den Storch vor allem mit dem Glück junger Eltern, weil er die Kinder bringt, er ist aber auch ein allgemeineres Glückssymbol. Als Zugvogel wurde er zum Symbol des Reisenden, und durch seine Gewohnheit, den Winter in wärmerem Klima zu verbringen und im Frühling wieder zurückzukehren, repräsentiert er das Frühjahr, die Auferstehung und neues Leben (in Ländern, wo er sein Winterquartier aufschlug, glaubte man oft, er nehme Menschengestalt an). Daraus erklärt sich vielleicht der Mythos vom Klapperstorch, in Nordeuropa jedoch meinte man, daß die Seelen ungeborener Kinder den Lebensraum des Storches, die Sümpfe und Teiche, bevölkerten. In China verkörpert der Storch langes Leben und Einsiedelei. Da er oft lange regungslos auf einem Bein steht, assoziierte man ihn auch mit Meditation. In Ägypten und Griechenland symbolisierte er die Dankbarkeit eines Kindes, weil er seine Eltern ernährt, wenn sie sich nicht mehr selber versorgen können. In Griechenland und Rom stand er für die Frau als Ernährerin und war Hera (Juno) geweiht. Weil er Schlangen tötet, galt er bei den Christen als Feind des **Teufels** und kann Jesus verkörpern, aber auch Keuschheit, Reinheit, Wachsamkeit und Besonnenheit. Einer schwedischen Legende zufolge erschien der Storch bei Christi Kreuzigung und rief diesem *Stryka! Stryka!* (Stärke) zu.

Pelikan *Rechts oben*

Der Pelikan, so glaubte man, fütterte seine Kinder mit seinem eigenen Blut, indem er sich die Brust aufpickte und sein Leben für die Jungen gab – daher wurde er zu einem Symbol für Selbstaufopferung und elterliche Liebe. In einer mittelalterlichen Überlieferung erstickte eine Pelikanmutter ihre Kinder mit ihrer Liebe, aber das Männchen erweckte sie mit seinem Blut wieder zum Leben. Es heißt aber auch, das Männchen habe die Kleinen aus Wut getötet, und die Mutter habe sie mit Blut aus ihrer Brust wiederbelebt – beide Mythen symbolisieren die Auferstehung. Seit Dantes Zeiten wird der Pelikan mit Christus assoziiert und steht für Frömmigkeit und **Eucharistie**. In der Alchemie verkörpert er Auferstehung und ist der Widerpart des Raben.

Elster *Unten*

Der schwarz-weißen Elster begegnet man im Westen traditionell mit Mißtrauen, weil sie als Vorzeichen für Unglück und **Tod** gilt. Der Ursprung dieser Einschätzung ist jedoch unbekannt. Für die Christen des Mittelalters symbolisierte die Elster das Böse, Verfolgung und frühen Tod. Sie wird bei der Geburt Christi dargestellt und kann den **Teufel** repräsentieren sowie Eitelkeit und Ausschweifungen. In einem alten englischen Vers werden der Elster prophetische Gaben zugeschrieben, und sie wird folgendermaßen inter-

pretiert: eine Elster verkörpert Leid, zwei Elstern repräsentieren Freude, drei eine Hochzeit, vier eine Geburt, fünf eine Taufe, sechs einen Todesfall, sieben den Himmel, acht die Hölle und neun den Teufel. Weit verbreitet ist auch das Bild der „diebischen Elster". In Asien dagegen hat die Elster positive Bedeutung, und in China gilt sie als Vogel der Freude. Außerdem ist sie eine Glücksbringerin und verkündet gute Nachrichten. Die Elster war das Symbol der Mandschu-Dynastie.

Schwalbe *Oben*
Die Rückkehr der Schwalbe im **Frühling** symbolisiert Hoffnung, Fruchtbarkeit und Erneuerung. Da man dachte, sie würde einen Winterschlaf halten (im Schlamm, in Höhlen oder im Wasser), repräsentiert sie auch die Auferstehung. Wie die meisten Vögel steht sie für das Licht. In antiken Kulturen, auch in Ägypten, war sie der Inbegriff für Mütterlichkeit. Die Ägypter betrachteten die Schwalben auch als Nordsterne, die über dem Lebensbaum stehen. Bei Griechen und Römern brachte es Unglück, wenn man eine Schwalbe tötete, denn sie verkörperte die Geister verstorbener Kinder. Außerdem war sie Aphrodite (**Venus**) zugeordnet. Nach einer schwedischen Legende wohnten eine Schwalbe und ein **Storch** der **Kreuzigung** Jesu bei und die Schwalbe versuchte ihn zu trösten *(Salva! Salva!)*. Bei den Chinesen symbolisiert die Schwalbe Wagemut, Treue und eine Wendung zum Positiven, in Japan dagegen kann sie für Untreue und Mutterliebe gleichermaßen stehen. Im Islam wird die Schwalbe verehrt, weil sie eine ungewöhnliche Pilgerfahrt nach Mekka unternahm. In der Heraldik wird sie ohne Füße dargestellt, weil man im Mittelalter glaubte, sie würde niemals den Boden berühren (ebenso in afrikanischen Kulturen, wo sie Reinheit verkörpert). Schwalben, so glaubte man, fütterten ihre Brut mit dem Saft von Schöllkraut, der ihnen Sehkraft verlieh, so daß sie zu einem Symbol für die Erleuchtung durch Gott wurden. Im Volksglauben bringt ein Schwalbennest am Haus **Glück**.

Hahn *Rechts*
Der Hahn symbolisiert allgemein Mut und Wachsamkeit, aber auch Arroganz und Hochmut. Im antiken Griechenland glaubte man, er begrüße die **Sonne** durch sein Krähen in der Morgendämmerung, und er war Apollo und anderen Göttern geweiht. In den meisten Kulturen repräsentierte er somit den Sieg des Lichts über die Dunkelheit (und des Guten über das Böse) und galt als Wächter. Aufgrund seines feurigen roten Kammes betrachtete man ihn auch als Symbol für das **Feuer**. Die Kelten und Wikinger jedoch hielten ihn für einen Vogel der Unterwelt. Er ist ein universelles Fruchtbarkeitssymbol und diente in vielen Kulturen als Opfertier. Im Buddhismus verkörpert der Hahn die Wollust im Rad der Existenz, im Schinto-Glauben steht er auf der Trommel, die die Gläubigen zum Gebet ruft. Als aggressives Geschöpf verkörpert er im Fernen Osten Kampf und Mut. Weil er gern einherstolziert und sich zur Schau stellt, gilt er als Symbol für Eitelkeit – vor allem von Männern („eitler Gockel"). Im Christentum wurde er zu einem Symbol für das Leiden Jesu, weil er dreimal krähte, als Petrus Jesus verleugnete, später aber assoziierte man ihn mit Reumütigkeit und Wachsamkeit sowie mit der Auferstehung. Er ist ein beliebtes Motiv auf Wetterfahnen (Wetterhahn), vor allem auf den Dächern von Kirchen. Der Hahn gehört zu den zwölf Zeichen des **chinesischen Tierkreises**, wo er eine Vielzahl von Eigenschaften repräsentiert, wie zum Beispiel Ehrlichkeit, Moral und Mut, aber auch Arroganz und herrisches Gehabe. Für die Chinesen symbolisiert er **Yang** und wird mit vielen weiteren Attributen verbunden, wie Krieg, **Glück**, Treue, Schutz und literarische Begabung. Im westlichen Volksglauben gilt ein schwarzer Hahn als Helfer des **Teufels**. Er ist das Nationalemblem Frankreichs (gallischer Hahn).

Truthahn *Unten*
Der in Nordamerika beheimatete Truthahn gilt bei vielen Indianerstämmen als Fruchtbarkeitssymbol und steht für weibliche Gebärfähigkeit wie männliche Zeugungskraft. Daher wurde er häufig bei Fruchtbarkeitsriten geopfert. Der Stamm der Creek führt beim **Feuer**-Fest traditionell einen Truthahn-Tanz auf. Außerdem repräsentierte dieser Vogel für viele Indianerstämme Selbstaufopferung und Altruismus. In Mittelamerika wird er „Großer Xolotl" genannt und ist bei den Maya, Tolteken und Azteken heilig. Seit dem 17. Jahrhundert essen die Amerikaner an *Thanksgiving*, ihrem Erntedankfest, einen Truthahn, um der Pilgerväter zu gedenken, die bei ihrem ersten Erntedankfest 1621 vier wilde Truthähne verspeist hatten. Später wurde der Truthahn auch in England eingeführt, wo er zum Hauptbestandteil des Weihnachtsessens wurde. Wie den **Pfau** assoziiert man den Truthahn mit dem Wetterumschwung, weil er vor Stürmen sehr aufgeregt ist.

Insekten

Spinne *Oben*

Heute ist die Spinne vor allem ein Symbol für **Angst**, doch ihr Netz steht auch für das Leben und das Schicksal. Weil es strahlenförmig von einem Zentrum ausgeht, repräsentiert sie in manchen Kulturen die Sonne und die Erschaffung des Lebens. Aufgrund ihres kunstvoll gesponnenen Netzes assoziierten die Kelten sie mit dem Netz des Lebens, in dem sich der Mensch verstrickt. Bei den Ägyptern sowie den Griechen, wo sie die Moiren (Schicksalsgöttinnen), **Athene** (Minerva) und Arachne symbolisierte, verkörperte ihr Netz das Schicksal. Im Hinduismus steht das Spinnennetz für die kosmische Ordnung, in deren Zentrum sich die Spinne oder *maya* befindet – die Weberin der Illusionen. In Ozeanien und bei einigen Indianerstämmen erschuf die Spinne das Universum, und bei den australischen Ureinwohnern ist die Große Spinne eine Sonnengottheit, während sie in einigen Teilen Afrikas als **Gaunerin** gilt. Im Christentum symbolisiert das Spinnennetz die Vergänglichkeit des Menschen, und da die klebrigen Spinnfäden Unvorsichtigen zur Falle gereichen, verband man die Spinne auch mit dem **Teufel** und dem Bösen. Weil sie sich zuerst starr stellt und sich dann plötzlich auf ihre hilflose Beute stürzt, repräsentiert die Spinne die Große Mutter, die erschafft, aber auch zerstört. Für die Christen ist sie der Geiz, der sein Opfer ausnimmt. Die Japaner glauben, die weibliche Spinne lauere Reisenden auf. Im Volksglauben gilt es oft als unheilbringend, eine Spinne zu töten, da sie auch Geld und Glück bedeuten kann.

Skorpion *Rechts*

Mit seinem verborgenen giftigen Stachel ist der Skorpion ein Symbol für Gefahr und Angst, kann aber auch Schutz vor Feinden bedeuten. Man glaubte, der Skorpion erzeuge ein Öl, das gleichsam als Gegenmittel gegen sein Gift wirkt. Deshalb trug man in vielen Kulturen, etwa in Ägypten und im Tibet, Skorpion-Amulette, um das Böse fernzuhalten. Eine weitere Zweideutigkeit liegt in seiner Verbindung mit Muttergöttinnen wie der babylonischen Ischtar und der ägyptischen **Isis**. Die Sumerer assoziierten den Skorpion mit der Sonne, und männliche Skorpione bewachten heilige Tore. Für die Ägypter war der Skorpion böse und eine tierische Erscheinungsform von Seth, doch Selket, die Schutzgöttin der Toten, wurde mit einem Skorpionkopf dargestellt. In der antiken Mythologie wurde Artemis (**Diana**) von Orion geärgert, und sie stiftete daraufhin den Skorpion an, Orion in den Fuß zu stechen. Nach Orions Tod stellte **Zeus** (Jupiter) dieses Geschöpf in den Himmel, wo es ein Sternzeichen wurde. Bei den Christen symbolisiert der Skorpion Verrat (personifiziert durch Judas) und verkörpert den **Teufel** sowie die Ketzerei, Haß und Neid. Früher war er auch das Symbol für Afrika und die Erde.

Schmetterling *Unten*

Weil er sich vom Ei und dem Kokon über die Raupe und die Puppe zu seiner vollen Pracht entwickelt, steht der Schmetterling in erster Linie für die Seele, die Transformation und die Wiedergeburt – die Erschaffung des Lebens aus dem Tod. Bei den Chinesen verkörpert der Schmetterling Unsterblichkeit. Wegen seiner Flatterhaftigkeit betrachten die Japaner ihn als ein Symbol für Unstetigkeit; ein Schmetterlingspaar jedoch repräsentiert eine glückliche Ehe, und ein weißer Schmetterling steht für den Geist der Toten. Im Christentum wird der Schmetterling als Zeichen der Auferstehung anerkannt (die Larve repräsentiert das Leben, der Kokon den Tod), gilt aber auch als Symbol für Eitelkeit und Kurzlebigkeit. Im antiken Griechenland wurde **Psyche** als Schmetterling dargestellt, weil beide den gleichen Namen hatten. In der Traumanalyse wird der Schmetterling als Neuanfang interpretiert.

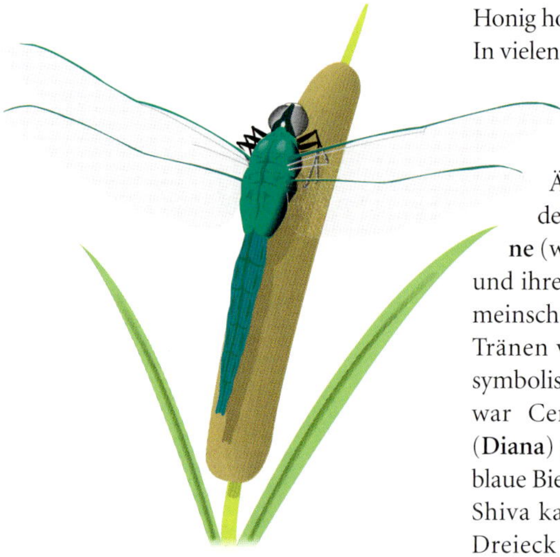

Libelle *Oben*

Für die Chinesen symbolisiert die Libelle den **Sommer**, aber auch Instabilität (wegen ihrer unvorhersehbaren Flugbewegungen) und Schwäche. Sie ist das Nationalemblem Japans, weil das Insekt und die Inselgruppe sich in der Form ähneln. Außerdem verkörpert sie Unzuverlässigkeit. Bei einigen nordamerikanischen Indianerstämmen repräsentiert sie Schnelligkeit und den Wirbelwind.

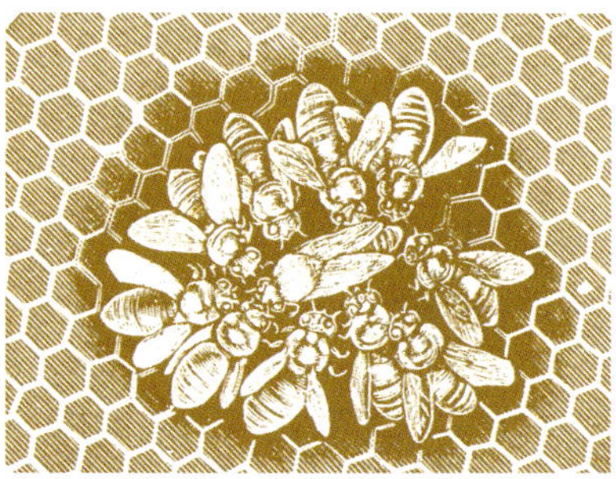

Biene *Oben*

Wie die Ameise ist auch die Biene ein soziales Insekt und symbolisiert gemeinschaftliche Anstrengung und Fleiß. Bienen stehen auch für Wachsamkeit (man glaubte, sie würden nie schlafen) und Reinheit, weil sie sich von Blüten ernähren, und man dachte, sie würden durch Jungfernzeugung entstehen. Deshalb wurde die Biene im Christentum mit der **Jungfrau Maria** assoziiert und im antiken Griechenland mit jungfräulichen Priesterinnen *(Melissae)*. Weil die Biene den Honig hortet, verkörpert sie Sparsamkeit. In vielen Kulturen galten Bienen als Götterboten, daher hielt man es für wichtig, sie über besondere Ereignisse zu informieren. In Ägypten repräsentierte die Biene den Pharao, die Seele und die **Sonne** (wegen der goldfarbenen Streifen und ihrer Fähigkeit zu fliegen). Als Gemeinschaft verkörperten die Bienen die Tränen von **Re**. Die griechische Biene symbolisierte Arbeit und Gehorsam und war Ceres (Demeter) und Artemis (**Diana**) geweiht. Im Hinduismus ruhen blaue Bienen auf der Stirn Krishnas, und Shiva kann durch eine Biene und ein Dreieck symbolisiert werden. Bienen bilden die Bogensehne des Liebesgottes Kama und stehen für den süßen Schmerz. Da die Biene im **Winter** verschwindet und im **Sommer** wiederkehrt, kann sie auch Auferstehung und Hoffnung bedeuten. Sie wird mit Christus assoziiert, weil sie stechen kann, wenn sie bedroht wird, aber auch süßen Honig erzeugt. Bienen und Bienenstöcke verkörpern im Christentum die Gläubigen und die Kirche. Honig und Milch sind die Speisen der Götter, ein Symbol für den Überfluß im Gelobten Land der Juden und ein Zeichen für das Erbarmen Jesu. Honig schrieb man konservierende Eigenschaften zu und er galt als Aphrodisiakum, weshalb er Unsterblichkeit und Fruchtbarkeit symbolisiert. Seit der griechischen Antike wird Honig mit Beredtsamkeit verbunden. Die Biene war das Symbol Napoleons I., Napoleon III. aber machte sie zu einem Symbol der Arbeiter.

Ameise *Rechts oben*

Die kleine, hart arbeitende Ameise ist ein universelles Symbol für Fleiß und gute Organisation. Die Gemeinschaft der Ameisen im Ameisenhaufen läßt sich sowohl als Mikrokosmos des Menschen und seiner Welt wie auch als Beispiel für die Kraft der Zusammenarbeit deuten. In Griechenland und Rom war die Ameise der Erntegöttin Ceres (Demeter) geweiht und wurde mit Prophetie in Verbindung gebracht. In China symbolisiert sie Ordnung, Tugendhaftigkeit, Demut und Patriotismus. In Indien dagegen gilt ihre unablässige Aktivität als Symbol für die Vergeblichkeit weltlichen Tuns. Weil die Ameise Nahrung hortet, kann sie im Juden- und Christentum Einfachheit, Besonnenheit und Voraussicht repräsentieren. Im christlichen Volksglauben steht die Ameise zudem für den Weisen, der zwischen wahr und falsch zu unterscheiden weiß, weil sie, wie man glaubte, **Weizen** statt Gerste verzehrte.

Grashüpfer/Grille *Oben*

Grashüpfer und Grille haben eine ähnliche symbolische Bedeutung und sind eng miteinander verbunden. In westlichen Kulturen wird der Grashüpfer mit Verantwortungslosigkeit in Verbindung gebracht, weil er scheinbar ziellos umherspringt, aber als Geschöpf des **Sommers** kann er auch die Annehmlichkeiten der warmen Jahreszeit symbolisieren. Im antiken Athen trugen die Adligen, um ihren Status zu demonstrieren, einen goldenen Grashüpfer im Haar. In China steht der Grashüpfer wegen seiner Fruchtbarkeit für Überfluß und ist ein Zeichen für viele Söhne. Wenn er in Verbindung mit einer **Chrysantheme** dargestellt wird, versinnbildlicht er ein hohes Amt. In vielen Ländern gilt die Grille als ein Symbol für **Glück**, Mut und den Sommer.

Bäume

Baum der Erkenntnis *Rechts*
Im Paradies wächst der Baum der Erkenntnis und trägt die verlockenden – aber verbotenen – **Äpfel**, die Eva kostete, als die **Schlange** sie dazu verführte. So kam es zum Sündenfall. Der Baum ist ein dualistisches Symbol, denn er steht für die Erkenntnis des Guten wie des Bösen. Er fördert das geistige Erwachen, obgleich mit zwiespältigem Ergebnis, und galt als Symbol des freien Willens, der sexuellen Erfahrung und der Maßlosigkeit. Der alchemistische Baum der Erkenntnis *(arbor philosophica)* steht für die schöpferische Evolution. Das Judentum glaubt, Gott werde diesen Baum vernichten, wenn der Messias kommt, wodurch sich seine wahre Bedeutung zeigen wird.

Lebensbaum *Unten*
Der Lebensbaum *(arbor vitae)* symbolisiert in den meisten Kulturen Leben, Regeneration und Unsterblichkeit. Er kann auch den kosmischen Baum *(imago mundi)* repräsentieren, der im Zentrum der Welt steht; sein gerader Stamm läßt sich mit der *axis mundi* vergleichen, die die irdische Welt darstellt; seine Wurzeln sind in der Erde verankert und wachsen in die Unterwelt, seine Zweige, die für die Suche des Menschen nach Erleuchtung stehen, strecken sich nach der **Sonne**. Der Lebensbaum symbolisiert daher sowohl den Menschen als auch die Verbindung zwischen Paradies, Erde und Hölle. Nach jüdischer und christlicher Lehre steht der Lebensbaum in der Mitte des Paradieses und repräsentiert die Vollkommenheit Edens. Er trägt zwölf (oder zehn) Früchte (die auch Sonnen oder **Tierkreiszeichen** sein können), die den Lohn der spirituellen Bemühung repräsentieren. Der Baum wie die Früchte stehen für Unsterblichkeit und die Überwindung des Bösen. Im Paradies der Taoisten und Buddhisten ist der Pfirsich die Frucht der Unsterblichkeit, in Persien der Saft des Mandelbaums, während in einigen östlichen Religionen die Frucht durch Juwelen ersetzt wird. In vielen Kulturen prangt eine Sonne auf dem Stamm und symbolisiert damit die Quelle allen Lebens. Oft glaubte man, in den Zweigen des Baums lebten mythische Geschöpfe und Vögel (die Seelen von Toten oder Ungeborenen). **Palme** und **Olivenbaum** galten in der babylonischen, chaldäischen und phönizischen Kultur als Lebensbäume, in China Pfirsich, Pflaume und Maulbeerbaum. In Ägypten wurde der Lebensbaum durch eine mit Geschenken behängte Platane repräsentiert, während Yggdrasil, der kosmische Baum der nordischen Tradition, eine Esche war und jener von **Thor** eine Eiche. Im Mithras-

Kult war der Lebensbaum eine Kiefer; in der germanischen Mythologie ist er abwechselnd eine Fichte oder eine Linde, in schamanistischen Kulturen eine Birke. Auch das christliche **Kreuz** läßt sich als Lebensbaum betrachten, der den Sieg über den Tod verkündet. Der jüdische Lebensbaum wächst in Jerusalem, im Hinduismus wird er von der Erdgöttin Aditi personifiziert. In Japan bezeichnet man ihn als Sa-ka-ti. In allen Kulturen ist der Lebensbaum von den Sterblichen nur schwer zu finden und wird oft von Ungeheuern bewacht. Der hier abgebildete babylonische Lebensbaum, auf dem sich die Welt dreht, hat Zweige aus Lapislazuli. Umgekehrte Bäume, wie der kabbalistische Lebensbaum *(Sephiroth)* oder jener der indischen Upanishaden, wachsen nach unten in die Erde hinein, weil ihre Wurzeln die geistige Welt und dadurch die Materialisierung des Geistes in körperlicher Form symbolisieren. In vielen Kulturen gibt es Bäume des Lebens oder der Erkenntnis. Das Gegenstück des babylonischen Lebensbaums war der Baum der Wahrheit.

Weihnachtsbaum *Mitte oben*

Der Weihnachtsbaum ist in fast allen Kulturen zu einem universellen Symbol geworden. Sein Ursprung geht auf einen vorchristlichen Brauch zurück. In der nordischen Kultur schmückte man zur **Wintersonnenwende** (25. Dezember) Nadelbäume, um die Wiederkehr der Sonne und das Ende des alten und den Beginn des neuen Jahres zu feiern. Zudem symbolisierte dieser Baum die Lebenskraft, die auch in den unwirtlichen Wintermonaten präsent ist. Während der Rauhnächte (25. Dezember bis 6. Januar), in denen böse Geister ihr Unwesen trieben, hängte man in den Häusern Zweige von Nadelbäumen auf, die, geschmückt mit brennenden

Kerzen, Schutz bieten sollten. Auch in der Antike schmückte man die Kiefer, die Attis und Cybele geweiht war. Erst im 19. Jahrhundert wurde der Weihnachtsbaum ein christliches Symbol, das Auferstehung und Unsterblichkeit repräsentiert. Die Fichte gilt als Lebensbaum Christi, während die Kerzen Jesus als Licht der Welt bedeuten – manchmal auch Seelen oder die Sonne, den Mond und die Sterne des kosmischen Baumes. Oft wird der Baum mit **Äpfeln** geschmückt, die den Apfel vom **Baum der Erkenntnis** repräsentieren, der den Sündenfall der Menschheit ausgelöst hatte und den allein Christus vergeben konnte.

Immergrüne Bäume *Links*

Da sie nie ihre Blätter verlieren, gelten immergrüne Bäume oder Koniferen als Symbole für langes Leben und geistige und körperliche Unsterblichkeit. Zypressen und andere Bäume dieser Art werden in Europa, Indien und China häufig auf Friedhöfen angepflanzt, wo sie das Leben nach dem Tode symbolisieren. Auch die Eibe ist ein Friedhofsbaum und ein Symbol für Trauer. **Kränze** aus immergrünen Zweigen repräsentieren unsterblichen Ruhm. In Japan symbolisiert die Kiefer langes Leben und unverbrüchliche Freundschaft.

Laubbäume *Unten*

Anders als die immergrünen Bäume folgen sie dem Zyklus der Natur, werfen ihre Blätter im **Herbst** ab und erneuern sie im **Frühling.** Sie stehen daher für Regeneration, Wiedergeburt und den Triumph des Lebens über den **Tod.** Die meisten Laubbäume haben spezielle symbolische Bedeutungen.

Olivenbaum *Unten*

Wie der Ölbaumzweig ist auch der Oliven- oder Ölbaum ein Zeichen für Frieden, symbolisiert darüber hinaus aber auch Wissen, Reinigung, Fruchtbarkeit, langes Leben, Überfluß und **Sieg.** Da man aus dem Olivenbaum Lampenöl gewinnen kann, war er bei den Griechen und Römern **Athene** (Minerva), der Göttin der Weisheit, geweiht. Aufgrund der reinigenden Eigenschaften des Olivenöls wurde dieser Baum zu einem Symbol für Läuterung. Da der Olivenbaum einige Jahrhunderte alt werden kann, steht er für langes Leben. Er ist ein Fruchtbarkeitssymbol, und in der Antike trugen Bräute Olivengirlanden. Der Olivenkranz von **Zeus** war der höchste Preis, der bei den antiken Olympischen Spielen zu vergeben war. Der Olivenbaum der Akropolis symbolisiert Kraft und Schönheit, während er in China stille Beharrlichkeit und Anmut repräsentiert und der Baum des **Herbstes** ist. Die **Jungfrau Maria** wird manchmal mit dem Olivenzweig der Harmonie dargestellt.

Eiche *Oben*
Die mächtige Eiche ist im Okzident verbreiteter als im Orient und repräsentiert Kraft, Männlichkeit, militärischen Erfolg und Unsterblichkeit. Da man glaubte, die Eiche ziehe den **Blitz** an, war sie den **Donner**göttern geweiht, z. B. **Zeus** (Jupiter), dem nordischen Gott **Thor** und dem germanischen Gott Donar, aber auch Silvanus, dem römischen Gott der Wälder. Vor allem die Druiden verehrten die Eiche (zusammen mit der „weiblichen" **Mistel**), und in den germanischen, nordischen und keltischen Kulturen gab es heilige Eichenhaine. In allen Fällen repräsentierte die Eiche das Göttliche und die Männlichkeit. Dennoch verband man sie auch mit weiblichen Gottheiten: Nordamerikanische Indianerstämme betrachteten sie als Symbol für die Mutter Erde, und in Griechenland war sie Juno (Hera) und Cybele geweiht; die Dryaden waren Eichennymphen. Das harte Holz der Eiche stand einst für Unverderblichkeit. Da die Eiche zudem ein sehr hohes Alter erreichen kann, wurde sie zu einem Symbol für Kraft und ewiges Leben. In der christlichen Ikonographie repräsentiert die Eiche den unerschütterlichen Glauben Christi und Tugendhaftigkeit und wurde oft als das Holz des **Kreuzes** betrachtet. Eine Eiche zu Füßen des Missionars Bonifatius repräsentiert die Bekehrung der Kelten. Im Judentum symbolisiert die Eiche den Bund Gottes mit den Menschen und seine Gegenwärtigkeit. Die Römer zeichneten Menschen, die in einer Schlacht anderen das Leben retteten, mit einem Kranz aus Eichenlaub aus, ein Brauch, auf den man sich im 18. Jahrhundert wieder besann, als die Eiche in Deutschland zum Symbol für Heldentum wurde. Ab dem 19. Jahrhundert wurde Eichenlaub abermals in Siegeskränzen und für militärische Abzeichen verwendet. In China repräsentiert die Eiche sowohl männliche Stärke als auch Schwäche, weil sie anders als die Weide oder der Bambus im Sturm starr bleibt und eher bricht, als sich unter dem Druck zu beugen.

Palme *Unten*
Heute verweist die Palme auf die Annehmlichkeiten tropischer Länder und ist zu einem Symbol der Tourismusbranche geworden. Doch im religiösen und historischen Zusammenhang hat sie eine wesentlich weitgehendere Bedeutung. Wegen ihrer Größe und ihrer strahlenförmigen Blätter war sie anfangs ein Fruchtbarkeits- und Sonnensymbol. Später repräsentierte sie Ruhm, **Sieg**, Frieden und Aufrichtigkeit. Wegen ihres Bezugs zur Sonne galt sie bei den Babyloniern als göttlicher Baum und war in Ägypten **Re** und in Griechenland Apollo geweiht. In vielen Kulturen des Mittelmeerraums galt die Palme als Baum des Lebens. Der phönizische Gott Baal-Tamar war der Herr der Palmen, und die Palme wurde zum Emblem von Muttergöttinnen wie Astarte und Ischtar. Im antiken Rom überreichte man Siegern Palmzweige, und in frühchristlicher Zeit dienten die immergrünen Palmzweige als Emblem für Begräbnisse, weil sie sowohl Märtyrertum als auch den Sieg über den Tod repräsentierten. Als Jesus in Jerusalem einzog, wurden vor ihm Palmzweige ausgestreut, ein Ereignis, dessen man am Palmsonntag gedenkt, wenn Palmzweige gesegnet und bis Aschermittwoch als Zeichen der Anwesenheit Christi aufbewahrt werden. Im Mittelalter entwickelte sich der Palmzweig zum Zeichen der Pilgerfahrten ins Heilige Land *(siehe dazu auch* **Palme** *im Kapitel Heilige Symbole).*

Espe *Oben*
Die Espe gehört zur Familie der Pappeln und zeichnet sich durch ihre „zitternden" Blätter aus, die sich schon beim leisesten Lufthauch bewegen. Aufgrund dieser Eigenschaft wurde sie zu einem Symbol für Angst („zittern wie Espenlaub") und Unentschlossenheit. Die Griechen glaubten, sie wachse in der Unterwelt, sie symbolisierte daher Begräbnis und Totenwache. Da raschelndes Espenlaub den Zuckungen von Fieberpatienten ähnelt, betrachtete man sie als Zeichen für Fieber und nutzte sie als Heilmittel dagegen. Im Christentum wurde die Espe in zweifacher Hinsicht mit Christus assoziiert: Sie soll heftig zu zittern begonnen haben, als sie hörte, daß das Kreuz, an das Jesus geschlagen werden sollte, aus ihrem Holz sein sollte. Zudem sollen ihre Blätter dazu verurteilt worden sein, in alle Ewigkeit zu zittern, weil sie während der Kreuzigung nicht ihr Haupt beugte. In der christlichen Symbolik steht die Espe daher für Wehklagen oder Schmach.

Früchte

Obst *Rechts*
Obst, wie auf diesem flämischen Stilleben dargestellt, steht für den Überfluß der Natur. Die Abbildung verschiedener Obstsorten symbolisiert Fruchtbarkeit und Wohlstand, weil sie reiche, fruchtbare Erde und weiches Wasser repräsentieren. Reifes Obst steht für Vollkommenheit. Neben den Früchten repräsentiert auch das Ei Unsterblichkeit, Potential und kosmischen Ursprung, weil es den Keim des Wachstums in sich birgt. Das Füllhorn, das mit Früchten und Blumen überquillt, gehört zu den aussagekräftigsten Symbolen für natürlichen Überfluß.

Apfel *Unten*
Cézannes Stilleben zeigt eine Fülle von Äpfeln, eine Obstart, die in vielen Kulturen sehr symbolträchtig ist. Der Apfel ist ein altes Fruchtbarkeitssymbol und wurde wegen seiner runden Form mit der **Erde**, mit Ganzheit und Ewigkeit assoziiert. In vielen Kulturen glaubte man, der Apfel wachse am **Lebensbaum**. Als Frucht des keltischen Silberastes repräsentierte er Fruchtbarkeit. Im Christentum ist der Apfel die verbotene Frucht, von der Eva kostete, nachdem die **Schlange** sie dazu verführt hatte. Daher symbolisiert er auch irdische Begierde und Versuchung; in der griechischen Mythologie gab Atlanta der Versuchung durch die goldenen Äpfel von Aphrodite (**Venus**) nach. Diese negative Deutung des Apfels wird unterstrichen durch die Ableitung seines Namens aus dem lateinischen Wort *malum* (das Böse). Als Frucht vom **Baum der Erkenntnis** jedoch symbolisiert der Apfel Weisheit, und oft wird Christus durch einen Apfel repräsentiert, der in diesem Zusammenhang für Erlösung steht. Die nordische Göttin Freya verjüngte die Götter durch Äpfel aus ihrem Garten Asgard: auch die goldenen Äpfel von Hera (Juno), die von Hesperides und dem Drachen Ladon bewacht wurden, symbolisierten Unsterblichkeit. Der goldene Apfel ist ein Symbol für Zwietracht, denn in der griechischen Mythologie bat Etos (der Gott des Streits) Paris, die schönste Göttin zu wählen. Paris zog Aphrodite Hera und **Athene** (Minerva) vor, was zu seinem Tod im Trojanischen Krieg führte, aber der Apfel war fortan Aphrodite geweiht. In China steht der Apfel für Frieden und Harmonie. Zudem ist er ein Symbol für Gesundheit, denn wer täglich einen Apfel ißt, soll ohne Arzt auskommen. Auch die Stadt New York wird oft als *Big Apple* (Großer Apfel) beschrieben.

Ananas *Links*
Die Ananas war ein Emblem von Cybele, der phrygischen Muttergöttin, und eine Säule mit einer Ananas auf der Spitze verkörperte Marduk, den babylonischen Gott des Lebens. Als lebenspendendes Symbol verwendete man sie häufig als architektonisches Ornament.

Pfirsich *Oben*
Der Pfirsich ist vor allem in Japan und Indien von symbolischer Bedeutung, wo er die Ehe, langes Leben und Unsterblichkeit repräsentiert. Das chinesische Wort *t'ao* bedeutet sowohl „Pfirsich" als auch „Ehe". Pfirsichbäume, die manchmal mit dem **Lebensbaum** assoziiert werden, blühen sehr früh und symbolisieren deshalb Fruchtbarkeit. Der Pfirsichbaum steht im himmlischen Obstgarten, trägt nur alle 3000 Jahre Früchte und gilt daher als Symbol für langes Leben. Häufig wird Shou-lao, der Gott des langen Lebens, mit diesem seltenen Pfirsich dargestellt. Im Taoismus ist der Pfirsichbaum der Baum der Unsterblichkeit, der die Seelen ernährt. Die Buddhisten zählen den Pfirsich zu den drei gesegneten Früchten. In der christlichen Kunst symbolisiert ein Pfirsich mit Blatt die Einheit von Herz und Zunge und damit von Wahrheit und Verschwiegenheit. Der Pfirsich kann auch anstelle eines **Apfels** die Frucht der Erlösung verkörpern.

Trauben *Oben*
Auch Trauben sind ein Symbol für das Leben, für Fruchtbarkeit und Überfluß, verkörpern aber wegen des roten Weins, den man aus ihnen herstellen kann, auch Opfer. Im Alten Testament wird der Rebstock auf das Volk Israel und den kommenden Messias bezogen; für die Juden repräsentiert er Frieden und Fülle. Im Christentum stehen der Weinstock für Jesus, seine Zweige für die Apostel und die Trauben für die Gläubigen. Wird der Weinstock mit einer Weizengarbe dargestellt, verkörpert er die **Eucharistie**. Noah pflanzte den ersten Weinstock und betrank sich später, weshalb der Rebstock zum Symbol für die Todsünde der Völlerei wurde. Er ist auch ein Symbol für den **Herbst**. Weil er trunken macht, repräsentierte der Wein die ekstatische Einheit mit den Göttern. In Griechenland war Dionysos (Bacchus) der Gott des Weins, und Wein konnte daher sowohl den Tod als auch das ewige Leben symbolisieren. Im Christentum repräsentiert der Wein das Blut und das Opfer Christi, aber auch Jugend, Leben und Unsterblichkeit. Im Islam wie in vielen anderen Kulturen steht er für göttliche **Liebe**, **Weisheit** und Wahrheit *(in vino veritas)*.

Kiefernzapfen *Oben*
Die Frucht der immergrünen Kiefer steht für Unsterblichkeit. Der Kiefernzapfen war in der Antike ein wichtiges Fruchtbarkeitssymbol. Bei den Griechen und Assyrern stand er aufgrund seiner phallusähnlichen Form für Männlichkeit. Er bildete die Spitze des Thyrsus-Stabs, der Fruchtbarkeit und Unsterblichkeit verkörperte. Trotz dieser maskulinen Bedeutungen war er auch das Emblem von Artemis (**Diana**) und der römischen Göttin **Venus** (Aphrodite). In der christlichen Kunst kann er die Krone des **Lebensbaums** darstellen. Wegen seiner an eine Spirale erinnernden Form assoziierte man ihn oft mit Dynamik und kosmischer Kraft.

Feige *Oben*
Die Feige symbolisiert Fruchtbarkeit und natürliche Fülle. Ihr Blatt steht für Männlichkeit und weibliche Fruchtbarkeit. In der antiken Mythologie repräsentierte sie männliche Zeugungskraft und wurde mit Bacchus (Dionysos), Jupiter (**Zeus**) und Priapos verbunden. Im Judentum ist die Feige Zeichen für Frieden und Wohlstand und ein Symbol für Israel. Die Hindus verehren den Feigenbaum, weil er Vishnus Geburt beschützte. Die größte Bedeutung besitzt der Feigenbaum im Buddhismus, wo er mit dem heiligen Bodhi-Baum gleichgesetzt wird, unter dem **Buddha** die Erleuchtung erlangte. Im Islam gilt der Feigenbaum, unter dem Mohammed einen heiligen Eid schwor, als der Baum des Himmels.

Eichel *Oben*
Die Eichel, Frucht der mächtigen **Eiche**, ist ein Symbol für Potential. In der nordischen und keltischen Mythologie steht sie für Leben, Fruchtbarkeit und Unsterblichkeit. Die Druiden verzehrten Eicheln, um prophetische Fähigkeiten zu erlangen; zudem waren die Eicheln **Thor** geweiht, dessen **Lebensbaum** eine Eiche war. Eicheln und Eichenblätter bilden eines der kreisförmigen „Hex"-Zeichen der Amischen und Mennoniten in Süd-Pennsylvania, USA, die Schutz und natürlichen Überfluß gewähren sollen.

Blumen

Rose *Oben*
Die Rose ist eines der bedeutendsten Blumensymbole der westlichen Welt. Die anmutige, duftende und von Dornen geschützte Blume repräsentiert Schönheit, Geheimnis, **Liebe**, Leben, Blut, **Tod** und Wiedergeburt. In der Antike war die Rose Aphrodite (**Venus**) geweiht. Man glaubte, sie sei aus dem Blut des Adonis hervorgegangen. Dionysos (Bacchus) wurde mit Rosen umkränzt, weil sie bei einer Vergiftung das Gehirn kühlen sollten. Harpokrates wurde mit Hilfe einer Rose von Eros (Cupido) dazu überredet, Stillschweigen zu bewahren, und galt daher als Gott des Schweigens. Diese Bedeutung übertrug sich auf das Christentum; oft finden sich Rosen an Beichtstühlen oder an den Decken von Versammlungsräumen, um darauf hinzuweisen, daß die Gespräche *sub rosa* („unter dem Zeichen der Rose", also geheim) seien. Die Römer verstreuten bei Begräbnissen Rosen zum Zeichen der Auferstehung. Die Christen glaubten, die Rosen des Paradieses hätten erst nach dem Sündenfall Dornen bekommen, um an diese Katastrophe zu erinnern. Die weiße Rose ist mit der **Jungfrau Maria** verbunden (die mystische Rose des Himmels, die Rose ohne Dornen) und symbolisierte im Mittelalter Jungfräulichkeit. Die rote Rose soll aus dem Blut Christi entstanden sein und verweist auf Märtyrertum, Mitleid und Auferstehung. Im Islam repräsentiert die Rose sowohl männliche Schönheit als auch das Blut Mohammeds und seiner beiden Söhne. Die Rose von Bagdad verkörpert das Gesetz, den Weg und die Erkenntnis, aber auch die **Wahrheit** und Allah. Eine Rose mit sieben Blüten verkörperte in der Alchemie die Weisheit. Bei den Freimaurern stehen drei Rosen für Licht, Liebe und Leben, während das Rosenkreuz das Emblem der Gemeinschaft der **Rosenkreuzer** ist. Die verschiedenen Arten und Farben der Rosen haben spezifische Bedeutungen: So symbolisiert die Rose mit acht Blütenblättern Regeneration, die blaue das Unmögliche, die rote und weiße Rose die Einheit von Gegensätzen und die goldene Rose (Symbol des Papstes) die Vollkommenheit. Seit der Herrschaft der **Tudors** gilt die Rose als Nationalemblem Großbritanniens, denn sie vereinten die rote Rose des Hauses Lancaster mit der weißen Rose des Hauses York. Auch in der Heraldik findet die Rose Verwendung; die britische Labour Party führt eine rote Rose als Parteiemblem.

Iris *Oben*
Iris und Lilie haben ähnliche Bedeutungen (die Iris ist die rivalisierende Blume im **Lilienbanner**); beide verkörpern Licht und Hoffnung. Wegen ihrer spitzen Blätter nennt man die Iris auch „Schwertlilie". Sie symbolisiert die Leiden der **Jungfrau Maria**. Die Blume wurde nach der griechischen Göttin des Regenbogens benannt und symbolisiert daher eine **Brücke** zwischen Gott und dem Menschen. Bei den Chinesen steht sie für Zuneigung, Anmut und einzigartige Schönheit.

Lilie *Unten*
Als Symbol für Reinheit, Vollkommenheit, **Gnade** und Königlichkeit repräsentierte die Lilie einst das Licht und das männliche Prinzip (aufgrund der phallischen Form ihres Stempels). Bei den Griechen und Römern war diese Blume Hera (Juno) geweiht, da man glaubte, sie sei aus ihrer Milch entstanden, sowie Artemis (**Diana**) als Zeichen ihrer Jungfräulichkeit. Nach der christlichen Mythologie ging sie aus den Tränen Evas nach deren Vertreibung aus dem Garten Eden hervor. In der christlichen Kunst ist die Lilie eng mit der **Jungfrau Maria** verbunden, was Keuschheit symbolisiert, aber auch Joseph erscheint gelegentlich mit einem von blühenden Lilien umrankten Stab. Der Stiel der Lilie repräsentiert Marias Frömmigkeit, die Blätter ihre Demut, die weißen Blüten ihre Jungfräulichkeit und der Duft ihre Göttlichkeit. Die Lilie wurde zu einem Emblem aller jungfräulichen Heiligen. Christus wird gelegentlich als Richter der Welt mit einer Lilie im Mund dargestellt: In diesem Fall repräsentiert die Blume Gnade, während eine Lilie und ein Schwert für Unschuld und Schuld stehen. In Byzanz und im frühen Frankreich wurde die Lilie zu einem Emblem der Königshäuser. Mit ihren drei Blütenblättern symbolisiert die Lilie die **Dreifaltigkeit** sowie die drei Tugenden Vertrauen, Hoffnung und Mitleid.

Mohnblume *Unten*
Sie steht für Schlaf und Erinnerung, beide Interpretationen können aber auch **Tod** bedeuten. Weil man aus Mohn Opium gewinnt, war sie im antiken Griechenland Hypnos und Morpheus geweiht, den Göttern des Schlafes und der Träume. Ferner war sie ein Emblem von Mondgöttinnen wie Aphrodite (**Venus**). Da sie sowohl Fruchtbarkeit wie Vergessen repräsentiert, wurde sie Demeter (Ceres) zugeordnet und symbolisierte das alljährliche Sterben der Natur. In der christlichen Ikonographie kann die Mohnblume Christi Leiden und Sterben versinnbildlichen. In Großbritannien ist die Mohnblume seit 1920 ein Symbol des Gedenkens an gefallene Soldaten; am Heldengedenktag (11. November) steckt man sich Mohnblumen an, die Kriegsveteranen hergestellt haben. Angeregt wurde dieser Brauch durch ein Gedicht, das der kanadische Militärarzt John McCrae 1915 verfaßte: *In Flandern, da blühen die Mohnfelder / Zwischen den Kreuzen, Reih' an Reih'*...

Sonnenblume *Oben*
Die Blume verdankt ihren Namen ihrer goldgelben Farbe, den strahlenförmigen Blütenblättern und ihrer Gewohnheit, sich der **Sonne** zuzuwenden. Im Mithras-Kult wurde sie dem Sonnengott Mithras zugeordnet. Im Christentum repräsentiert sie die Liebe Gottes und die gläubige Seele; in diesem Zusammenhang steht sie auch für das Gebet und klösterlichen Gehorsam. Durch ihr Streben nach der Sonne kann sie in negativer Hinsicht jedoch Vernarrtheit, Unzuverlässigkeit und oberflächlichen Reichtum symbolisieren. In der griechischen Mythologie war sie das Emblem von Clytie (die von Apollo in eine Sonnenblume verwandelt wurde) und von Daphne. In China gilt sie als magische Blume und verkörpert Langlebigkeit. Ferner ist sie ein beliebtes Symbol für Adel.

Chrysantheme *Rechts oben*
Sie hat vor allem in Asien große Bedeutung, wo sie ein Glückssymbol ist und für Wohlstand und langes Leben, aber auch für Meditation und den **Herbst** steht. Wegen der strahlenförmigen Blüten gilt sie als Sonnensymbol – die **Sonne** auf der japanischen Flagge ist einer Chrysantheme nachempfunden. In Japan ist sie die Blume des Monats September, in China repräsentiert sie den Oktober sowie den Herbst und die Ernte (das Wort *chu* wird ähnlich ausgesprochen wie die chinesische Bezeichnung für Chrysantheme und bedeutet **„neun"** oder „lange Zeit"). Außerdem steht sie in China für Ruhestand, Gelehrsamkeit und Liebenswürdigkeit. Die Chrysantheme mit 16 Blütenblättern ist das Emblem *(mon)* des japanischen Kaisers; die mit 14 repräsentiert seine Brüder und Söhne.

Pflanzen

Fingerhut/Stockrose/Malve *Oben*
Bei der Stockrose haben die Blätter eine größere symbolische Bedeutung als die Blüten bzw. die Blütenblätter. Sie stehen in vielen Kulturen (auch im Christentum) für das Verzeihen und die Vergebung. In China repräsentiert die Malve den Frieden, Ruhe und Bescheidenheit. In Japan ist die Stockrose dem Kamo-Zinsya-Schrein in Kyoto geweiht; drei Stockrosen-Blätter bilden das Emblem *(mon)* der Tokugawa-Dynastie. In keltischen Ländern gilt der Fingerhut als eine Blume der **Feen**. Aus seinen Blättern gewinnt man Digitalis, eine anregende medizinische Substanz.

Gänseblümchen/Margerite *Unten*
Das Gänseblümchen hat ähnliche Symbolkraft wie die Margerite. Beide stehen für Blut und Tränen. In Verbindung mit der **Jungfrau Maria** symbolisiert das Gänseblümchen zudem **Unschuld**, Erlösung und Unsterblichkeit, in der christlichen Kunst oft auch die Unschuld des Jesuskinds. Das Gänseblümchen war der nordischen Muttergöttin Freya geweiht. Als „Auge des Tages" ist es ein Sonnensymbol. Margerite und Gänseblümchen werden mit einer Perle verglichen und repräsentieren die Tränen und das Blut Christi.

Tulpe *Unten*
Wie die Rose im Abendland war die Tulpe in Persien das Symbol der vollkommenen **Liebe**. Sie war das Symbol der Herrscher des Osmanischen Reiches und seiner Hauptstadt Konstantinopel (Istanbul). Vor mehreren hundert Jahren wurden die ersten Tulpen nach Holland eingeführt, wo die Begeisterung für diese Blumen so stark wuchs, daß sie schließlich zum Nationalsymbol der Niederlande wurden.

Mistel *Unten*
Diese parasitäre Pflanze braucht einen Wirtsbaum, um zu wachsen. Daher galt sie in vorchristlicher Zeit als Symbol für das Weibliche, das die Nahrung und den Schutz durch die „männliche" Eiche wählt. Die Druiden glaubten, die Mistel würde durch einen **Blitz** erschaffen, der eine **Eiche** traf und ihr magische Fähigkeiten verlieh. Als **immergrüne** Pflanze wird sie dem **Winter** zugeordnet und gilt als Symbol der Unsterblichkeit. Ihrer

durchsichtigen Beeren wegen wurde sie auch zu einem Zeichen des **Mondes** und der Fruchtbarkeit. Da sie nicht in der Erde verwurzelt ist, wird sie manchmal als göttliche Pflanze betrachtet, verweist aber auch auf Chaos. Die Mistel spielte eine besondere Rolle in keltischen Riten. Nach der Wintersonnenwende wurde sie von einem Druiden mit einer goldenen **Sichel** geschnitten (weil Gold die **Sonne** symbolisiert und um Verunreinigung durch Eisen zu vermeiden). Dann schlug man sie in ein weißes Tuch ein, da sie den Boden nicht berühren durfte. So sollte die Kraft der Eiche frei werden.

Anschließend wurden **Stiere** geopfert. In der nordischen Mythologie symbolisiert die Mistel Frieden, herzliches Willkommen und Schutz vor Blitz und bösen Geistern. Der Goldene Ast, der es Äneas ermöglichte, die Unterwelt zu betreten, war ein Mistelzweig. Das **Kreuz**, an das Jesus geschlagen wurde, soll aus Mistelholz gemacht worden sein, weshalb die Pflanze manchmal *lignum sanctae crucis* genannt wird und als Mittel gegen zahlreiche Beschwerden gilt. Nach ihrer Übernahme in den christlichen Glauben wurde die Mistel ein Symbol für Weihnachten. Nach wie vor assoziiert man sie auch mit Freiheit und Fruchtbarkeit, weil es erlaubt ist, Menschen unter einem Mistelzweig zu küssen – vermutlich ein Relikt des römischen Saturnalienfestes. Die Mistel ist das Staatssymbol des US-Bundesstaates Oklahoma.

Weizen/Getreide/Mais *Oben*

Weizen und Mais repräsentieren die Landwirtschaft, die Fruchtbarkeit und die Ernte. Da Weizen gesät wird, wächst und geerntet wird, kann er den Zyklus von Geburt, Leben und **Tod**, aber auch Wiedergeburt symbolisieren. In Ägypten versinnbildlichte Weizen die Muttergöttin und die Auferstehung von Osiris, im Christentum die von Jesus. Die Ägypter und Römer pflanzten Weizen auf die Gräber, um Leben in die jenseitige Welt zu bringen. In Griechenland und Rom wurden Demeter (Ceres), Gaia und **Virgo** mit Maisohren dargestellt, die auch die Eleusinischen Mysterien repräsentierten. Bei den Indianern im Südwesten der USA ist Mais ein Symbol für Glück und Wohlstand, Weizenkeime symbolisieren den Menschen und den Kosmos. Der mexikanische Sonnengott Hero wird durch eine Maispflanze und einen Kolibri symbolisiert, während der Weizen dem kanaanitischen Getreidegott **Dagon** und der phrygischen Muttergöttin Cybele geweiht war. Bei den Christen wird Weizen mit der **Eucharistie** assoziiert und kann die **Jungfrau Maria** repräsentieren. In der Heraldik taucht häufig eine Weizengarbe auf, die oft als Emblem der Bäcker dient. In manchen Ländern stellt man nach der Ernte aus Dankbarkeit eine Strohpuppe in den Küchen auf, um auch künftig mit guten Ernten gesegnet zu werden.

Speisepilz/Giftpilz *Unten*

Wegen ihrer phallischen Form und ihrer raschen Vermehrung verkörpern Pilze Fruchtbarkeit. In China steht der Speisepilz für langes Leben (weil man ihn trocknen und aufbewahren kann), Glück und Wiedergeburt. Pilze sind die Nahrung der Unsterblichen im Taoismus. Da der Speisepilz nach chinesischem Glauben nur in friedlichen Zeiten gedeiht, steht er auch für eine erfolgreiche Regierung. Bei manchen afrikanischen und sibirischen Stämmen symbolisieren Speisepilze die menschliche Seele, während der heilige Pilz in Mexiko Wissen und Erleuchtung versinnbildlicht. Nach westlichem Volksglauben leben übernatürliche Wesen wie Elfen und Kobolde in Giftpilzen.

Efeu *Links unten*

Als **immergrüne Pflanze** verkörpert der Efeu in vielen Kulturen (auch im Christentum) Unsterblichkeit, Freundschaft und Treue. Aufgrund dieser Bedeutungen verband man ihn auch mit dem weiblichen Schutzbedürfnis, obwohl die Form seiner Blätter ihn als männliches Symbol erscheinen läßt. In Phrygien war der Efeu dem Gott Attis geweiht, in Ägypten war er die Pflanze von **Osiris** und stand für Unsterblichkeit. Wegen seiner Üppigkeit symbolisiert er die Wachstumskraft der Pflanzen, Sinnlichkeit und Ausgelassenheit. Dionysos (Bacchus) besaß einen „Efeubecher“ und war mit Efeublättern gekrönt, die auch den Thyrsusstab der Mänaden schmückten, der ebenfalls als Fruchtbarkeitssymbol galt.

Die Symbolik phantastischer Kreaturen

Fabelwesen wurden von den Menschen erfunden, um das Unerklärliche zu erklären. Sie kommen in allen Kulturen vor und erfüllen im wesentlichen zwei Funktionen: Zum einen dienen sie der Rationalisierung geheimnisvoller Naturphänomene, zum anderen sind sie allegorische Personifikationen des universellen Kampfes zwischen Gut und Böse.

Die Sagenwelt des antiken Griechenland und Rom, aber auch das Pantheon der Ägypter und des Hinduismus sind von Göttern und Wesen bevölkert, deren besondere Eigenschaften und herausragenden Fähigkeiten durch ihre Mischgestalt unterstrichen werden. Der Körper des Meeresgottes Triton z. B. besteht aus einem menschlichen Rumpf und einem Fischschwanz; das geflügelte Pferd Pegasus symbolisiert das Streben nach Höherem, während die Chimäre – ein Mischwesen aus Löwe, Ziege und Schlange – die Gefahren zu Lande und zur See verkörpert.

Die Fabelwesen lassen sich in drei Gruppen einteilen, die die übernatürlichen Kräfte von Luft, Erde und Meer repräsentieren. Die Konflikte, die sie ständig untereinander austragen, symbolisieren den ewigen Kampf des Guten und des Lichts gegen das Böse und die Dunkelheit. So glauben die Hindus, daß der mythische Vogel Garuda von der Luft aus die schlangenähnlichen Nagas bekämpft, deren Reich die Tiefen des Meeres sind. Im westlichen Kulturkreis wird der Drache (auch als Wurm oder Schlange bezeichnet), der Inbegriff der erdhaften Kräfte, von den Mächten des Lichts bezwungen. Wie das Wasser das Chaos der Urwelt symbolisiert, so gilt dies auch für die Wesen, die in ihm leben: für den biblischen Leviathan, dem auf dem Lande Behemoth und in der Luft Zis entsprechen, oder für Scylla und Charybdis in der griechischen Mythologie.

Zu den Geschöpfen der Dunkelheit gehören auch der Cerberus, der dreiköpfige Wächter der griechischen Unterwelt, und die vielköpfige Hydra, die beide von Herkules bezwungen wurden. Viele sagenhafte Wesen der Unterwelt sollen Schätze bewachen, und der Held muß erst sie besiegen, bevor er sein Ziel erreicht. Unter diesem Gesichtspunkt repräsentieren sie die scheinbar unüberwindlichen Hindernisse, die sich dem Menschen in seinem Streben nach Glück und Erfolg in den Weg stellen.

Manche Fabelwesen symbolisieren auch eine unmittelbare Bedrohung für den Menschen: furchteinflößende dämonische Mischwesen wie die Sirenen, die Vogelfrauen, die Seefahrern auflauerten und durch ihren lieblichen Gesang ins Verderben rissen; die Geierfrauen (Harpyien) und die fischartige Lamia, die den Tod repräsentieren, oder die rasenden Furien und der Basilisk, ein Mischwesen aus Drache und Hahn, mit tödlichem Blick. Auch Vampire und Werwölfe stellen den Menschen nach und gelten als besonders heimtückisch, weil sie verschiedene Gestalt annehmen können.

Andere Fabelwesen, wie das Einhorn, symbolisieren Reinheit und Güte, manche ragen durch besondere Fähigkeiten heraus: z. B. der Salamander, der im Feuer lebt, oder der Phönix, der sich selbst in den Flammen opfert und dann aus der Asche wiedergeboren wird.

All diese Fabelwesen verkörpern in irgendeiner Form die Sorgen oder Befürchtungen des Menschen.

***Linke Seite:** Zu den Aufgaben, die Jobates, der König von Lykien, Bellerophontes gestellt hatte, gehörte es, die Chimäre zu töten. Zu diesem Zweck sicherte sich Bellerophontes mit Hilfe von Athenes goldenem Zügel die Dienste von Pegasus, des geflügelten Pferds, und errang mit seiner Hilfe den Sieg über das Ungeheuer (wie hier in einer Illustration von Walter Crane dargestellt). Später versuchte Bellerophontes auf Pegasus zum Olymp hinauf zu gelangen, aber Zeus hinderte ihn daran und schickte eine Bremse aus, die das geflügelte Pferd biß. Daraufhin wurde Bellerophontes abgeworfen und stürzte auf die Erde. In anderen Versionen des Mythos schickte Zeus einen Blitz aus, der Bellerophontes tötete. Pegasus symbolisiert Schnelligkeit, Fliegen und die Fähigkeit, eine höhere spirituelle Ebene zu erreichen, während die Chimäre als Vorzeichen für Naturkatastrophen gilt.*

Landkreaturen

Drache *Oben und unten*
Der Drache hat in der westlichen Kultur eine andere Bedeutung als in der östlichen. In Asien, wo er das fünfte Zeichen des **chinesischen Tierkreises** ist, gilt der Drache als positives Symbol, das mit Freude, Gesundheit und Fruchtbarkeit verbunden ist und die Menschen vor bösen Geistern beschützt. Im christlichen Kulturkreis teilt der Drache die negative Bedeutung der **Schlange**, verkörpert destruktive Kräfte, gilt als Schänder der Unschuld und Hüter verborgener Schätze. Oft wird er als Mischwesen mit Löwenklauen und Lungen aus **Feuer** gezeigt, was die ursprüngliche einigende Kraft symbolisiert, die für das Gute wie das Böse genutzt werden kann. Der Psychiater C. G. Jung assoziierte den Drachen mit dem Bild der Mutter.

Einhorn
Oben
Aus der Stirn dieses pferdeähnlichen Fabelwesens wächst ein einzelnes Horn. Das Einhorn ist in der Regel weiß, hat die Beine einer Antilope, den Schweif eines Löwen und Kopf und Körper eines Pferds. Es kann nur von einer Jungfrau eingefangen werden und symbolisiert daher Weiblichkeit, Reinheit, Keuschheit und die Macht der Güte. Im Christentum kann es für die **Jungfrau Maria** und für Christus stehen, wobei sein Horn das einzige wahre Evangelium repräsentiert. In der Heraldik bildet es den Widerpart des Löwen und ist ein Mondsymbol, da es bei den Griechen und Römern Artemis und **Diana** geweiht war. In China taucht es in Gestalt des Ky-lin auf und verkörpert die Einheit von **Yin** und **Yang** sowie Fruchbarkeit und langes Leben. Viele Mythen verbinden sich mit dem Einhorn. So glaubte man, sein Horn könne Gift aufspüren und es besitze heilende Kräfte, weshalb es zu einem Symbol der Apotheker wurde.

Geflügelter Drache *Unten*
In der Kunst und Heraldik des Mittelalters besitzt der geflügelte Drache Adlerbeine und einen spitzen, schlangenähnlichen, geringelten Schwanz. In Europa hat dieser Drache eine ausschließlich negative Bedeutung, denn er verkörpert Krieg und den **Teufel**, Pest, Neid und Heimtücke. Wie andere Drachen kann er aber auch für Wachsamkeit stehen. Ohne Flügel wird er zum Lindwurm, der ebenfalls Krieg und Krankheit repräsentiert. In England war der geflügelte Drache das Wappen des Königreichs Wessex und von König Harold.

Asiatischer Löwenhund *Rechts*
Da in China Löwen Schutz vor Drachen versprechen, stehen ihre Statuen vor vielen Tempeln und Palästen, um sie vor Bösem zu bewahren. Sie sollen nachts zu Leben erwachen und umherstreifen. Ähnliches glaubt man in Japan, wo man Löwenhunden ebenfalls eine Schutzfunktion zuschreibt. Nach Ansicht der Buddhisten schützen diese Fabelwesen auch das buddhistische Gesetz. Männliche Löwenhunde werden manchmal mit einer Pranke auf der Weltkugel dargestellt, die einst die **Sonne**, heute aber das Heilige Juwel *(cintamani)* des Buddhismus repräsentiert. Weibliche Löwenhunde werden mit einem Löwenjungen abgebildet. Beide verkörpern Kraft, Wildheit, Ausdauer und Vitalität.

Opinicus *Oben*
Der Opinicus ähnelt zwar einem Affen, ist aber ein **Greif** mit dem Körper und den Beinen eines **Löwen**, den Flügeln und dem Kopf eines **Adlers** und dem Schwanz eines **Kamels**. Er hat dieselbe Bedeutung wie der Greif und verkörpert daher die Macht der **Sonne**, Stärke, Schutz, Vergeltung und Wachsamkeit.

Greif *Rechts*
Der Greif, ein Symbol der **Sonne**, besitzt den Kopf, die Schwingen und die Klauen eines **Adlers** und den Körper eines **Löwen** (des Herrn der Tiere). Er war Apollo geweiht, dem griechischen Sonnengott, und **Athene**, der Göttin der Weisheit, sowie Nemesis, dem Gott der Rache. Er verkörpert die Kraft des Löwen und die Wachsamkeit des Adlers und bewachte Schätze (die manchmal als **Lebensbaum** gedeutet wurden). Im Mittelalter betrachtete man dieses Mischwesen wegen seiner dualen Natur und seines Bezugs zur Sonne als Symbol für Christus und die Auferstehung. Doch aufgrund seiner Dualität assoziierte man es auch mit dem Antichristen. Auf Wappen wird der männliche Greif ohne Flügel abgebildet.

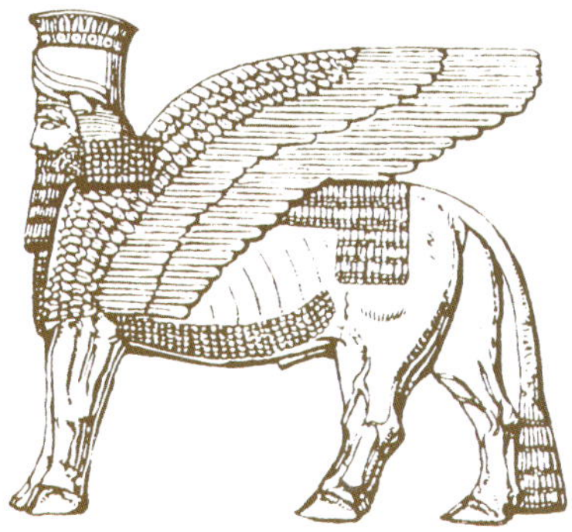

Assyrische Sphinx *Rechts*
Die assyrische Sphinx, die von der ägyptischen Sphinx abgeleitet ist, unterscheidet sich von der rätselhaften griechischen Spielart. Diese Sphinx ist geflügelt und verbindet Elemente des **Löwen** und des **Stiers** mit einem Menschenkopf und manchmal fünf Beinen. Wie die ägyptische Sphinx soll sie Paläste und Tempel bewachen. Sie wird auch gleichgesetzt mit dem Lamassu, dem Schutzgeist von Assyrien und Babylon. Beide sind ein Symbol für Herrschaft und für die Vereinigung der vier Elemente (*siehe auch* Heilige Symbole, ägyptische).

Chimäre *Oben*
Die griechische Chimäre, ein komplexes Mischwesen, das im 5. Jahrhundert v. Chr. entstanden sein soll, hat das Haupt eines **Löwen**, den Körper einer **Ziege** und den Schwanz eines **Drachen** oder einer **Schlange**, wobei jeder Teil auch einen eigenen Kopf besitzen kann. Sie war das Kind der Ungeheuer Typhon und Echidna und wird in der griechischen Mythologie als feuerspeiendes Geschöpf beschrieben, das Lycia quälte, bis Bellerophontes es tötete. Wie viele Mischwesen symbolisiert sie unkontrollierbare dunkle Kräfte. Sie steht für Naturkatastrophen (vor allem Stürme und Vulkanausbrüche). Außerdem vereint sie die symbolischen Bedeutungen des Löwen, der Ziege und der Schlange. Im Christentum symbolisiert sie den **Satan**. Heute bezeichnet man eine unrealistische Idee als „Chimäre".

Salamander *Oben*
Der Salamander, manchmal mit der **Eidechse** gleichgesetzt, wird unterschiedlich dargestellt. Er kann ein flügelloser **Drache**, ein **Hund** oder ein menschliches Mischwesen sein, wird aber immer inmitten von Flammen gezeigt. Er repräsentiert das **Feuer**, das er behütet. Nach altem Volksglauben lebt der Salamander in Vulkanen. Sein Biß ist tödlich. Wegen seiner Kaltblütigkeit kann ihm das Feuer nichts anhaben (das er mit seinem Körper löschen kann). Im Mittelalter symbolisierte er Verlangen und, da er geschlechtslos ist, Keuschheit. In der christlichen Kunst repräsentiert er Glauben und Rechtschaffenheit, die dem Feuer der Versuchung widerstehen. In Wappen steht er für Tapferkeit. Auch in der Alchemie repräsentierte er das Feuer. Außerdem diente er als Zeichen für Apotheken (wegen seiner Verbindung zur Alchemie) und für Versicherungen (gegen Feuer). Ferner war er das Emblem des französischen Königs Franz I. (hier abgebildet), dessen Motto lautete: *Nutrisco et extinguo* („Ich verzehre das Gute und vertilge das Schlechte.").

Werwolf *Unten*
Dem europäischen Volksglauben nach ist der Werwolf am Tag ein Mensch, der sich nachts (v. a. bei Vollmond) in einen **Wolf** verwandelt und Lebewesen anfällt – mit Vorliebe junge Frauen. Lykantrophie (Verwandlung in einen Werwolf) kann verschiedene Ursachen haben: Der Mensch kann von einem Dämon besessen, von einem anderen Werwolf angesteckt worden sein oder sich einen Wolfsfell-Gürtel umgelegt haben. Einen Werwolf kann man nur durch einige alte, geheime Methoden töten, etwa durch eine silberne Kugel oder eine Waffe, die in einer Hubertuskapelle gesegnet wurde. Ältere Werwolf-Gestalten wie Lykaon, der König von Arkadien, sollen dadurch vernichtet worden sein, daß sie dauerhaft zu Wölfen wurden. Der Glaube an Werwölfe entwickelte sich in Europa im Mittelalter, auch **Hexen** – die Dienerinnen des **Teufels** – sollten sich in Werwölfe verwandeln. Da Wölfe früher weit verbreitet und allgemein gefürchtet waren, symbolisiert der Werwolf Schrecken und das Böse, aber auch das tierische Element im Menschen.

Cerberus *Oben*
Der Cerberus bewacht die Pforten des Hades, der griechischen Unterwelt, und wird als **Hund** mit dem Schwanz einer **Schlange** und drei Köpfen dargestellt. Von seinen Lefzen tropft Gift. Der Cerberus ist freundlich zu Neuankömmlingen, erlaubt aber keiner toten Seele, den Hades zu verlassen, und keiner lebenden, ihn zu betreten. Einigen jedoch gelingt es, ihn zu überlisten: Orpheus schläferte ihn mit dem Spiel seiner Lyra ein, und die Sybille erwirkte durch einen betäubenden Kuchen die Erlaubnis, Äneas durch die Unterwelt zu führen. Der Cerberus repräsentiert die Unwiderruflichkeit des **Todes** und in der Psychologie die Selbstschutzinstinkte des **Unterbewußtseins**.

Minotaurus *Oben*
Der Minotaurus – ein Mensch mit Stierkopf – soll der Nachkomme eines weißen Stiers und der Königin Pasiphae sein. König Minos von Kreta sperrte ihn in ein Labyrinth unter seinem Palast und ließ ihn mit Kindern füttern. Auch Theseus sollte dieses Schicksal erleiden, wurde aber von Ariadne gerettet, die ihm ein Fadenknäuel gab, durch das er den Weg aus dem Labyrinth fand. Dieses Mischwesen wurde zum Wahrzeichen Kretas und verkörpert die dunkle, animalische Seite des Menschen, die durch göttliche Führung überwunden werden kann.

Satyr *Unten*
Der Satyr und der Faun waren die Waldgeister im antiken Griechenland. Der Satyr leistete Bacchus, dem Gott des Weines, bei seinen Trinkgelagen Gesellschaft, hatte die Beine einer **Ziege**, kurze Hörner und ziegenhafte Ohren und symbolisierte Zügellosigkeit und Weltlichkeit. Faune dagegen, die sehr ähnlich aussehen, wurden mit Pan in Verbindung gebracht, dem Gott der Weiden und Wälder, und gelten als wohlwollende Geister.

Kobold *Oben*
In vielen Kulturen verbreiteten sich Geschichten über Kobolde, vor allem bei den heidnischen Völkern Nordeuropas. Im frühen Mittelalter hielt man Kobolde für die Nachfahren steinzeitlicher Völker, die aufgrund ihrer Scheu, ihrer Kleinwüchsigkeit und Zurückgezogenheit als nichtmenschliche Wesen betrachtet wurden. Diese gewöhnlich eher schalkhaften als böswilligen kleinen Wesen galten als freundlich und humorvoll, sorgten aber auch des öfteren für Unruhe. Die irischen Kobolde sind gutmütig, lieben Späße und sind harmlos, jedenfalls solange man sie nicht verärgert. Kobolde (wie in diesem Gemälde von Goya dargestellt) verkörpern im allgemeinen Schalk und Unfug.

Wasserkreaturen

Capricornus *Oben*
Capricornus, der Meergott und Ziegenfisch, ist eng mit Ea-Oannes verbunden, dem babylonischen Herrn der Unterwelt. Er steht für die lebenspendende Kraft des **Wassers**. Das Mischwesen entstand, als Pan in den Nil sprang, um Typhon zu entkommen. Es repräsentiert Meer und Land sowie die Eigenschaft des Menschen, sich in die Abgründe zu begeben, aber auch in Höhen aufzuschwingen. Er hängt mit dem Sternzeichen **Steinbock** zusammen, steht für die Wintersonnenwende und die Kraft der **Sonne**.

Leviathan *Oben*
In der Bibel ist Leviathan die „gekrümmte Schlange“, ein Seeungeheuer, das für das Chaos des Urmeeres steht. Außerdem wird er mit Behemoth und Zis, den Ungeheuern des Landes und der Luft, verbunden. Leviathan wurde bei der Schöpfung in die Knie gezwungen, aber Job sagte, daß Magie das schlafende Ungeheuer wiederbeleben könne; er wird am Ende der Welt durch Gabriel (oder Behemoth) vernichtet werden. Nach hebräischer Auffassung wird der Leviathan nach dem Erscheinen des Messias beim Bankett der Rechtschaffenen die Speisen auftragen. Man glaubte, seine Augen würden die dunkle See erhellen und sein fauliger Atem das Wasser zum Kochen bringen. Unklar bleibt jedoch, ob Leviathan ein **Krokodil**, ein **Wal** oder eine Seeschlange ist. Im Islam wird der Leviathan mit Nun gleichgesetzt, in der nordischen Mythologie mit der Midgardschlange. Für die Christen ist das geöffnete Maul des Leviathan die Pforte zur Hölle. Für die Kabbalisten ist Leviathan Samuel, der Fürst des Bösen.

Dagon *Unten*
Der kanaanitische Fischgott Dagon, hervorgegangen aus dem semitischen Getreidegott, hat den Körper eines Menschen und den Unterleib eines **Fisches**. Der Bibel zufolge wurde er von den Philistern angebetet. Während Dagons Fest ließ Samson seinen Tempel niederreißen. Dagon steht seither für die Verehrung falscher Götter.

Scylla *Unten*
In der antiken Mythologie war Scylla eine liebliche Nymphe, die durch ihre Rivalin Circe in ein Ungeheuer mit sechs Köpfen und jeweils drei Zahnreihen verwandelt wurde. In manchen Geschichten erscheint sie mit zwölf Füßen und einem Unterleib, der aus anderen Ungeheuern

besteht. Scylla lebte auf einem Felsen gegenüber dem Meeresstrudel Charybdis und streckte ihre Hälse aus, um sich von Schiffen, die die Meerenge von Messina passierten, ihre Opfer zu holen (darunter auch sechs Männer von Odysseus). Beide Ungeheuer symbolisieren die dunklen Kräfte des **Wassers** und beschwerliche Reisen. Besondere Kraft wird ihrem Zusammenwirken beigemessen.

Triton *Rechts*
Triton, halb Mensch, halb **Delphin**, ist das bedeutendste männliche Fabelwesen der Meere und mit den **Meerjungfrauen** verwandt. Er lenkt die **Wasser**, indem er in ein Horn oder eine **Muschel** bläst und so das Meeresrauschen erzeugt. Bei den Griechen und Römern war Triton der Sohn des Meergottes Poseidon und dessen Gemahlin Amphitrite sowie der Bote von **Neptun**. Anders als viele Fabelwesen des Meeres ist er ein positives Symbol für Kontrolle und Macht (aber wenn er gelegentlich die Kontrolle verlor, machte er die Küsten unsicher).

Meerjungfrau/Nixe *Links und unten*
Die Nixe mit dem Oberkörper einer Frau und dem Unterleib eines **Fisches** ist eine Meergottheit, die den unterbewußten (weiblichen) Aspekt der männlichen **Psyche** symbolisiert. Ebenso wie **Sirenen** galten Nixen ursprünglich als Unglücksbotinnen, repräsentierten später aber die weibliche Schönheit sowie die negativen Eigenschaften Unberechenbarkeit und Eitelkeit. Oft werden Meerjungfrauen auch mit einem Kamm gezeigt – ein Symbol für magische Kräfte über die Natur, weil die ersten Kämme aus Fischknochen bestanden –, mit dem sie die Wogen des Meeres bändigen. Melusine, die berühmte französische Meerjungfrau, verließ ihren menschlichen Gemahl und kehrte ins Meer zurück. Die linke Abbildung zeigt einen Mann, der vom Idealbild der Schönheit in Versuchung geführt wird – der unwirklichen, unerreichbaren Meerjungfrau.

Nagas *Oben*
Nagas, die **Schlangen** aus der indischen Mythologie, können auch als Schlangen mit menschlichen Köpfen dargestellt werden. Weibliche Nagas sollen Menschen geheiratet haben, und manche Adelsdynastien betrachten sie als ihre Vorfahren. Ananta ist der tausendköpfige König der Nagas und verkörpert die Unendlichkeit. Man glaubte, daß die Nagas in prachtvollen Tempeln unter der Erde und im Wasser leben, weshalb sie die Unterwelt symbolisieren. Sie führten Krieg gegen den Himmel, der von **Garuda** repräsentiert wird. Vishnu schläft auf zusammengerollten Nagas, sein Reittier ist die Kobra (die Weisheit und Ewigkeit symbolisiert); zwei ineinanderverschlungene Nagas stellen das befruchtete Wasser dar, aus dem die Erdgöttin geboren wird. Wie die Schlangen anderer Kulturen können auch die Nagas Wächter materieller oder geistiger Schätze sein.

Makara *Unten*
Das hinduistische Mischwesen zwischen **Fisch** und **Krokodil** kann auch durch einen Hai, eine **Naga**, einen **Delphin** oder einen Antilopenfisch repräsentiert werden. Es dient Varuna, dem Herrn der Tiefe, als Fortbewegungsmittel. Das Makara wird mit dem lebenspendenden **Wasser** und der Fruchtbarkeit assoziiert, symbolisiert als Mischwesen aber auch die Dualität des Menschen. Im Tierkreis entspricht es dem **Steinbock**.

Hydra *Unten*
Die vielköpfige **Schlange** hat mehrere Bedeutungen. In der griechischen Mythologie heißt sie auch Lernäische Schlange, deren Köpfe, wenn sie abgetrennt wurden, doppelt nachwuchsen. Herkules vernichtete die Hydra, indem er ihre Köpfe verbrannte, nachdem er sie mit einer Keule erschlagen hatte. Im kanaanitischen Ugarit entsprach sie Lotan, dem siebenköpfigen Ungeheuer des Chaos, das bei der Erschaffung der Erde durch Baal vernichtet wurde. Daher kann sie auch **Leviathan** und die sieben Todsünden verkörpern. Ferner symbolisiert sie die animalische Lebenskraft und Widerstände auf dem Weg zum Erfolg sowie – in Verbindung mit der Zahl **Sieben** – weltliche Macht und Schöpfungskraft.

Luftwesen

Pegasus *Oben*
Pegasus, das geflügelte Pferd, auf dem Bellerophontes ritt, als er die **Chimäre** vernichtete, entsprang dem blutigen Rumpf der **Gorgo** Medusa. Da Pegasus durch seinen Hufschlag die Quelle von Hippokrene schuf, wurde er später auch zu einem Symbol dichterischer Inspiration. Er symbolisiert die Fähigkeit des Menschen zur geistigen Höherentwicklung und zur Umwandlung des Bösen in das Gute. In einem profaneren Sinn repräsentiert er Lufttransport oder Schnelligkeit.

Phönix *Oben*
Der Phönix, ein Mischwesen aus **Adler** und Fasan, ist das Symbol für Auferstehung und Unsterblichkeit. Er entstand im alten Ägypten, wo man ihn auf den Sonnenvogel Bennu bezog. Der sterbende Phönix errichtete für sich einen Scheiterhaufen und setzte sich durch die Strahlen der Sonne selbst in Brand, um anschließend aus der Asche wiederzuerstehen. In der christlichen Kultur verkörpert er die Auferstehung Christi, während er in China als **Feng-huang** ein Sonnensymbol ist.

Fee *Rechts*
Feen sind himmlische, oft geflügelte Wesen mit magischen Kräften. Sie verstecken sich meist vor den Menschen, können aber jenen, denen sie sich zeigen, viel Glück bringen. Jedes Kind kennt das Märchen von der guten Fee. Ringe aus dunklem, grünem Gras gelten im Volksglauben als Hexenringe; sie sollen durch tanzende Feen geschaffen worden sein. Weil sie sich verwandeln können, symbolisieren Feen die verborgenen Möglichkeiten, die im Menschen schlummern.

Garuda *Oben*
Der „goldene Sonnenvogel“ Garuda, halb Mensch, halb **Adler**, ist als Vogel des Lebens ein wichtiges Symbol in der hinduistischen und buddhistischen Mythologie. Garuda ist der König der Vögel und das Fortbewegungsmittel des Sonnengottes Vishnu – Schöpfer und Zerstörer zugleich – und kann mit der **Sonne**, dem Himmel und dem Sieg gleichgesetzt werden. Vishnu-Anhänger wählten sich Garuda als Emblem. Der Legende zufolge schlüpfte Garuda aus dem (kosmischen) **Ei** und wohnt in einem **Lebensbaum**, der Wünsche wahr werden läßt. Als Sonnenwesen ist Garuda der erbitterte Feind der erdhaften Naga-Schlangen. Bei den tibetischen Buddhisten gilt Garuda als Reittier des Bodhisattva Vajrapani; daher gilt er als machtvoller Beschützer vor dem Bösen. Durch seine Verbindung mit Vishnu und seiner Auseinandersetzung mit den Nagas symbolisiert Garuda die Sonne, Unsterblichkeit und den Sieg des Lebens über den Tod sowie der Kräfte des Guten über jene des Bösen.

Basilisk *Unten*
Ein Basilisk hat Flügel, Kopf, Kamm und Klauen eines Vogels, aber den Rumpf einer **Schlange.** Sein Schwanz endet manchmal in einem zweiten Haupt, was ihm ermöglicht, in beide Richtungen zu schauen. Nach westlichem Volksglauben soll der Basilisk aus einem Hahnenei geschlüpft sein, das in ein Dungbett gelegt und von einer **Kröte** ausgebrütet wurde. Er hatte eine **Krone** auf dem Kopf und einen dreifach gegabelten Schwanz. Im Osten war er ein Mischwesen aus Hahn, Schlange und Kröte. Er bewachte Schätze und konnte durch seinen Blick töten. Dem Tod konnte man nur entgehen, wenn man ihn zwang, in sein Spiegelbild zu sehen, denn dann starb er vor Schreck. Im Christentum symbolisiert der Basilisk den Antichristen und die vier Aspekte Satans. Zudem verkörperte er im Mittelalter Falschheit, Wollust und Krankheit (vor allem die Syphilis).

China-Phönix *Rechts*
Der Herrscher der Vögel, Feng-huang genannt, ist eines der vier heiligen Geschöpfe, die Frieden und Wohlstand bringen. Er besitzt ein prachtvolles Federkleid, den Kopf eines **Hahns** und einen Schwalbenrücken, der auf den Halbmond verweist. Seine Flügel verkörpern den Wind, seine Schweife die Pflanzenwelt und seine Füße die Erde. Außerdem repräsentiert jeder Teil seines Körpers eine positive Eigenschaft: sein Kopf Tugendhaftigkeit, sein Rücken richtiges Verhalten, seine Brust Menschlichkeit, sein Bauch Verläßlichkeit und seine Schwingen Pflichtbewußtsein. Zudem personifiziert er die Einheit von **Yin** und **Yang**. In seinem Feng-Aspekt ist er ein männliches Sonnensymbol, das für Glück steht, huang repräsentiert die weiblichen und mondbezogenen Aspekte und die chinesische Kaiserin. Weil er im **Sommer** den Süden des Reiches bewachte, galt er als „Scharlachvogel“; sein Auftauchen sollte das Erscheinen eines glückverheißenden Kaisers oder Propheten ankündigen. Noch heute ist er in China ein Brautsymbol und steht für die Einheit in der Ehe. Der japanische Vogel Ho-O ist eng mit ihm verbunden.

Dämonen

Gorgonen *Rechts*
Die furchteinflößenden Gorgonen, die drei Schwestern Euryale, Stheno und Medusa, sind Ungeheuer mit **Schlangen**haaren, die durch ihren Blick Menschen versteinern lassen können. Medusa (hier auf einem Gemälde von Caravaggio aus dem 17. Jahrhundert) war als einzige von ihnen sterblich: Als Mädchen hatte sie **Athene** durch ungebührliches Verhalten in ihrem Tempel erzürnt und war zur Strafe in eine Gorgo verwandelt worden, die Menschen auflauerte. Schließlich wurde sie von Perseus getötet, und aus ihrem Blut soll der **Pegasus** entstanden sein. Medusas abgetrenntes Haupt wurde zum Emblem von Perseus und soll, wenn es auf Amuletten dargestellt wird, vor Gewitter schützen. Das Gorgoneion, ein Symbol auf dem Haupt der Gorgonen, soll auf den Schild von **Zeus** und Athene gesetzt worden sein. Ähnliche Bilder dienten in griechischen Tempeln häufig der Abwehr des Bösen. Das Gorgoneion kann die furchteinflößende Große Mutter oder Angst repräsentieren, aber auch die Vereinigung von Gegensätzen wie Schönheit und Furcht.

Harpyien *Links*
Drei geflügelte Frauen – Aello (Sturm), Celeno (Schwärze) und Ocypete (reißende Strömung) –, die Winde herbeirufen, an Land Stürme und im Meer Strudel verursachen können. In der Mythologie entwickelten sich die Harpyien zu abscheulichen Geschöpfen mit Aasgeierleibern und Frauenköpfen, die von den Göttern gesandt wurden, um die Menschen zu strafen. Sie symbolisierten plötzlichen Tod, weil sie Speisen verdarben, so daß ihre Opfer (darunter auch Phineus, der König von Thrakien) starben. Außerdem galten sie als Botinnen der Unterwelt, in die sie die Seelen der Toten geleiteten. Die Harpyien symbolisierten den Tod, Stürme und die zerstörerische weibliche Kraft. Heute dient der Begriff „Harpyie“ manchmal als Bezeichnung für eine zänkische, grausame oder raffgierige Frau.

Sirenen *Unten*
Die Sirene kann in zwei Gestalten auftreten: als Vogelfrau (in der griechischen Mythologie) oder als Fischfrau. Beide Formen locken Männer durch ihren lieblichen Gesang in den Tod, wovon auch die Geschichte der Lorelei am Rhein handelt. Die Sirenen symbolisieren die gefährliche weltliche Versuchung auf dem spirituellen Pfad des Lebens.

Lamia *Oben*
In der antiken Mythologie war Lamia eine libysche Königin, der von der eifersüchtigen Juno (Hera) die Kinder geraubt wurden. Darauf schwor sie allen Kindern Rache und wurde zur Kinderfresserin. Sie hatte Kopf und Brüste einer Frau, aber den Körper einer **Schlange**. Sie bedroht nicht nur Kinder, sondern kann auch die gleiche Bedeutung wie die **Sirenen** besitzen. In der hebräischen Tradition assoziierte man sie mit Lilith, einem blutsaugenden Nachtungeheuer.

Pazuzu *Oben*
Anders als die meisten Dämonen zeichnet sich der assyrische und babylonische Pazuzu auch durch einen positiven Aspekt aus, denn als Feind von Lamashtu (der kleine Kinder fraß) wurde er zum Beschützer der Ungeborenen und der Neugeborenen. Schwangere und Frauen, die gerade entbunden hatten, trugen Amulette dieses Schutzgeistes, der klauenartige Hände und Füße, vier Flügel und einen schuppigen Körper besaß. Als Dämon des Südwestwinds, der Krankheit und Tod bringen sollte, war Pazuzu aber auch ein sehr gefürchtetes Wesen.

Tengu *Unten*
Der Tengu aus der japanischen Mythologie hat Menschengestalt, jedoch Kopf, Klauen und Flügel eines Vogels. Dieses Mischwesen schlüpft aus einem **Ei**, lebt in den Baumwipfeln der Berge und bringt mit seinem Erscheinen Unheil über die Menschen. Der Tengu taucht plötzlich auf und verschwindet genausoschnell wieder, verändert seine Gestalt und kann sich unsichtbar machen. Tengus sind böse Geister: Sie stehlen, entführen Kinder, reißen Häuser nieder und stören religiöse Handlungen. Daher symbolisieren sie Krieg, Unglück und Zwietracht.

Furien *Unten*
Die drei römischen Furien waren Rachegöttinnen, die Übeltäter, Mörder und undankbare Kinder unbarmherzig verfolgten, um sie hart zu bestrafen. Umstritten ist, ob sie von Tisiphone („Rächerin der Mörder"), Alekto („die Unversöhnliche", „die Ruhelose") oder Megäre („die Grimmige", „die Eifersüchtige") abstammten; in manchen Legenden erscheinen sie als Töchter von Gaia (der Mutter der Erde) und **Uranus** (dem Gott des Himmels) oder von irdischen Sündern, die starben und in die Unterwelt eingingen. Die Furien entsprechen den griechischen Erinnyen. Meist wurden sie als geflügelte Frauen dargestellt, deren Haare aus einem Vipernnest bestanden und die Schlangen, Fackeln oder Messer bei sich trugen. Manchmal porträtierte man sie aber auch als Mischwesen zwischen **Hund** und **Schlange**. Sie symbolisieren schlechtes Gewissen und das Annehmen einer verdienten Strafe.

Vampire *Unten*
Der Vampirglaube ist vor allem in den slawischen Ländern verbreitet, aber auch in anderen Kulturen gibt es Geschichten über nachtaktive Wesen, die den Lebenden das Blut aussaugen. Vampire gelten als ruhelose Geschöpfe, als „Untote", die sich durch Menschenblut am Leben erhalten. Durch ihren Biß werden auch ihre Opfer Vampire. Töten kann man sie nur, wenn man ihnen einen Pfahl durch das Herz treibt oder sie, wie im Fall von Nosferatu, der Sonne aussetzt. Knoblauch soll bei der Abwehr von Vampiren gute Dienste leisten, desgleichen ein Kruzifix. Dracula, der berühmteste Vampir, war eine Schöpfung des irischen Schriftstellers Bram Stoker und fand durch seinen

Roman von 1897 Eingang in den Volksglauben. Stoker lehnte seine Romanfigur an Vlad V. (1456–1476) an, den grausamen Herrscher der Wallachei, der seine Opfer martern und pfählen ließ – ohne allerdings ein Vampir zu sein. Vampire stehen für Parasiten oder Blutsauger, die auf Kosten der Rechtschaffenen leben.

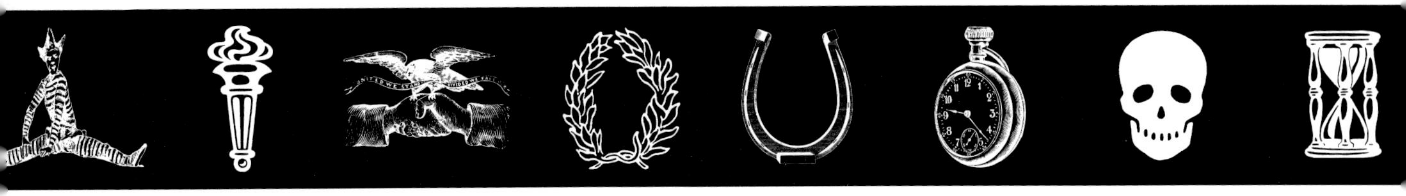

Die Symbolik der Gefühlswelt und des Geistes

Erst im Laufe des 20. Jahrhunderts wurde die Semiotik, die wissenschaftliche Erforschung von Symbolen und ihrer Einflüsse auf den mensclichen Geist, allgemein anerkannt. Vor allem Sigmund Freud und Carl Gustav Jung haben Anhaltspunkte dafür geliefert, wie unser Geist auf die symbolische Bilderwelt reagiert. Freud entwickelte die Traumanalyse, die ein wichtiges Hilfsmittel zur Interpretation des Unbewußten wurde, während C. G. Jungs Entschlüsselung der Archetypen, die im kollektiven Unterbewußtsein wurzeln, wesentliche Fortschritte in der Psychologie und der Psychotherapie ermöglichte.

Nach Jung kann man die menschliche Psyche in drei Ebenen untergliedern: das Ich oder Bewußtsein, das personale Unbewußte, das unsere individuellen Träume, Sehnsüchte und Erinnerungen enthält, und das kollektive Unbewußte, das unsere ererbten Erinnerungen speichert, häufig in Form von Archetypen, die Erfahrungen repräsentieren, die uns allen gemeinsam sind. Dazu gehören die lebensspendende, ernährende Mutter, der starke, autoritäre Vater, Anima und Animus – jene Teile unserer Persönlichkeit, die Weiblichkeit und Irrationalität beziehungsweise Männlichkeit und Rationalität darstellen – sowie der sogenannte Schatten, die uns zugrundeliegende, animalische Natur.

Wir können versuchen, unsere wahre Persönlichkeit zu verbergen, indem wir uns die Maske der Persona aufsetzen und uns auf ganz unterschiedliche Weise darstellen. Dies mag ein notwendiges Mittel im Überlebenskampf sein, aber wahren inneren Frieden findet man erst, wenn man alle Facetten seiner Psyche anerkennt und miteinander versöhnt. Nur so findet man zu seinem inneren Gleichgewicht und zur eigenen Individualität. Dazu kann man auf seine Intuition hören und die Botschaften zu deuten versuchen, die das Unterbewußtsein über die Träume an das Bewußtsein sendet. Auch sollten wir auf die Symbole achten, die uns umgeben, auf ihre Bedeutung für uns, für unsere Mitmenschen und unsere Reaktion darauf.

Unsere Wahrnehmung und unsere Reaktionen sind notwendigerweise sehr individuell, und verschiedene Symbole können eine Vielzahl unterschiedlicher Reaktionen hervorrufen, entsprechend unseren Erfahrungen und Erinnerungen sowie unserem Charakter. In diesem Buch konnten nicht alle archetypischen und personalen Symbole behandelt werden, die unsere emotionalen Reaktionen beeinflussen, aber die Untersuchung der wichtigsten symbolischen Bilder, die von unserem Unbewußten geschaffen und erkannt werden, kann dem Leser einen wertvollen Rahmen zum besseren Verständnis der vieldeutigen Sprache der Symbole liefern.

Nachfolgend werden die archetypischen und identitätsstiftenden Symbole behandelt sowie einige, die positive oder negative Gefühle hervorrufen. Begeben Sie sich auf eine Reise der Selbstentdeckung!

***Linke Seite:** Im Märchen* Rotkäppchen und der Wolf *nimmt ein Wolf die Gestalt der Großmutter an, um ein unschuldiges junges Mädchen zu sich zu locken und zu fressen. Der Wolf wird als skrupelloser, unmoralischer und heimtückischer männlicher Verführer dargestellt, der durch Lügen und Tricks den Argwohn seines Opfers zu zerstreuen versucht. Dieser Wolf ist das archetypische Symbol für ungezügelte männliche Lust – ein sexualisiertes Raubtier, dessen wildes Verlangen Schmerzen und Vernichtung nach sich zieht.*

Archetypen und der Geist

Persona *Rechts*

Die Persona ist das idealisierte Gesicht, das wir der Welt zeigen und das nicht notwendigerweise unserem wirklichen Selbst entspricht. Es wird durch die **Masken** symbolisiert, die wir uns aufsetzen, um Hemmungen zu überwinden oder schwierige Situationen zu bewältigen – etwa im Beruf oder in der Öffentlichkeit. Die Persona ist der Schutzmechanismus, der das soziale Überleben ermöglicht und das wahre Selbst davor bewahrt, Schaden zu nehmen. Eine Maske kann hilfreich sein in der Auseinandersetzung mit einer bedrohlichen Welt. Doch wenn wir uns zu stark mit ihr identifizieren, laufen wir Gefahr, unsere wahre Identität einzubüßen.

Gauner *Unten*

Der Gauner gehört zu Jungs Archetypen und verkörpert die Streiche, die das Unterbewußtsein dem Bewußtsein spielen kann. Er ist ein Antiheld, eine rebellische, amoralische und anarchische Figur, der es gefällt, die Psyche aufzuwühlen und sich über sie lustig zu machen. Er kann zu einem gefährlichen Wesen werden, das böswillig unsere Pläne vereitelt, kann uns aber auch vor Selbstzufriedenheit und Eitelkeit warnen und uns dazu zwingen, festgefügte Auffassungen kritisch zu hinterfragen. Der Gauner ist ein universelles Symbol, das menschliche und tierische Eigenschaften in sich vereint. Oft erscheint er in Gestalt eines Magiers oder **Teufels.** Auch Götter übernehmen die Rolle des Gauners, wie der nordische Gott Loki, der **Rabe**, der **Kojote** und der **Hase** der Indianer sowie Hermes (Merkur). Auch Joker aus dem Comic Batman, läßt sich als Gauner interpretieren. In Träumen taucht er oft als Clown auf oder als Wesen, das seine Gestalt verändert, und steht so für geistige Transformation oder verweist auf bevorstehende Veränderungen des Status quo.

Psyche *Rechts unten*

Paul Thumanns Gemälde *Psyche im Spiegel der Natur* zeigt die Figur aus der römischen Mythologie, die Cupido liebte, und die dadurch die Eifersucht der Göttin Venus erregte. Psyche war es verboten, Cupidos Gesicht zu sehen, doch als sie die Neugier überkam, entzündete sie ein Licht und erkannte in ihm den Gott der Liebe. Vor Schreck begann ihre Hand zu zittern, und ein Tropfen Öl fiel auf Cupido, wodurch er aufwachte und verschwand. Psyche suchte vergeblich nach ihrem Geliebten, wurde eine Sklavin der Venus und fiel schließlich in einen todesähnlichen Schlaf. Doch Cupido holte sie zurück ins Leben, beide heirateten. Schließlich verlieh Jupiter Psyche die Unsterblichkeit. Die Psyche (griech. „Atem des Lebens“ oder „Seele“) ist daher nicht nur ein Symbol für unsterbliche Liebe, sondern kann auch die Reise der Seele durch das Leben verkörpern; ebenso wie die Seele wird sie manchmal als Schmetterling dargestellt. Sie ist der Begriff für die menschliche Persönlichkeit. Nach Jung besteht die Persönlichkeit des Menschen aus drei Ebenen: dem Ich (Bewußtsein), dem personalen Unbewußten (individuelle Erfahrungen und Sehnsüchte) und dem kollektiven Unbewußten (Erinnerungen der gesamten Menschheit). Die Psyche verfügt über vier Funktionen: Intuition, Wahrnehmung, Denken und Fühlen. Je ausgewogener diese sind, desto integrierter ist die Persönlichkeit; Ungleichgewichte führen zu Intro- oder Extraversion (Innen- oder Außengerichtetheit der Energie).

Elementarsymbole

Bewußtsein *Oben*
In der Traumanalyse ist die **Sonne** ein Symbol für das „maskuline“ Bewußtsein und das Gegenteil des „weiblichen“ **Mondes**, der für das Unterbewußtsein steht. Die Bewegung der Sonne repräsentiert verschiedene Bewußtseinsstufen: Die Dämmerung z. B. steht für Wiedergeburt, Erwachen und Erleuchtung, während die Mittagssonne die Kräfte des Intellekts verkörpert. Der Sonnenuntergang symbolisiert das Eintauchen des Bewußtseins in das Unterbewußtsein, wobei die Ratio von der Intuition und von Emotionen verdrängt wird (die von der Nacht, dem Mond und **Wasser** repräsentiert werden). Der Sonnenuntergang kann auch auf den **Tod** bezogen werden, ist aber kein Symbol für Angst (weil die Sonne am nächsten Tag wieder aufgeht), sondern steht eher für das ruhige Hinnehmen des steten Kreislaufs der Existenz und für das Zusammenwirken der verschiedenen Bestandteile des Lebens, von Bewußtsein und Unterbewußtsein.

Windmühle *Unten*
Durch die Windmühlenflügel verbindet sich der Symbolismus des Windes (Vitalität) mit jenem der Luft (Geist). Da sie **Getreide** mahlt, ist die Windmühle auch ein Symbol für **Herbst** und Fruchtbarkeit. Da man aus Getreide Brot macht, steht sie schließlich für das Leben. In der christlichen Bilderwelt symbolisiert sie Mäßigung. Am häufigsten wird sie mit Cervantes' Don Quichotte assoziiert, dessen Kampf gegen die Windmühlen zu einem Symbol der Vergeblichkeit wurde. Die Windmühle ist auch das Nationalemblem der Niederlande.

Brennende Fackel *Rechts unten*
Die brennende Fackel, in der sich die regenerative Kraft des Feuers bündelt, steht für das Leben. In vielen Kulturen wird sie bei Initiations- und Fruchtbarkeitsriten verwendet. Bei den Griechen war sie das Emblem von Eros und Aphrodite und symbolisierte die Flammen der Liebe. Herkules benutzte sie zur Bezwingung der Hydra. Wird die Fackel aber nach unten gehalten, symbolisiert sie den **Tod**. Im Christentum wurde sie zu einem Zeichen Christi als Licht der Welt und zu einem Symbol der Reinigung durch göttliche Erleuchtung. Ferner steht die Fackel für Wahrheit und Intelligenz. In bezug auf die sieben Todsünden repräsentiert sie die Wut.

Kompaß *Oben*
Der Kompaß – der im **Kreis** der Vollkommenheit enthalten ist und durch die **vier** Himmelsrichtungen unterteilt wird – ist ein Zeichen für Leben und Wissen. In bezug auf den Geist stellt er ein Instrument der Wegweisung und Identitätsfindung dar. Als Traumsymbol leitet er sicher über den steinigen Pfad des Lebens, aber wenn er die falsche Richtung anzeigt, verweist er auf Identitätsverlust.

Wasser *Oben*
Wie der **Wald** und das **Labyrinth** ist auch das Wasser ein Symbol für das Unterbewußtsein und wird mit dem **Mond**, mit Weiblichkeit und Irrationalität verbunden. Wegen seiner Grenzenlosigkeit und Unbeherrschbarkeit läßt sich der Ozean mit dem Chaos gleichsetzen. Das Unterbewußtsein verbindet man jedoch eher mit einem See, der ruhig scheint, unter dessen Oberfläche sich jedoch einiges zusammenbrauen kann. In vielen alten Kulturen glaubte man, die Erde sei aus einem Urmeer entstanden. In der Psychologie gilt Wasser als eine Metapher für die Geburt von Ideen aus dem Unterbewußtsein.

Positive Gefühle

Smiley *Unten*
Das Symbol des lächelnden Gesichts ging aus der Hippie-Kultur der 1960er Jahre hervor und wird heute weltweit als Zeichen für Glück und Freude verwendet. Das Gesicht ist gelb, eine Farbe, die man gewöhnlich mit **Sonne** und Licht assoziiert, was die positive Symbolik dieses Zeichens unterstreicht.

Daumen hoch *Rechts*
Der hochgestreckte Daumen gehört zu einer Reihe volkstümlicher Gesten, die heute fast überall verstanden werden. Er drückt Zustimmung aus und soll in der Antike in Rom entstanden sein, als das Schicksal eines Gladiators vom Kaiser durch einen nach oben oder nach unten gerichteten Daumen besiegelt wurde (was Gnade beziehungsweise Tod bedeutete). Außerdem kann dieses Zeichen Glück und Wohlwollen symbolisieren.

Durchbohrte Herzen *Oben*
Von einem Pfeil durchbohrte Herzen symbolisieren Liebe und Einheit. Seit Urzeiten steht das Herz für die Gefühle des Menschen, während der Pfeil den Liebespfeil darstellt, den Eros (Cupido) abgeschossen hat. Die Herzen der Liebenden wurden voneinander ergriffen und sind nun vereint. In der christlichen Ikonographie steht das von einem Schwert durchbohrte Herz für die **Jungfrau Maria**, Christus oder Heilige, kann aber auch Reue bedeuten. Das flammende Herz symbolisiert Erleuchtung und Hingabe – im weltlichen wie im religiösen Sinn.

Verlobungs-/Ehering *Rechts oben*
Der Verlobungs- oder Ehering symbolisiert die Vereinigung zweier Menschen durch die Hochzeit. Ringe stehen aber auch für die heilige Gemeinschaft der Bischöfe, Kardinäle oder Nonnen als Bräutigame und Bräute der Kirche oder Christi. Die runde Form des Eherings, der traditionell am Ringfinger der rechten Hand getragen wird, symbolisiert Ewigkeit und Vollständigkeit. Der Ehering wird bei der Hochzeitszeremonie gesegnet, bevor ihn sich die Eheleute gegenseitig als Unterpfand ihrer Treue und unsterblichen Liebe überstreifen. Von Hochzeit oder einem Ehering zu träumen kann die Sehnsucht nach der Vereinigung der widerstreitenden, aber sich ergänzenden Teile der Psyche zu einem integrierten Ganzen ausdrücken.

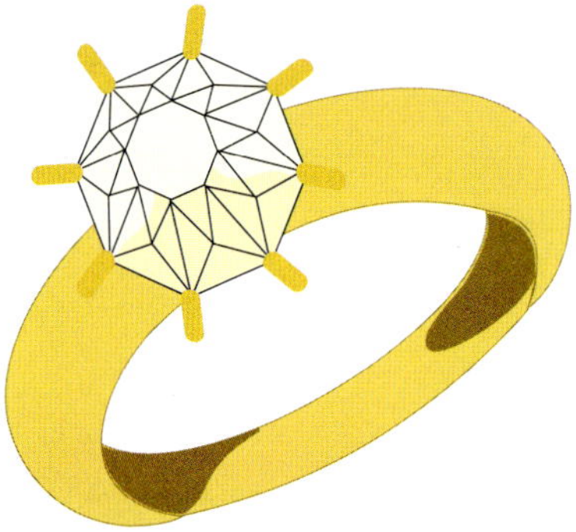

Händedruck *Unten*
Der Händedruck ist ein Symbol für Begrüßung und Abschied, steht aber auch für Freundschaft, Verzeihen und den Abschluß eines Vertrages. Er kann Einheit und Zustimmung ausdrücken, aber auch die Verdoppelung der Kraft durch Partnerschaft. Die rechte Hand, die „Hand der Macht", repräsentiert die Lebenskraft, weshalb ein Versprechen mehr gilt, wenn es mit dieser Hand besiegelt wird. Die Hände sind ausdrucksstarke Körperteile, ihre Gestik kann bewußte und unbewußte Emotionen symbolisieren. Der Händedruck zwischen zwei Menschen überbrückt eventuelle Vorbehalte und hebt die Beziehung auf eine persönlichere Ebene. Er kann auch die Solidarität gegen Widersacher ausdrücken, entsprechend dem Motto: „Gemeinsam sind wir stark."

Befreiung

Nacktheit *Rechts*
Edouard Manets Gemälde *Frühstück im Freien* zeigt eine Szene, die für viele Leute einem Alptraum gleichkommt: nackt in der Öffentlichkeit zu stehen. Die Auffassung, Nacktheit sei etwas, dessen man sich schämen müsse, ist alt und weit verbreitet. Nackträume können Verletzlichkeit, unterdrückte Sexualität oder die Unfähigkeit, sein wahres Selbst zu akzeptieren, ausdrücken, haben manchmal aber auch eine positive Bedeutung, denn sie können das Überwinden von Grenzen symbolisieren, das Streben nach Ehrlichkeit und Offenheit und den Wunsch, der Welt seine wahre **Persona** zu zeigen. Nach Freud können Nackträume der unterbewußte Ausdruck des Wunsches sein, wieder in den Stand der Unschuld oder zur Unbefangenheit der Kindheit zurückzukehren. Auf Manets Bild stört sich keiner der Anwesenden an der Nacktheit, was die Freiheit der Frau ausdrückt, deren wahres Selbst akzeptiert wird, anderenfalls würde die Szene Ausgeliefertsein und Zurückweisung symbolisieren.

Tanz *Unten*
Die Tänzerin, die in Edgar Degas' Bild *Tänzerin mit Blumenstrauß* dargestellt wird, scheint sich durch den Tanz zu befreien. Tanzen ist eine Form des Ausdrucks, von Kreativität und Spontaneität und kann das Abwerfen einengender Konventionen symbolisieren, wodurch die Persönlichkeit eines Menschen zum Vorschein kommt. In der Realität und im Traum steht der Tanz für Phantasie und ist ein Ausdruck von Freiheit. In Träumen verweist Tanzen auf die Notwendigkeit, sich zu öffnen, mehr am Leben teilzunehmen und unterdrückte schöpferische Energien freizusetzen. Tanzen kann auch das Werben um einen Sexualpartner symbolisieren.

Abenteuer *Rechts*
Ein Traum vom Segeln symbolisiert sowohl den Wunsch nach Abenteuern als auch die Anerkennung der Notwendigkeit, sich auf die Reise zu sich selbst zu begeben. Seit jeher gelten Schiffe als Symbole für Übergang und Reisen – über das Meer des Lebens oder vom Leben zum Tod. Darüber hinaus ist das Schiff ein kosmisches Symbol: Während es das Leben repräsentiert, verkörpert der Ozean, auf dem es segelt, die **Wasser** der Schöpfung, und der Schiffsmast läßt sich mit der *axis mundi* vergleichen. In der Psychoanalyse repräsentiert das Meer das **Unterbewußtsein** und das Schiff das Bewußtsein, das auf der gefährlichen Reise des Lebens sorgfältig durch die Untiefen gesteuert werden muß. In einem allgemeineren Sinn drückt ein Traum vom Segeln aber auch die Sehnsucht nach Freiheit und Abenteuern aus, denn auf der unberechenbaren See kann man neue Gefilde erkunden und lästigen, einengenden Konventionen entrinnen.

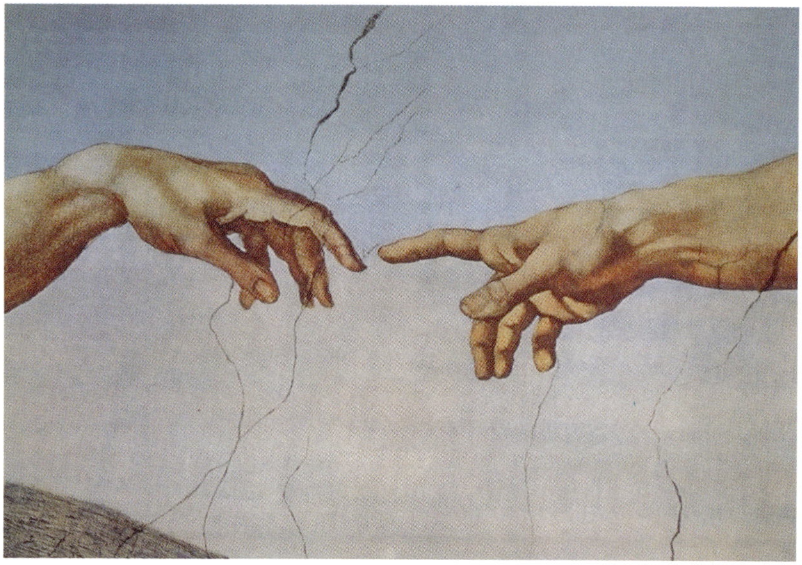

Inspiration/Schöpfung

Schöpferische Energie *Oben*
Die *Erschaffung Adams* aus Michelangelos Fresko in der Sixtinischen Kapelle bringt die schöpferische Kraft zum Ausdruck, die von Gott auf Adam übertragen wird. Die Schöpfung wird manchmal als Beseelung der Materie durch Energie beschrieben. Dies bezieht sich auf Objekte (die Saat, die Sonne braucht, um zu wachsen) wie auch auf den Geist (in dem die Energie des Unterbewußtseins das Bewußtsein inspiriert). Während die Schöpfung für die Geburt neuen Lebens steht, ist Kreativität ein Zeichen für Fortschritt, für das Überwinden geistiger Stagnation und spielt eine wichtige Rolle bei der Aufrechterhaltung des mentalen Gleichgewichts.

Embryo *Rechts oben*
Während das **Ei** oder die Saat in vielen Kulturen das Entwicklungspotential symbolisiert, führt der Embryo diese Bedeutung weiter, denn er ist bereits befruchtet und wird bald selbständiges Leben hervorbringen. Er ist daher ein Symbol für Geburt, Hoffnung und neue Möglichkeiten. In der Traumdeutung verkörpert er die Wiedergeburt des Selbst und die Möglichkeit des Neubeginns. Daher symbolisiert der Embryo auch die Schöpfung – sowohl im wörtlichen Sinn wie auch in bezug auf Ideen, die latent im „Ei" der Psyche vorhanden sind und im „Embryo" des Unterbewußtseins reifen, bis sie schließlich ins Bewußtsein vordringen.

Glühbirne *Links unten*
Eine brennende Glühbirne symbolisiert einen Geistesblitz oder die Entwicklung einer neuen Idee. Wie sich die Kraft des Unterbewußten im Bewußtsein zu Gedanken formt, so bringt die elektrische Energie die Glühbirne zum Leuchten. Das Anknipsen des Lichts mit einem Schalter entspricht dem spontanen Vordringen der Inspiration ins Bewußtsein. Diese moderne Variante weist daher in symbolischer Hinsicht eine eindeutige Parallele auf zu der Vorstellung der Übertragung spiritueller Energie durch die Sonne auf den menschlichen Geist.

Neugier *Unten*
Die Heldin in Lewis Carrolls Roman *Alice im Wunderland* ist von einer unstillbaren Neugier besessen, was sie in viele surreale Abenteuer verstrickt. Neugier ist eine Eigenschaft, die den Geist dazu anregt, neue Erfahrungen zu machen, und zu persönlicher Weiterentwicklung führt. Sie kann aber auch gefährlich sein und einen in schwierige Situationen bringen. Doch die Träume, in denen Alice in eine fiktive Welt voller psychologischer Symbole eintaucht, bieten eine sichere Umgebung, in der sich die Neugier ungehindert entfalten kann, ohne negative Konsequenzen befürchten zu müssen. In einem imaginären „Probelauf" können wir daher Phantasien und Sehnsüchte ausleben und anschließend die Lektionen unserer Traumerfahrungen im Bewußtsein verarbeiten.

Erfolg

Lorbeerkranz *Rechts*
Seit den Pythischen Spielen in Delphi gilt der Lorbeerkranz als Zeichen des Sieges. Der **immergrüne** Lorbeer wurde als reinigende Pflanze betrachtet, die unsterblich machen sollte. Diese Bedeutung hat sich gehalten, während andere Siegeskränze ihren Symbolismus nicht bewahren konnten: Bei den Olympischen Spielen wurden die Sieger mit wilden **Oliven** gekrönt, bei den Nemeischen Spielen mit Petersilie. Der Lorbeerkranz, den man in Rom bei Triumphzügen nach einer Schlacht trug, entwickelte sich zu einem Zeichen für göttlichen Segen. Häufig wurden Herrscher mit einem Lorbeerkranz gekrönt, aber heute können auch Menschen, die auf ihrem Fachgebiet Herausragendes geleistet haben, diese Auszeichnung erhalten.

Triumphbogen *Unten*
Schon zur Zeit der Römer zogen siegreiche Feldherren nach der Schlacht durch einen Triumphbogen. Der *Arc de Triomphe* in Paris ist vermutlich das berühmteste derartige Bauwerk. Die römischen Legionen kamen auf ihrem Weg zum Jupiter-Tempel, wo sie sich für ihren Sieg bedankten, unter Bögen hindurch, die mit pflanzlichen Girlanden geschmückt waren. Für die Römer symbolisierte der Bogen den Himmel und Jupiter, den höchsten Gott. Außerdem stellte er eine Grenze zwischen den Überlebenden der Schlacht und den Seelen der getöteten Feinde dar – eine Grenze, die den Siegern half, ihre Schuldgefühle zu verdrängen. Heute verkörpert der Triumphbogen in erster Linie militärischen Erfolg.

Gute Ernte *Oben*
Auf Jules Bretons Gemälde *Am Ende des Tages* trägt ein Feldarbeiter eine Weizengarbe auf der Schulter – ein altes, universelles Symbol für Belohnung. Gute Zeiten werden allgemein durch eine Weizengarbe repräsentiert, die für die Fülle der Natur, für Brot (und damit das Leben) und den Lohn der Mühsal steht. Die Arbeit mag anstrengend sein, aber sie zahlt sich am Ende aus – entweder materiell oder ideell.

Victory-Zeichen *Rechts oben*
Das „V"-Zeichen, das für *victory* (Sieg) steht, kam im Zweiten Weltkrieg in England auf. In einer BBC-Sendung für das besetzte Belgien wurde es als Symbol für die Widerstandsbewegung vorgeschlagen, denn mit „V" konnte man auch das französische *victoire* und das flämische *vrijheid* abkürzen. Dann setzte man es in das Morsezeichen für die Radioübertragung um, und da es zufällig denselben Rhythmus wie die Eröffnungstakte von Beethovens 5. Symphonie hatte, wurde das Zeichen bald damit identifiziert. Winston Churchill sorgte schließlich für die allgemeine Verbreitung des Victory-Zeichens. Nach unten gerichtet, gilt es in manchen Ländern als Beleidigung.

Feiern *Unten*
Zu den wichtigsten Zeichen für Feiern und Feste gehört das Klirren von Gläsern. Bei feierlichen Anlässen prostet man sich mit einem Glas Champagner oder Wein zu, die beide für Wohlergehen und Glück stehen. Wein spielte eine wichtige Rolle in den antiken Ritualen für Dionysos (Bacchus): Er galt als Elixier für Jugend und ewiges Leben, und seine berauschende Wirkung betrachtete man als Mittel zur Befreiung der Seele und zur Erlangung einer – wenngleich flüchtigen – Einheit mit den Göttern.

Glück/Schicksal

Schornsteinfeger *Rechts*
In einigen nordeuropäischen Ländern ist der Schornsteinfeger ein Glückssymbol. Der Ursprung dieses Aberglaubens ist unbekannt, doch hängt er wohl mit der Verhütung von Bränden zusammen oder mit der Symbolik der Kohle und ihrer Reinigung durch das **Feuer**.

Vierblättriger Klee *Oben*
Die Bedeutung des vierblättrigen Klees als Glückssymbol geht auf die Legende zurück, nach der Eva ihn zur Erinnerung aus dem Paradies mitgenommen hatte. Normalerweise hat Klee drei Blätter, vierblättriger Klee ist selten und daher nicht leicht zu entdecken. Wer dennoch welchen findet, dem bringt er Glück. Klee mit mehr als vier Blättern soll Unglück bringen.

Geld an Bäumen *Oben*
Wem im Traum ein Geldbaum erscheint, der wird ein Glücksgefühl erleben, wie es nur dem Entdecker einer scheinbar unerschöpflichen Geldquelle widerfährt. Doch ein Geldbaum ist offensichtlich ein unmögliches Phänomen und stellt daher unrealistische Ansprüche dar.

Hufeisen *Unten*
Das Hufeisen ist ein Glückssymbol, allerdings nur, wenn es nach oben gerichtet ist; weist es nach unten, soll das ganze Glück herausfallen. Es gibt viele Theorien über den Ursprung des Aberglaubens, daß Hufeisen vor bösen Geistern schützen und Glück bringen. Nach christlicher Überlieferung sollte der hl. Dunstan dem Teufel seinen Huf beschlagen; der tat, wie ihm geheißen, doch bereitete er dem Teufel so unerträgliche Schmerzen, daß dieser schwor, Orte mit Hufeisen zu meiden. Die Hexen aus den Märchen reiten auf Besenstielen, weil sie sich vor Pferden fürchten. Nach einer anderen Theorie wirkt das Hufeisen (aus Eisen, Symbol für **Mars**) der Macht **Saturns** (Gott der Hexen) entgegen. Da seine Form an die Mondsichel erinnert, ist es auch ein Fruchtbarkeitssymbol; verbindet man es mit Hörnern, verkörpert es Vitalität.

Würfel *Oben*
Würfel dienen dem Spiel bzw. dem Glücksspiel, daher symbolisieren sie die Launen des Schicksals – sie gelten als Attribute der **Drei Grazien**, als eines der Elemente der Passion Christi, da römische Soldaten unterm **Kreuz** damit spielten, und als Symbol der personifizierten Fortuna, die ihre Gaben willkürlich verteilt. Letzteres ist heute noch am wichtigsten. Würfel verkörpern im positiven wie im negativen Sinn den Zufall.

Richtung/Identität

Fingerzeig *Oben*
Der zeigende Finger deutet sowohl in der realen Welt als auch im nebulöseren Reich der Träume eine Richtung an. Durch dieses Symbol kann das Unterbewußtsein dem Bewußtsein den richtigen Weg aufzeigen und dem Menschen dadurch helfen, Konflikte zu lösen und Situationen zu klären.

Das Unterbewußtsein *Rechts unten*
Ein dichter Wald voller wilder Pflanzen und Lebewesen symbolisiert das Unbewußte. Wir wissen nicht – und können nicht kontrollieren –, was unser Unterbewußtsein alles aufnimmt. Im Traum tauchen Bruchstücke von Erinnerungen, die wir längst vergessen glaubten, wieder auf. Wie das Unbewußte sind Wälder Orte geheimen Wissens. Sie können Gefahren bergen, aber auch vergrabene Schätze; in unserem Unterbewußtsein können wir den Schlüssel zu Problemen finden, die uns im Wachzustand beschäftigen. Der Traum von einem Wald kann aber auch die Angst verkörpern, in bedrohlicher Dunkelheit festzusitzen. Wälder symbolisieren Gefahr, da in ihnen Chaos und Unordnung herrscht. Empfindet ihn der Träumer nicht als beängstigend, so kann der Wald ein Ort der Zuflucht und des inneren Friedens sein. Als mütterlicher Archetyp symbolisiert er die Frau; mit seiner üppigen Vegetation verkörpert er die fruchtbaren Kräfte der Urmutter.

Labyrinth *Unten*
Das Labyrinth ist ein altes universelles Symbol. Die Komplexität der Gänge steht für Verwirrung und fehlende Orientierung. Als Metapher des Lebens symbolisiert es die notwendigen Entscheidungen zur Erreichung der sicheren Mitte (oder eines Ausgangs). Seine Macht demonstriert die griechische Mythologie durch das Labyrinth, in dem der **Minotaurus** umherstreifte und das durch Theseus mit Hilfe von Ariadnes Fadenknäuel überwunden wurde. Wie das **Mandala** symbolisiert der Durchgang durch das Labyrinth in der religiösen Analogie eine spirituelle Reise auf der Suche nach der Einheit mit dem Absoluten. Aus psychologischer Sicht verkörpert es die Verwirrung und den Widerspruch des Unbewußten. Das Erreichen der Mitte bzw. das Heraustreten ans Tageslicht steht für die persönliche Individuation und die Selbsterkenntnis, während das blinde Umherirren den Verlust der Orientierung bedeutet.

Unschuld *Oben*
Das ganz in Weiß gekleidete Mädchen, hier *Pinkie*, dargestellt von Sir Thomas Lawrence, ist das archetypische Bild der Unschuld und Reinheit – Eigenschaften, die traditionell von Kindern (Unschuld) und der Farbe Weiß (Keuschheit und Jungfräulichkeit) verkörpert werden. Kinder und Jugendliche symbolisieren das Potential des Neuanfangs; so kann in der Traumdeutung ein weißgekleidetes Kind entweder den Wunsch nach der Rückkehr zur makellosen Unschuld der Kindheit bedeuten oder die positive Absicht eines Neuanfangs.

Schutz/Sicherheit

Festung *Unten*
Wie diese prächtige babylonische Festung im Irak zeigt, sind Burgen und Zitadellen gewaltige Verteidigungsanlagen, die in der Vergangenheit auch psychisch Zuflucht vorm Kampf boten. Darin liegt auch ihre komplexe Symbolik, da sie Selbstschutz und Sicherheit verkörpern (wenn man drin ist), aber auch frustrierende Hindernisse (von außen) darstellen, die auf dem Weg nach vorn überwunden werden müssen. Im Märchen ist die Festung der Sitz guter wie auch böser Mächte, die im Innern unschätzbare Werte birgt (eine Prinzessin, einen Schatz oder Wissen). Die Aufgabe des Helden besteht entweder

darin, gegen die monströsen Wächter zu kämpfen, um an den Schatz zu gelangen, oder ihn vor den Mächten des Bösen zu beschützen. In der Traumdeutung kann die Festung das sichere Selbst darstellen oder ein selbstgeschaffenes Gefängnis, dessen Schutzwall (das Unterbewußtsein) zur Erreichung des Ideals der Selbstverwirklichung überwunden werden muß. Eine Burg steht auch für den positiven, spirituellen Rückzug von der Welt oder warnt vor Gefahren der Isolation und Einsamkeit. Als Ruine deutet die Burg oder Festung auf Verlustgefühle und Verzweiflung hin.

Mauern *Oben*
Mauern haben viel mit der Symbolik der Festung gemein. Einerseits weisen sie auf persönlichen Besitz hin; Fremde werden am Zugang gehindert. Ebenso können Mauern den Schutzinstinkt und die Errichtung mentaler Barrieren verkörpern. In positiver Hinsicht stellen sie Schutzmaßnahmen gegen potentiell schädliche Einflüsse dar; andererseits kann eine Mauer auf eine eingeschränkte Sichtweise hindeuten und auf die Ablehnung neuer Impulse.

Geborgenheit *Mitte unten*
Wie viele Schmusetiere, z. B. Teddybären, ist die hier abgebildete Stoffpuppe ein Symbol für die Geborgenheit in der Kindheit, als die Welt noch kaum bedrohlich schien und das Spielzeug Beruhigung und Trost spenden konnte. Für ein Kind ist eine Puppe oder ein Stofftier nicht nur ein treuer und ergebener Gefährte, sondern auch ein mächtiger Beschützer und Tröster. Das Träumen von einem Schmusetier entspricht dem Wunsch, in eine Zeit zurückzukehren, wo wir bedingungslose Liebe erhielten, und es drückt das Bedürfnis aus, schwierigen Problemen der Erwachsenenwelt zu entfliehen. Da es sich um leblose, nicht reagierende Objekte handelt, können Kuscheltiere im negativen Sinn einen Mangel an Kommunikation symbolisieren. Puppen werden bei Therapien eingesetzt, da durch sie emotionale Probleme nach außen getragen und Lösungen gefunden werden können.

Schirm *Rechts*
Regen- und Sonnenschirm (als Schutz vor Regen oder Sonne) sind klare Schutzsymbole. Auf psychologischer Ebene ist diese Bedeutung jedoch nicht immer positiv; der Schirm kann auf eine Form extremer Introvertiertheit hindeuten, auf die Unfähigkeit oder Abneigung, sich mit der Realität auseinanderzusetzen, und auf einen krankhaften Mangel an Unabhängigkeit.

Haus *Oben*
In vielen Kulturen gilt das Haus als Modell des Kosmos, der Welt oder des **menschlichen Körpers**; doch Jung identifizierte es nach einem Traum, der ihm das Konzept des kollektiven Unterbewußtseins enthüllte, als Symbol des Selbst. Nach dieser Analogie entspricht die Fassade der **Persona** und die Stockwerke den Bewußtseinsstufen: Das Kellergeschoß verkörpert das Unterbewußtsein, das Wohnzimmer ist das Heim des Bewußtseins, die Küche ist ein Ort der Verwandlung und die oberen Stockwerke gehören den Ambitionen und der Spiritualität. Die Treppen stehen für die psychischen Verbindungen. Allgemein symbolisiert das Haus Familie, Schutz und Stabilität, einen persönlichen Zufluchtsort vor der Außenwelt. Im Haus kann die Rolle abgelegt und das wahre Selbst befreit werden. Diese Symbolik erklärt, warum das Haus zu den häufigsten Motiven in Kinderbildern gehört.

Lösung

Schlüssel *Unten*
Der Schlüssel steht für Öffnen und Schließen, und er teilt die duale Symbolik des römischen Gottes **Janus**, Gott des Ein- und Ausgangs. Er steht für Befreiung und die Enthüllung von Geheimnissen, aber auch für Gefangenschaft und Rätselhaftes. In der Traumdeutung kann er das Unterbewußtsein aufschließen und die Lösung zu einem Problem eröffnen. Im Christentum werden die Schlüssel zum Himmelstor vom hl. Petrus verwaltet (sie sind auch ein **Papstemblem**); in der griechischen Mythologie verwahrt Hekate den Schlüssel zur Hölle; in Japan steht er für Zufriedenheit; im Judentum kontrolliert der Schlüssel Gottes Geburt und Tod.

Erleuchtung *Rechts unten*
Wie der **Regenbogen** ist auch das Licht ein Symbol für Hoffnung und mentale „Erleuchtung". Der Alptraum, durch einen dunklen, engen und scheinbar endlosen Tunnel zu kriechen (ähnlich dem Geburtstrauma), bedeutet, daß man sich gezwungen sieht, unkontrolliert in eine Richtung zu gehen. Der Tunnel symbolisiert das **Unterbewußtsein** und trägt die Botschaft, daß verdrängte Ängste verarbeitet und Herausforderungen angenommen werden müssen, um die Angst zu überwinden, die sonst emotionale Probleme verursachen kann. Das Erblicken eines Lichts am Ende des Tunnels stellt daher nicht nur eine physische Erlösung dar, sondern liefert eine Orientierungshilfe. So kann Licht als Symbol des Verstandes und des Bewußtseins betrachtet werden, durch die man Lösungen für das Chaos im Unterbewußtsein findet. Den Kontrast zwischen der Dunkelheit und dem Licht kann man auch vergleichen mit dem Übergang vom Zustand der Verzweiflung zu dem der Erleuchtung und einer hoffnungsvollen Zukunft.

Puzzle *Oben*
Das Einfügen des letzten Puzzlesteins verkörpert Triumph und Lösung. Rätsel kann man mit einem Puzzle vergleichen, wobei eine Reihe scheinbar unzusammenhängender Teile in einer bestimmten Ordnung sortiert werden müssen, ehe das Gesamtbild sichtbar wird. Das Puzzle ist auch eine Metapher für das **Unterbewußtsein**, das dem Bewußtsein Bruchstücke liefert (archetypische Bilder), die zu einem Ganzen zusammengefügt werden müssen.

Übergang

Tür *Oben*
Die Tür symbolisiert eine Chance oder den Übergang zwischen Bewußtseinszuständen. In der Traumdeutung steht eine geschlossene Tür für ein Geheimnis oder Hindernis, zu dem der **Schlüssel** gefunden werden muß, während eine offene Tür Befreiung bedeutet oder die Aufforderung, eine Herausforderung anzunehmen. Öffnet sich eine Tür nach innen, weist sie auf das Bedürfnis nach Selbsterkenntnis hin; öffnet sie sich nach außen, verlangt sie mehr Zugänglichkeit. Die Worte Jesu „Ich bin die Tür" bedeuten für Christen einen Zugang zur Erlösung. **Janus**, der Schützer des Ein- und Ausgangs, besitzt den Schlüssel und so die Macht über den Übergang.

Brücken *Rechts*
In der modernen Psychoanalyse steht die Brücke für den Übergang zwischen Daseinszuständen und die Gelegenheit für eine Veränderung. Die nahe Seite der Brücke stellt die Vergangenheit dar, die gegenüberliegende Seite eine rätselhafte Zukunft, während das darunterfließende Wasser das Chaos des Unterbewußten verkörpert. Seit der Antike symbolisieren Brücken auch Verbindungen: zwischen dem irdischen und dem himmlischen Reich; zwischen Mensch und Geist; zwischen Leben und **Tod**. Ein schwieriger Übergang der Brücke deutet auf Probleme beim Loslassen der Vergangenheit und dem Streben nach vorn hin.

Klettern *Mitte unten*
In der Traumdeutung ist Klettern – ob auf einer Leiter, einer Treppe oder einem Berg – ein Symbol für das Bemühen um Weiterentwicklung im persönlichen oder beruflichen Bereich. Klettern kann einen Initiationsritus darstellen, persönliche Entwicklungen und den Weg durch verschiedene Bewußtseinsebenen mit dem Ziel der Selbstverwirklichung. Je schwieriger der Weg sich gestaltet, um so erfüllender ist das Ziel. Trotz der Gefahr, der Angst und der Mühe, die das Klettern mit sich bringt, wird der Kletterer am Gipfel mit Hochgefühlen und Erfolgserlebnissen belohnt. Daher symbolisiert es den Übergang von niederen Aspekten des menschlichen Daseins zu höheren, spirituelleren Werten. Nach Sigmund Freud kann das Klettern für das Verlangen nach sexueller Erfüllung stehen.

Torbogen *Oben*
Obwohl er viel mit der Symbolik der Tür gemein hat, ist die Bedeutung des Torbogens, da er größer ist und den Zugang zu bedeutenderen Dingen verspricht, weniger persönlich und bezieht sich auf mystischere und tiefgründigere Bereiche. Ein Torbogen kann in den Himmel oder in die Hölle führen; auf der Erde zu irdischen Palästen oder spirituellen Tempeln. Im Orient werden Tempel häufig von feindseligen Wächtern beschützt; mehrere Torbögen hintereinander stellen die verschiedenen Stufen der Erleuchtung dar. In der Traumdeutung ist das Tor, egal wie groß und ob es offen oder geschlossen ist, eine positive Aufforderung zur Selbsterkundung und Wissenserweiterung. So ist der Torbogen ein Initiationssymbol: Der Initiierte muß durch ihn hindurchgehen, ehe er einen erleuchteten, neuen Daseinszustand erreicht.

Tod/Sterblichkeit

Der Sensenmann *Unten*
Der Sensenmann oder Schnitter Tod mäht mit der Sense alle menschlichen Seelen ab, deren Zeit gekommen ist. Die Sense symbolisiert die Ernte und damit **Tod** und Wiedergeburt. Aufgrund seiner Verbindung mit Kronos, dem griechischen Gott der Landwirtschaft, trägt er oft auch eine Sichel. Meist als Gerippe mit einer **Sanduhr** dargestellt, ist er ein *memento mori* – ein furchterregendes Todessymbol und Mahnmal der Sterblichkeit.

Taschenuhr *Mitte rechts*
Die Taschenuhr ist ein Zeichen für das Vergehen der Zeit und erinnert an die Vergänglichkeit des Lebens. Niemand ist unsterblich, und durch das Abzählen der Sekunden, Minuten und Stunden mißt die Uhr das Leben. In der Traumdeutung kann eine Uhr die Seele der Humanität symbolisieren – die Emotionen des Herzens. Meist ist sie ein Traumsymbol der Angst. Ist sie stehengeblieben, kann sie auf eine Gefühlslähmung hindeuten, geht sie zu schnell, weist das auf einen Kontrollverlust hin. Doch ist die Symbolik der Uhr nicht immer negativ; sie kann für Neuanfänge und Gelegenheiten in der Zukunft stehen.

Totenkopf *Oben*
Der grinsende Totenkopf ist ein verbreitetes *memento mori*, das die begrenzte Zeit des Menschen auf der Erde symbolisiert und seine unvermeidliche Verwandlung zu Staub. In vielen Kulturen wird der Schädel, Sitz des Gehirns, als Gefäß des Geistes betrachtet und daher als Quelle des Lebens und Denkens. In der Alchemie wurden Totenschädel für Umwandlungsprozesse verwendet.

Sanduhr *Rechts unten*
Die Sanduhr ist zunächst ein Symbol der Sterblichkeit, ein Mahnmal dafür, daß das Leben endlich ist. Wie der Sand als Maß der Zeit von oben nach unten fließt, so nähert sich der Tod mit erbarmungsloser Unvermeidlichkeit. Doch da die Sanduhr umgedreht werden muß, symbolisiert sie auch den Zyklus aus Leben und Tod sowie Himmel und Erde. Zudem ist sie das Symbol der christlichen Personifikation der **Besonnenheit**.

Skelett und Sarg *Oben*
Ein verfallenes Skelett, das aus einem Sarg steigt, ist eines der stärksten, mächtigsten Schreckenssymbole, das für Untote und negative übernatürliche Kräfte steht. In der Traumdeutung symbolisiert ein lebendiger Leichnam jedoch nicht unbedingt den Tod, sondern eher das Auftauchen von etwas, das sehr tief im Unterbewußtsein vergraben war, wie ein lang verdrängtes Trauma, das verarbeitet werden muß; eine Entsprechung wäre die berühmte „Leiche im Keller".

Verdrängung/Verheimlichung

Verschlossene Truhe *Oben*
Eine verschlossene Truhe ist ein Symbol der Heimlichkeit. Sie weckt unbändige Neugierde auf ihren Inhalt. Wie in der warnenden Legende von der verbotenen Büchse, der Pandora nicht widerstehen konnte, enthält sie möglicherweise ein schreckliches Geheimnis (alle Übel der Welt). Jedoch verblieb in der Legende die Hoffnung in der Büchse. Viele Märchen erzählen von **drei** Kästchen, von denen zwei Reichtum enthalten, das dritte hingegen Vernichtung. Die verschlossene Truhe steht nicht nur für Verheimlichung und die Möglichkeiten von Gut und Böse, sondern auch für hoffnungsvolle Gefühle hinsichtlich des Schatzes, der darin liegen mag. Die Psychoanalyse vergleicht sie mit einem destruktiven (aber auch positiven) Potential des Unterbewußtseins sowie mit dem schützenden Mutterleib.

Täuschung *Rechts*
Im Trojanischen Krieg gab Odysseus dem Bildhauer Epeios den Befehl, ein riesiges hölzernes Pferd zu bauen; dann täuschte er seine Abfahrt nach Griechenland vor und ließ das Holzpferd vor den Toren der belagerten Stadt Troja zurück. Die Trojaner hielten es für eine Gabe der Götter und zogen es in die Stadt. Als es Nacht wurde, kamen die griechischen Soldaten, die sich im Pferd versteckt hatten, hervor und verwüsteten Troja. In der Psychoanalyse symbolisieren Pferde unsere natürlichen Urenergien. Das Trojanische Pferd ist daher ein Symbol für die Verheimlichung gefährlicher Kräfte unseres **Unterbewußtseins**, die uns überfallen können, wenn wir uns gerade am sichersten fühlen. Es ist auch eine Warnung vor möglicher Täuschung und Sabotage durch jene, die unschuldig und harmlos wirken.

Schleier *Unten*
Der Schleier ist ein Symbol für Heimlichkeit und Dunkelheit, da der Betrachter über das verborgene Antlitz im Ungewissen gelassen wird. Außerdem dient er als Schutz, weil sich die Trägerin des Schleiers nicht zu erkennen geben will. Der Trauerschleier verkörpert den Rückzug in eine einsame Welt der Trauer, während der Schleier der Musliminnen, der Bräute und der Nonnen Keuschheit, Demut und Heirat symbolisiert (im Fall der Nonnen mit Christus). Der Schleier ist als Symbol mehrdeutig, da sein Lüften – wie bei diesen Spanierinnen – für Enthüllung, Wahrheit und Wissen steht.

Bescheidenheit *Oben*
Die betende **Jungfrau Maria** verkörpert Demut und Bescheidenheit. Schicklich gekleidet und verschleiert, die Augen gesenkt, die Hände gefaltet, versinnbildlicht sie Akzeptanz des Willens Gottes. Doch während Bescheidenheit allgemein als erstrebenswerte Eigenschaft gilt, kann sie in der Traumdeutung Unterwürfigkeit und die Sublimierung des wahren Selbst zu einem unrealistischen, die Psyche beschädigenden Ideal bedeuten. Der mit Kleidung bedeckte Körper kann in der Traumdeutung für Hemmungen, das Verbergen der **Persona** und für Bescheidenheit stehen.

Streß

Koffer *Rechts*
Da ein Koffer als Gepäckstück mit Reisen in Verbindung gebracht wird, symbolisiert er das emotionale Gepäck, das jeder von uns auf der Reise des Lebens mit sich trägt. Je nach Inhalt des Koffers kann er uns entweder dazu drängen, überflüssige Ängste und Erinnerungen abzuwerfen, die unsere Entwicklung behindern (wenn er mit belanglosem Zeug vollgestopft ist), oder er kann Wissen und Erfahrungen hervorbringen (wenn er vernünftig und sparsam gepackt wurde), die dem Überleben dienen. Träume vom Aufgeben oder vom Verlust eines Gepäckstücks können daher den Wunsch ausdrücken, Lasten abzuwerfen – die Interpretation dieses Traumbildes kann im Extremfall bis zum Todeswunsch reichen.

Achterbahn *Unten*
Das Fahren auf der Achterbahn steht für die Hoch- und Tiefpunkte im Leben. Als Symbol der Psyche verkörpert sie die Auf- und Abstiege ins Unterbewußtsein bzw. ins Bewußtsein. Da man keine Kontrolle über die Geschwindigkeit oder den Verlauf der Achterbahn hat, kann sie auf einen Orientierungsverlust hindeuten. Der gefährliche Nervenkitzel der haarsträubenden Fahrt kann aber auch äußerst angenehm sein, dann steht die Achterbahn für ein Verlangen nach Aufregung und Risiko.

Jonglieren *Unten*
Der Jongleur ist ein Symbol dafür, die Komponenten des Lebens in der Balance zu halten, damit die Bälle (Elemente des individuellen Lebens und der Psyche) nicht herunterfallen. Viele Menschen haben Mühe, ihre Verpflichtungen, wie Familie, Arbeit und persönliche Bedürfnisse, in Einklang zu bringen; manchmal wird der Druck so groß, daß es zu einem Verlust der Kontrolle kommt, bis man die „Jonglierkunst" beherrscht. Diese Analogie bezieht sich auf die Teile der Psyche, die vom Bewußtsein gesteuert werden. Ein Jongleur kann auch als **Gauner** interpretiert werden, der mit einem überlegten Handgriff die Harmonie stört.

Burnout *Unten*
Das Phänomen des mentalen Burnout, der völligen Erschöpfung, kann auf verschiedene Arten dargestellt werden: in Form von Rauch, der einem aus den Ohren quillt, oder als Kerze, die an beiden Enden brennt. In diesem Zusammenhang sind Rauch und Feuer Symbole der Zerstörung und warnen vor der Gefahr, sich zu sehr zu verausgaben – entweder durch Druck von außen oder durch übertriebenen Ehrgeiz. Ein Nervenzusammenbruch – oder Burnout – kann der Psyche irreparable Schäden zufügen.

Hindernisse

Isolation *Oben*
Eine unbewohnte Insel symbolisiert die Isolation, weil sie durch Wasser von anderen Landmassen und damit von anderen Menschen getrennt ist. Obwohl wir vielleicht einzelgängerische Tendenzen zeigen und gern allein sind, so brauchen wir doch für unser mentales Gleichgewicht den Austausch mit anderen und ihre Gesellschaft (nach John Donne: „Niemand ist eine Insel."). Der Traum von einer Insel kann daher auf das Verlangen nach der Einsamkeit eines friedlichen Ortes hindeuten, was durchaus erholsam sein kann; oder er warnt vor den Gefahren, sich von der Welt abzukapseln oder seine Probleme zu ignorieren. Weiter kann die Insel als Stabilität des Bewußtseins interpretiert werden und das darumliegende Meer als die Unberechenbarkeit des Unbewußten. Durch ihre Unzugänglichkeit symbolisiert sie auch ein unerreichbares Ideal.

Gefangenschaft *Unten*
Die Stangen des Käfigs symbolisieren die Gefangenschaft dieser Papageien. Gefangene werden gegen ihren Willen festgehalten und durch die Gitter an der Flucht oder Befreiung gehindert. Die persönliche Freiheit ist wesentlich für die Unversehrtheit des Geistes und des körperlichen Wohls; daher führt der Freiheitsentzug zu einem tiefgehenden mentalen Verfall. Träume über Gefangenschaft deuten auf reale oder eingebildete Schuldgefühle hin, für die man eine Strafe erwartet, oder sie werten eine bevorstehende Situation als Freiheitsverlust (Heirat, die Geburt eines Kindes oder eine neue Arbeitsstelle). Gefangenschaft kann auch Verdrängung bedeuten – von persönlichen Ambitionen und Wünschen oder der Abhängigkeit von einer dominierenden äußeren Kraft. In der Traumdeutung verkörpern Tiere in Käfigen Grundbedürfnisse und Energien, deren Freisetzung unerläßlich ist, da ihre ständige, unbewußte Verdrängung das Bewußtsein schädigt. Die Sträflingskleidung dient der Identifizierung, doch unterdrückt sie auch Gefühle der Individualität, an die sich der Gefangene zur Behauptung seiner Unabhängigkeit klammert.

Manipulation *Oben*
Marionetten sind leblose Figuren, die ein Puppenspieler durch Fäden, Drähte oder Stöcke bewegt. Sie stehen für den Verlust des freien Willens und die Unfähigkeit unabhängigen Handelns – die Manipulation des Geistes durch eine andere Person oder externe Kraft. Sieht sich der Träumer in der Rolle des Puppenspielers, drückt sein Unterbewußtsein den Wunsch aus, andere zu kontrollieren.

Bürokratie *Unten*
Zuviel Bürokratie, in England durch rotes Klebeband symbolisiert, gehört zu den frustrierenden Behinderungen im Alltag, was sich auf die Traumwelt übertragen läßt. Ein selbstgefälliger Beamter, der einen durch unverständliche Rechtsverordnungen am Erreichen der Ziele hindert, ist eine Metapher für Unterdrückung. Es deutet auch auf einen Kommunikationsmangel zwischen Bewußtsein und **Unterbewußtsein** hin. Das Unterbewußte sabotiert die kreativen Ambitionen des Bewußtseins, und die Bürokratie symbolisiert, daß diese Unterdrückung aufhören muß, ehe es zum Ausbruch der Frustration und ernsthaften Schäden kommt. Das rote Band – ein Verbindungsmittel in der Farbe der Gefahr – fordert dazu auf, die Frustrationen aufzuarbeiten, um sie zu verstehen und zu lösen oder, wenn keine Lösung greifbar scheint, sie zu akzeptieren.

Vorwarnung/Versuchung

Habgier *Rechts*
Die Götter erfüllten König Midas von Phrygien den Wunsch, daß sich alles, was er berührt, zu Gold verwandeln würde. Sein Wunsch wurde zwar erfüllt und er war ein reicher Mann, doch seine Habgier hatte unvorhersehbare Konsequenzen. Auch seine Speisen wurden zu Gold, so daß er nichts essen konnte, und seine Tochter verwandelte sich in eine goldene Statue (hier von Walter Crane illustriert). Also bat Midas die Götter um Erlösung; er mußte im Fluß Pactolus baden, woraufhin der Fluch aufgehoben und der Sand am Ufer zu Gold wurde. Midas ist daher ein mahnendes Beispiel für die Gefahr übertriebener Habgier, welches deutlich macht, daß das destruktive Potential des Wohlstandes schwerer wiegt als sein materieller Nutzen.

Versuchung *Oben*
Dieses Detail aus einem Gemälde von Hieronymus Bosch illustriert die Versuchung. Jeder wird einmal in Versuchung sein, den Pfad des Guten um eines kurzfristigen Vorteils willen zu verlassen. Hier betritt der Tod das Schlafzimmer eines Sterbenden, an dessen Bett der Kampf um seine Seele tobt. Ein **Engel** steht schützend hinter dem Todgeweihten und drängt ihn, den Bestechungsversuchen der satanischen Dämonen zu widerstehen, deren Akzeptanz zu ewiger Verdammnis führen würde. Obwohl ihm das viele Geld in der anderen Welt nichts nützen wird, ist ihm die Versuchung anzusehen. Im Traum wird die Versuchung nicht nur in religiöser Hinsicht gedeutet, sondern als attraktives Angebot, das unsere Habgier weckt und uns zu einem Verhalten verleitet, das mit unserem wahren Selbst in Konflikt gerät.

Phobien *Rechts oben*
Phobien stellen Ängste vor etwas Bestimmtem dar, symbolisieren manchmal aber auch etwas, das man unbewußt fürchtet. Das Bild von Anne Anderson zeigt die kleine Miss Muffet, die in einem englischen Kindervers von einer **Spinne** erschreckt wird und daher an der wohlbekannten Arachnophobie leidet. Diese ist weit verbreitet und wird oft in Alpträumen oder in tatsächlichen Begegnungen mit Spinnen erlebt. Die Spinne steht für das Schicksal, da der Faden, den sie spinnt, mit dem Faden des Lebens verglichen wird, für die Schöpfung (wegen ihres Netzes) und für böswillige Zerstörung, da sie ihre Opfer in ihrem Netz bewegungsunfähig macht und tötet. In alten wie in modernen Zeiten steht die Spinne auch für die allesverschlingende Mutter, die ihre Kinder in ihrem Netz fängt und zerstört. Daher kann die Arachnophobie als Furcht vor Leben und Tod interpretiert werden, vor den schädigenden Einflüssen einer dominanten Mutter und ganz banal als extreme Abscheu vor huschenden, achtbeinigen Spinnentieren.

Zeitbombe *Unten*
Die Zeitbombe mit der glimmenden Zündschnur, die unerbittlich auf die Verwüstung zusteuert, symbolisiert eine Gefahr, die tief im **Unterbewußtsein** verborgen ist und unvermeidlich und mit starken psychischen Folgen explodieren wird. Daher ist sie ein Warnsignal für das Bewußtsein, ungelöste Fragen aufzuarbeiten, die ansonsten explodieren könnten – mit möglicherweise verheerenden Folgen für die Psyche.

Bibliographie

Anmerkung: Die Meinungen über die Ursprünge und die Bedeutung von Symbolen weichen teilweise stark voneinander ab. Das ist kein Wunder, denn der Symbolgehalt kann sich im Laufe der Zeit und zwischen den Kulturen wandeln. Hier einige weiterführende, seriöse Quellen:

Armstrong, K.: *Geschichte des Glaubens. 3000 Jahre religiöse Erfahrung von Abraham bis Albert Einstein*, Droemer Knaur 1996

Arno, S.; Eser, F.: *Weiße Magie. Schwarze Magie. Satanismus*, Goldmann 1999

Bauer, E.: *Tarot – Die 78 Karten und ihre Bedeutung*, DuMont 1999

Becker, U. v.: *Lexikon der Astrologie*, Herder 1997

Becker, U. v.: *Lexikon der Symbole*, Herder 2000

Benker, G.: *Eule und Mensch. Die Nachtgeister und ihre Symbolik*, Eulen Verlag 1993

Betz, O.: *Die geheimnisvolle Welt der Zahlen. Mythologie und Symbolik*, Kösel 1999

Biedermann, H. Prof. Dr.: *Knaurs Lexikon der Symbole*, Knaur Verlag 1998

Binder, D. A.: *Die diskrete Gesellschaft. Geschichte und Symbolik der Freimaurer*, Styria 1995

Blau T.; Blau M.: *Buddhistische Symbole*, Schirner 1999

Campbell, J.: *Die Kraft der Mythen. Bilder der Seele im Leben des Menschen*, Artemis & Winkler 1994

Campbell, J.: *Die Masken Gottes*, Bd. 1, *Mythologie der Urvölker*; Bd. 2, *Mythologie des Ostens*; Bd. 3, *Mythologie des Westens*; Bd. 4, *Schöpferische Mythologie*, dtv – Kassettenausgaben 1996

Campbell, J.: *Mythen der Menschheit*, Kösel 1993

Cavendish, R.: *Die schwarze Magie*, Schirkowski Edition 1980

Cavendish, R.; Ling, T. O.: *Mythologie. Eine illustrierte Weltgeschichte*, Komet 1999

Champeaux, G. de; Sterckx, S.: *Einführung in die Welt der Symbole*, Echter 1990

Das Buch der Zeichen und Symbole, Verlag für Sammler 1994

Douglas, M.: *Ritual, Tabu und Körpersymbolik*, Fischer 1986

Eberhard, W.: *Lexikon chinesischer Symbole*, Diederichs 1999

Eggmann, V.; Steiner B.: *Baumzeit. Magier, Mythen und Mirakel*, Werd Verlag 1996

Eliade, M.: *Ewige Bilder und Sinnbilder. Über die magisch-religiöse Symbolik*, Insel 1998

Endres, F. C.; Schimmel, A.: *Das Mysterium der Zahl*, Diederichs 1984

Erdoes, R. v.; Ortiz, A. (Hg.): *Der Tanz der Büffel. Das Buch der indianischen Mythen und Legenden*, Scherz-Verlag 2000

Feest, Chr. F.: *Beseelte Welten. Die Religionen der Indianer Nordamerikas*, Herder 1998

Fink, G.: *Traumsymbole Lexikon*, Falken 2000

Fontana, D.: *Die geheime Sprache der Träume*, Hugendubel 1997

Golowin, S.: *Die großen Mythen der Menschheit*, Herder 1998

Green, M. J.: *Die Druiden. Die Welt der keltischen Magie*, Econ 1998

Gregory, R. L.: *Auge und Gehirn. Psychologie des Sehens*, Rowohlt 1998

Heinz, S.: *Symbole der Kelten*, Schirner Verlag 1998

Herder-Lexikon, *Symbole*, Herder 1978

Hill, D.: *Hexen & Zauberer. Die faszinierende Welt der Magie*, Gerstenberg 1997

Hitchcock, H.: *Das große Buch der Numerologie*, Goldmann Verlag, 1999

Jung, C. G.: *Gesammelte Werke*, 20 Bde. in 24 Tl.-Bdn., Bd.9/1, *Die Archetypen und das kollektive Unbewußte*, Bd.18/1-2, *Das symbolische Leben*, Walter Verlag 1995

Jung, C. G.: *Archetypen*, dtv 1997

Jung, C. G.; Franz, M.-L. v.; Henderson, J. L., Jacobi, J., Jaffé, A.: *Der Mensch und seine Symbole*, Sonderausgabe, Walter Verlag 1999

Kast, V.: *Die Dynamik der Symbole. Grundlagen der Jungschen Psychotherapie*, dtv 1996

Loden Sherap Dagyab Rinpoche: *Buddhistische Glückssymbole im tibetischen Kulturraum*, Diederichs 1992

Lurker, M.: *Die Botschaft der Symbole. In Mythen, Kulturen und Religionen*, Kösel 1990

Meadows, K.: *Runen. Die magische Kraft*, Heyne 2000

Miller, G. H.: *Traumsymbole*, Ludwig Buchverlag 1998

Moltmann-Wendel, E.; Schwelien, M.; Stamer, B.: *Erde, Quelle, Baum. Lebenssymbole in Märchen, Bibel und Kunst*, Kreuz-Verlag 1994

Mühlstedt, C.: *Die christlichen Ursymbole*, Herder 1999

Nelson, F. H.: *Symbolsprache der Talismane & Amulette*, Schirner 1997

Owusu, H.: *Symbole Afrikas*, Schirner 1998

Owusu, H.: *Symbole Ägyptens*, Schirner 1998

Owusu, H.: *Symbole der Indianer Nordamerikas*, Schirner Verlag 1988

Priesner, C.; Figala, K.: *Alchemie. Lexikon einer hermetischen Wissenschaft*, C. H. Beck 1998

Prokop, O.; Wimmer, W.: *Der moderne Okkultismus*, Urban & Fischer 1987

Reid, L.: *Das große Buch des chinesischen Horoskops*, Im Osterholz Verlag 1998

Roob, A.: *Alchemie und Mystik. Das hermetische Museum*, B. Taschen Verlag 1996

Waite, A. E.: *Der Bilderschlüssel zum Tarot*, Urania Verlag o. J.

Walker, B. G.: *Die geheimen Symbole der Frauen. Lexikon der weiblichen Spiritualität*, Heyne 2000

Zimmer, H.: *Indische Mythen und Symbole*, Diederichs 1991

Bildnachweise

Herzlichen Dank an Richard Marshall und Lisa Callahan für ihre wertvollen redaktionellen Beiträge und an alle im Folgenden aufgeführten Personen and Organisationen, die Illustrationen und Bilder zur Verfügung gestellt haben:

AKG, London: 6; **Aris Multimedia Entertainment, Inc.:** 101 (rechts oben), 112 (links); **The Bettmann Archive:** 11 (unten), 26 (oben), 45 (oben), 60 (Mitte), 61 (Mitte), 75 (rechts unten), 84 (oben & Mitte unten), 88, 107 (rechts), 117 (rechts), 126, 131 (links oben & unten), 133 (links unten), 135 (oben), 138, 140 (rechts unten), 144 (rechts unten), 152 (links oben & unten), 153 (rechts unten), 155 (links, Mitte, rechts oben); **BFI Stills, Posters and Designs:** 137 (rechts), 146 (oben); **Corbis/Bettmann:** 11 (oben), **Corel Stock Photo Library:** 8, 9 (oben), 10, 12 (oben), 14, 15 (oben), 16 (oben), 27 (links oben), 28 (rechts oben), 30 (links oben), 31 (Mitte oben & rechts), 33 (links oben), 35 (oben), 36 (links unten), 37 (links oben & rechts), 38 (links oben & unten), 50 (Mitte), 52 (rechts unten), 53 (oben), 54 (Mitte), 55 (Mitte), 74 (oben), 81 (unten), 98 (oben & unten), 99 (Mitte), 100 (unten), 101 (links unten), 104 (unten), 105 (links), 110 (unten), 120 (oben & links unten), 123 (links oben), 143 (oben & links unten), 144 (links oben), 145 (Mitte & links unten), 147 (rechts oben), 148 (Mitte links), 149 (links oben), 150 (Mitte & unten), 152 (rechts oben & Mitte); **Earthstar Stock, Inc.:** 121 (oben & links unten); **Giraudon/Art Resource, NY:** 64; **Mary Evans Picture Library:** 68 (unten); **Northwind Picture Archives:** 67 (Mitte, Handcoloration von Nancy Carter); **Planet Art:** 36 (rechts unten), 41 (rechts oben), 43 (oben), 47 (oben & rechts unten), 50 (rechts oben), 54 (Mitte links), 60 (rechts oben), 79 (oben), 118 (oben), 124 (Mitte rechts), 136 (oben); **Prints and Photographs Division, Library of Congress:** 50 (links unten), 125 (oben); **Reuters/Bettmann:** 17, 45 (rechts unten); **© Michael A. Smith:** 15 (unten), 50 (links oben), 83 (oben), 93 (unten), 94 (unten), 119 (rechts), 141 (links oben), 143 (rechts unten); **© Michael Tincher:** 43 (unten), 44 (rechts unten); **UPI/Bettmann:** 66 (rechts unten); **Wyoming State Museum – Division of Cultural Resources:** 43 (rechts); **© Charles J. Ziga:** 13, 16 (unten), 17 (oben), 20, 22 (Mitte & unten), 23 (unten), 24 (oben & unten), 25 (oben), 26 (unten), 28 (links oben), 35 (unten), 42 (oben & rechts unten), 43 (links), 44 (oben & links unten), 46 (alle) , 48, 54 (unten), 55 (oben & unten), 59 (rechts unten), 80 (rechts oben), 82 (unten), 85, 93 (Mitte), 103 (unten), 106 (unten), 108 (rechts unten), 110 (Mitte), 111 (Mitte links & rechts), 112 (rechts), 113 (links oben & rechts), 114 (rechts oben), 115 (unten), 121 (Mitte), 123 (unten), 124 (unten), 125 (Mitte rechts), 129 (oben), 140 (oben), 141 (rechts unten), 147 (unten), 149 (oben & unten), 149 (rechts unten), 150 (rechts oben), 154 (links & rechts oben & links unten).

Register

Fettgedruckte *Seitenzahlen verweisen auf Abbildungen.*